로스코 파운드
영미법의 정신

영미법의 정신

중판 1쇄 발행 2023년 11월 10일

지은이 김학동
펴낸이 장길수
펴낸곳 지식과감성#
출판등록 제2012-000081호

주소 서울시 금천구 벚꽃로298 대륭포스트타워6차 1212호
전화 070-4651-3730~4
팩스 070-4325-7006
이메일 ksbookup@naver.com
홈페이지 www.knsbookup.com

ISBN 979-11-392-1404-8(93360)
값 17,000원

- 이 책의 판권은 지은이에게 있습니다.
- 이 책 내용의 전부 또는 일부를 재사용하려면 반드시 지은이의 서면 동의를 받아야 합니다.
- 잘못된 책은 구입하신 곳에서 바꾸어 드립니다.

지식과감성#
홈페이지 바로가기

로스코 파운드
영미법의 정신

김증한 역
김학동 보

University of Nebraska - Lincoln
DigitalCommons@University of Nebraska - Lincoln

College of Law, Faculty Publications   Law, College of

August 1921

The Spirit of the Common Law

Roscoe Pound
University of Nebraska

Follow this and additional works at: http://digitalcommons.unl.edu/lawfacpub

Part of the Legal Studies Commons

Pound, Roscoe, "The Spirit of the Common Law" (1921). *College of Law, Faculty Publications.* 1.
http://digitalcommons.unl.edu/lawfacpub/1

This Article is brought to you for free and open access by the Law, College of at DigitalCommons@University of Nebraska - Lincoln. It has been accepted for inclusion in College of Law, Faculty Publications by an authorized administrator of DigitalCommons@University of Nebraska - Lincoln.

Dartmouth Alumni Lectureships
on the Guernsey Center Moore Foundation
SEASON OF 1921

THE SPIRIT OF THE COMMON LAW

THE SPIRIT OF
THE COMMON LAW

BY

ROSCOE POUND

CARTER PROFESSOR OF JURISPRUDENCE IN HARVARD UNIVERSITY

MARSHALL JONES COMPANY
Publishers
Francestown, New Hampshire

번역서 머리말
─ 번역본 중판을 출간하면서

 이 책자의 원본은 1921년에 쓰여진 것이고, 1956년에 선친이신 고 김증한 교수님에 의해서 번역본이 출간된 것이다. 나는 근래 이 책자를 다시 접하면서, 명저의 심오함은 시간의 흐름에 색이 바래는 것이 아님을 새삼 깨달았으며, 이에 영미법에 관심이 있는 분들께서 보다 쉽게 이 책자에 접할 수 있도록 하기 위해서 註를 보태어 번역본 중판을 내기로 하였다(책자의 주註는 모두 역자가 붙인 것임).

 이 책자 원본이 나온 것이 이제 100년이 되었다. 그동안 물론 사회여건이나 법 상태가 크게 바뀌었지만, 이 책자는 독자들에게 미국법의 역사는 물론 모든 법의 밑바탕에 깔려있는 정신과 원리를 이해하는데 도움이 되리라고 생각된다. 이런 마음에 원래의 번역본에서 간혹 나타나는 난해한 내용을 거의 개선하지 못하였음에도, 이 책자가 법의 이해에 조금이나마 도움이 되기를 기원하면서 다시 번역본을 낸다.

이 책자의 원본은 해외 사이트 Nebraska 홈페이지(https://digitalcommons.unl.edu/lawfacpub/1/)에서 볼 수 있다. 그리고 원본의 속 표지 하단에서 보이는 바와 같이 이 책자는 누구나 무상으로 볼 수 있기 때문에, 번역본의 출간에 대한 원본의 관리책임자의 동의는 생략한다.

끝으로 번역의 오류나 설명의 부족함은 hdkim1949@naver.com으로 지적해 주기를 당부드린다.

2023. 6. **김학동**

― 譯者의 말

이것은 미국 법학계 최장로의 1인인 Roscoe Pound의 The Spirit of the Common Law, 1921의 全譯이다. 이 책은 발간된 지 벌써 35년이나 되었고 그동안에 미국의 법 상태도 많이 달라졌지만, 대체로 1910년대의 미국법을 기초로 하여 그 법과 법사상을 형성한 사회적 사상적 배경을 예리하게 분석한 것으로, 현금에 있어서나 장래에 있어서 그 가치가 감소되지 않을 불후의 명저이다. 우리 한국 법학도에게는 단지 영미법을 이해하기 위한 好適의 입문서일 뿐만 아니라, 영미에 대하여 하등의 관심을 가지지 않더라도 무릇 법의 연구에 뜻을 두는 모든 분에게 甚大한 시사를 줄 것으로 믿는다. 그것은 첫째로 법과 법사상이 사회적, 정치적, 경제적 사정의 변천에 따라서 어떻게 변화하느냐 하는 일반적 문제의 이해에 대하여 기여하는 바가 큰 것이고, 둘째로 미국법의 배경의 분석이 우리 한국법의 배경의 반성을 촉발할 수 있을 것이고, 셋째로 극도로 개인주의적인 일면을 가진 동시에 또 항상 인적 결합을 간과하지 않는 영미법의 특색이 개인주의와 전체주의를 양자택일적으로 생각하고 혁명적 방법으로 1자로부터 타자로 전환하는 대륙법적 사고방식에 대하여 함축있는 시사를 던져 줄 것이기 때문이다.

'파운드'씨의 저작이 그 해박한 학식에 유래하는 종횡무진의 인용 때문에 한편으로는 그 학술적 가치를 높이는 동시에 다른 편으로는 그 저작을 매우 난해한 것으로 만든다는 것은 이미 정평있는 바이다. 역자의 淺薄非才에 보태어 이 번역이 단시일 내에 서두른 것인 관계로 譯語의 부적절 내지 不統一뿐만 아니라 誤譯까지도 있을 것을 심히 두려워하는 바이다. 이 점은 독자의 교시를 기다려 보정해 나가려고 한다.

1956. 1.
서울대학교 법과대학 연구실에서 **金曾漢**

― 서울大學校 飜譯叢書 刊行에 즈음하여

近代 思潮는 世界를 一環으로 하여 움직이고 있다. 우리는 過去의 燦爛한 文化와 獨自의 傳統을 가지고 있으나 歐美의 近代 科學과 近代 思想을 攝取 普及함은 오늘날의 우리로서는 焦眉의 急務가 아닐 수 없다.

이에 우리 서울大學校는 이 重大 課業을 遂行하기 爲하여 出版委員會를 두고 海外의 名著를 嚴選하여 그 飜譯 刊行에 着手하게 되었다. 이로써 一般國民은 한층 더 새 知識에 接하는 機會를 容易하게 가지게 될 것이며, 또 우리나라 學術 發展에 이바지하는 바 클 것을 確信한다.

앞으로 우리 大學校는 그 지닌바 總力量을 기우려 學問의 모든 分野에 걸쳐 文化 發展을 爲하여 新舊 名著의 飜譯 出版을 强力하게 推進시키려 한다.

서울大學校總長 崔奎南

원본 머리말
― 序文

다트마우스 동창회 학술강좌 *The Dartmouth Alumni Lectureships*는 대학의 지적 생활이 미치는 영향이 적어도 대학생활을 하고 있는 학생들 이외에도, 예컨대 변호사를 하면서 자신들의 학문의 폭을 유지하는데 도움이 되고자 대학과 접촉을 가지려는 졸업생들에게도, 또 대학 앞에 닥친 지적 문제에 관심을 가지는 사람들에게도 유용하다는 생각에서 개설되었던 것이다.

이 강좌의 프로젝트가 취하고 있는 방식은 1916년에 시작된 나의 개강 인사말에서 제안했던 것이다. 그때 나는 다음과 같이 말했었다.

"나는 졸업생에 대한 대학의 기여가 현재보다도 더 접근하기 쉬운 방법으로 계속되어야 한다고 확신한다. 오늘날 대학 졸업생은 직업 이외의 경력을 구하는 경향에 있으며, 또 직업이 고도로 전문화해서 직장인은 자신의 모든 사고를 완전히 자신의 일에 몰두할 것을 필요로 하는 경향이 있다. 또 이 시대는 자신의 직분을 수행하려는 사람에게 더욱 철저히 노력하고 더욱 배타적으로 자신의 시간을 쏟을 것을 요구한다. 이러한 경향과 시대적 요구는 대학에게 전보다 더 무거운 의무를 부과한다. 직업을 가진 사람에게는 우리가 막연하게 교양과목이라고 분류하는 것과의 접촉이 한층 더 불가능하다. 그러므로 많은 졸업생에게 있어서, 대학이 환기시켜 주는 어떤 과목에 대한 흥미와 열성은 지속되지 않고 전적으로 쇠퇴 내지 사멸한다. 이런 사정에 더해서, '대학이 주는 영향이 인생의 성장기의 가장 중요한 4년간을 투자하고서도 받을 만한 가치가 있다'는 확신을 대학이 가지고 있다면, 대학은 졸업 후에도 졸업생으로 하여금 그러한 영향에 접근하게 해 주는 방법을 탐구할 것이 논리적으로 강요되지 않겠는가? 65세 내지 70세에 달해서 현직에서 은퇴하는 사람들이 늘어 가는 현실과, 이제 이들이 젊었을 때 자신의 직무에서 스스로를 바쁘게 만들었던 방책을 더 이상 가지지 못하는 비극을 고려할 때, 대학이 이러한 노령의 졸업생에게 그들이 일생을 통해서 주기적으로 쌓아왔던 지적 축적물을 보충할 기회를 만들어주는 절차를 수립할 수 있다면, 대학은 젊은 졸업생 못지않게 노령의 졸업생들에게도 봉사할 기회를 가진다고 생각한다. 세

VIII

계적으로 저명한 석학의 강좌 같은 것을 개설해서 대학의 방학의 짧은 기간 동안 대학 졸업생과 지인들에게 들을 수 있도록 하는 것은 이러한 방향으로의 일보가 될 것이다. 혹은 이와 다른 어떤 방안이 더욱 완전하게 이러한 가능성을 실현할는지도 모른다. 대학과 졸업생 간의 정식의 교육적 접촉이 4년 간의 만료로서 어떤 형식으로도 갱신될 수 없게 그쳐 버려서는 안된다는 것은 적어도 명백하다고 생각된다."

이러한 의도를 가진 강좌 계획의 실현은 1877년도 입학생이며 다트마우스대학의 이사인 헨리 린 무어*Henry Lynn Moore*씨의 성의에 넘치는 出捐과, 1904년도 입학생이며 대학생활 초기에 사망한 그의 사랑하는 아들 건쉬 센터 무어*Guernsey Center Moore*의 기억을 영원히 남기도록 기념비를 건립하는데 풍부한 재정적 원조를 하겠다는 그의 약속에 의해서 가능하게 되었다.

이 강좌 계획의 완성은 본래 더 일찍 예정되었던 것인데 세계대전 때문에 중단되었었다. 따라서 1921년 여름에 이르러서야 이 실험이 재능있고 박식한 하버드법과대학장 로스코 파운드 교수와 저명한 건축가이며 풍부한 창의력의 사상가인 랄프 아담스 크램*Ralph Adams Cram*씨를 본 재단의 강사로 초빙함으로써 드디어 착수되었다.

이 강좌의 영향은 出刊에 의해서 더욱 확대될 것이며, 출간은 강좌 개설 중 청중으로 참석할 수 있었던 사람들보다 훨씬 넓은 범위의 사람들에게 이 강좌에서의 정신적 자극을 줄 수 있으리라는 점은 물론 당초부터 인식되었었다. 그런데 한편으로 파운드 학장의 강의를 들은 많은 사람들이 그 이후에도 그 강의 내용을 인쇄된 형식으로 가지기를 원했으며, 또 다른 한편으로는 출석해서 그 강의를 직접 듣지는 못했으나 강사와 그 제목에 대한 관심이 지대했던 후원자들이 훨씬 더 많았다. 이런 점을 고려할 때 파운드 학장의 강의가 출간을 보게 된 것은 한없이 반가운 일이다. 이 모든 분들에게 파운드 학장의 손으로 된 '영미법의 정신'에 관한 이 책이 더욱 관심을 끌 것이다.

어네스트 엠 홉킨스
Ernest Martin Hopkins

― 著者 序文

    1914년에 나는 로우웰연구소*Lowell Institute*에서 이 책과 같은 제목으로 강연을 하였으며, Boston Transcript 중에 수록된 위 강의보고서를 기초로 해서 만들어진 강의의 요지는 Green Bag에 발표되었다(제26권 166쪽). 또 위 강좌의 제1강은 International Journal of Ethics에 발표되었다(제25권 1쪽). 1910년에 나는 캔자스주 법조회에서 동일한 제목으로 제2강을 강연하였는데, 이것은 동 법조회 기록에 발표되었고(1910년 기록 45쪽), 다시 American Law Review에 수록되었다(45권 811쪽). 동일 제목 제3강의 강연은 1914년 아이오와주 법조회에서 행하여져 그 회의록에 발표되었다(20권 96쪽). 그것은 또 워어세스터(매사추세츠주) 법조회에서 강연되어 회원 간에서의 배포를 위하여 인쇄되었다. 동일 제목 제5강의 강연은 1920년에 노스캐롤라이나주 법조회에서 행하여져 같은 해의 회의록에 발표되었다. 이 강연은 West Virginia Law Review Quarterly에 수록되었다(27권 1쪽). 이 모든 재료들은 자유로이 이용되었다. 그러나 모두 수정되었고 또 전적으로 개필된 것도 많다.

이 강의들은 대체로 현 세기의 10년대를 가지고 이야기한 것이기 때문에, 이 강의들은 그 시대의 특징이었던 노력의 유효성에 대한 신념과 司法이 의식적 지적 활동에 의하여 개선될 수 있다는 신념을 보여 주고 있다. 과거 3년 간에서의 학문적 비관론의 재발도 나로 하여금 그러한 견해를 버리게 하지 않았다. 19세기 말에는 법률가들은 의식적 개선의 기도는 무용한 것이라고 생각하였다. 지금은 많은 법률가들이 그러한 사고는 위험한 것이라고 생각한다. 그와 같이 하여 성장기 말기의 정신을 가지고 법은 거의 완전한 상태에 있다고 생각하였던 블랙스톤의 안일한 "아무 것도 할 수 없다"는 태도에 뒤이어 온 것이, 법률개혁이 헌법을 파괴할 것을 우려하는 엘든 경의 소심한 법학비관론이다. 만약에 그가 모든 변경을 방해하는 대신에 기꺼이 필요한 변경을 추진시켰더라면, 그 뒤에 온 입법적 개혁운동의 적지 않은 부분이 좀 더 보수적인 노선에서 진행되었을 것이다. 법에 의거하는 司法에 대한 진정한 위험물은 합리적 개선에 대한 소심한 반항 그리고 오늘날의 이질적 도시적 공업적 미국에서 적용 불가능하게 된 法路legal paths를 완고하게 고집하는데 있다. 이러한 사정은 급속도로 우리를 권한의 엄밀한 획정이 없고 무제한의 자유재량을 할 수 있고 적절한 사법적 억제가 없는 위원회와 평의원회에 의한 행정적 재판으로 몰아갔는데, 이것은 우리의 법적 및 정치적 제도의 특질을 이탈한 것이다.

또 진보를 신봉한 수십 년 간의 노력도 오늘날 일반적으로 생각하는 것처럼 무용한 것은 아니었다. 소환법안에서와 같이 때로는 그러한 노력은 과업에 대한 지적 이해라기보다는 단지 열성을 드러낸 것이 있었다. 그러나 누가 그 전형으로 설립된 시카고시립재판소와 근대적 시재판소들을 없애 버리겠는가, 누가 여러 법조회의 제의로 1900년 이래 실현된 소송절차의 단순화를 제거해 버리겠는가, 누가 19세기 말의 업무상 사고의 소송 상태로 돌아가려고 하겠으며, 또는 모든 행정행위가 금지명령에 봉착하였던 상태를 재생시키려고 하겠으며, 또는 다수의 주재판소에서 숙지되지 않은 상태에 입각하거나 역사적 노선으로부터 벗어난 어떤 성문법을 일단 위헌이라고 하였던 1890년 내지 1910년의 재판소의 태도를 회복시키려고 하겠는가?

18세기의 커먼로의 소답절차*pleading*[1]가 19세기 미국에

---

[1] 소답(訴答)절차(pleading)는 민사소송에서 정식의 사실심리trial에 앞서서 쟁점을 명확히하기 위하여 당사자 간에서 주장서면을 교환하는 소송절차를 말한다. 원래 이는 구두로 행해졌는데, 1500년 경부터 서면화되었다. 이전의 커먼로 소답common-law pleading에서는 엄격한 요식 하에서 declaration(소장), plea (답변), replication(원고 제2 소답),

적용될 수 없게 되었을 때, 당시의 최대의 법률가의 한 사람이 최초의 민사소송법전을 입안한 위원회에서 봉사하도록 요청받았다. 만약 그가 기꺼이 그의 기술과 지식을 합리적 개념의 사업에 바쳐 주었더라면, 우리나라의 대부분의 주에서의 법적 절차가 현재와는 훨씬 다르게 되었을 것이고, 개혁으로의 입법부의 노력과 新路踏入에 대한 사법부의 반항 간의 갈등 — 이러한 갈등은 '법전소송절차code pleading'[2]의 역사를 특징지어 온 것이다 — 은 회피되었을 것이다. 또 19세기의 전반의 재판관들이 그들의 커먼로상의 권한을 행사하는데 관하여 충분한 통찰력을 가졌었더라면, 그리고 그들이 '도우'Doe최고재판소장이 뉴햄퓨셔에서 한 것의 일부분이라도 하였더라면, 1850년 경에 이 나라를 휩쓸었던 재판소선거운동 — 재판소를 정치 속에

---

rejoinder(피고 제2 소답), surrejoinder(원고 제3 소답), rebutter(피고 제3 소답), surrejoinder(원고 제2 소답), surrejoinder(원고 제4 소답)의 서면이 계속 만들어졌다. 오늘날에는 소답절차가 크게 간략화되어 영국, 미국 모두에서 원고의 제2소답까지로 중단되는 것이 원칙이다.

2 법전소답은 영미의 보통법과 형평법 간의 구별을 폐지하기 위하여 만들어진 것으로서, 1850년에 미국 뉴욕주에서 처음 도입되었으며 곧 22개주로 확대되었다. 이는 모든 유형의 민사소송절차를 통합한 것인데, 그 초점은 소답을 소송형식에 관한 권리(즉 절차적 권리) 혹은 소송을 제기할 수 있는 권리(소권訴權)로부터 소송원인에 관한 권리(즉 법에 의해서 집행되는 실체적 권리)로 전환시키는 것이었다.

두게 하고 우리 법의 생명인 사법권의 독립을 심대하게 해치는 — 이 더 완만하게 진행되었을 것이며, 비교적 소수의 개척지사회에나 파급되고 상급재판소들은 제외되었을 것 같다. 법률가가 현명하게 행동할 것을 거부할 때 그 대신으로 오는 것은 문외한에 의한 입법열기 롤러의 우매한 사용이다.

1921년 8월 5일

하버드 법과대학에서 로스코 파운드

목차

번역서 머리말

― 번역본 중판을 출간하면서   I
― 譯者의 말   III
― 서울大學校 飜譯叢書 刊行에 즈음하여   V

원본 머리말

―「A.M. 홉킨스」의 序文   VI
― 著者 序文   X

제1강 **봉건적 요소** ················· 1
제2강 **청교주의와 법** ················· 49
제3강 **재판소와 국왕** ················· 92
제4강 **영국인의 권리와 인권** ················· 126
제5강 **개척자와 법** ················· 160
제6강 **19세기의 법철학** ················· 193
제7강 **재판상의 경험주의** ················· 229
제8강 **법적 이성** ················· 264

    색인 ················· 295

제1강
봉건적 요소

오늘날 세계에서 우리가 커먼로(common law)라고 부르는 영미법의 전통(Anglo-American legal tradition)[3]만큼 생명력과 강인함을 가진 제도는 아마도 없을 것이다. 이것은 본질적으로는 재판에 관한 사고방식 내지는 법학적인 사고방식이며, 명확한 규칙들로 이루어진 고정적인 체계가 아니라 법률문제를 취급하는 방법이다. 커먼로는 어디에서 기원하는 규칙이든 불문하고, 그것을 영미법의 원

---

3 common law는 — 대륙법을 뜻하는 civil law(이에 관해서는 주 25 참조)와 대비되어 — 영미법을 뜻하며, 통상 '보통법'이라고 칭해진다. 영(미)법이 common law라고 칭해지는 것은, 이것이 영국 내에서 공통적으로 적용되는 법이었기 때문이다. 그런데 드물지만 이 책자에서 common law가 문자 그대로 '보통의·공통적인' 법을 뜻하는 경우도 있으며, 영미법을 뜻하는 용어로 본문에서와 같이 common law 이외에 Anglo-American law 혹은 이와 유사한 명칭이 사용되기도 한다. 그래서 이 책자에서는 common law가 영미법을 가리키는 경우에는 발음 그대로 '커먼로'라고 표기하고, 이것이 공통적인 법을 가리키는 경우에는 '보통법'이라고 표기한다. 그리고 Anglo-American law는 '영미법'이라고 번역하기로 한다.

리(principles)에 맞도록 변형시켰으며, 영미법의 원리를 전복 혹은 무용화시키려는 강력한 시도에 맞서서 이의 원리를 지키는데 성공했다. 영미법의 전통은 미국에서 해마다 법령집에 수록되는 방대한 성문입법에도 불구하고 엄연히 존속되고 있으며, 성문입법은 오히려 영미법적 전통의 형태를 더욱 뚜렷하게 하고 견실한 것으로 만들고 있다. 또 영미법적 전통은 외국에서 들어온 법과의 경쟁에서도 승리했다. 미국의 다수의 주 중에서 루이지애나 매수로 생긴 루이지애나주만이 프랑스법을 유지하고 있다. 텍사스주에서는 소송절차상에 남아 있는 약간의 **異例**가 한때 여기에 다른 법체계가 시행된 일이 있었다는 것을 상기시킬 뿐이다. 캘리포니아주에서는 부부공동재산제가 일찍이 이 주에서 스페인법이 통용된 일이 있었다는 사실을 말해 주는 것으로 남아 있다. 파리의 관습이 한때 미시간, 위스콘신 양 주에 통용된 일이 있었다는 것은 오직 역사가들만이 아는 사실이다. 그리고 루이지애나주에서도 형법은 전적으로 영국법일 뿐만 아니라, 법의 우위, 판례법, 공개재판소에서의 소송사건 심리 등과 같은 영미법상의 기본적인 제도가 프랑스법에 크게 영향을 주었으며, 프랑스법은 명칭에서만 남아 있을 뿐이고 실질에서는 영미법적으로 되어 버린 부분이 많다. 퀘벡에서도 커먼로가 동일한 방식으로 점진적으로 프랑스법에 영향을 주고 있다는 증거가 많이 있다. 스코틀란드에서도 법률용어를 제외한 모든 부문에서 커먼로가 계수 로마법을 거의 극복하고 있다. 남아프리카에서는 재판관들이 로마법식의 용어를 커먼로 법률가들의 방식에 따라 사용하면서, 이미 확립되어 있던 로마네덜란드법*RomanDutch law*이 점차 커먼로에 길을 내어주고 있다. 필리핀과 포르토리코*Porto Rico*에서는 로마법전이 커먼로적으로 운용됨으로써, 용어는 로마스페인적이면서 실질은 영미법적인 체계로 되리라는 증거가 많이 보인다.

우리 법체계의 내적 우수성 때문인지 아니면 그에 기초해서 살고 있는 국민의 내적 자존심 때문인지는 몰라도, 포드스냅*Podsnap*씨가 프랑스인에게 마치 자신이 귀먹은 아이인 것처럼 말한 바와 같이, 우리는 우리의 커먼로적 개념(notion)이 자연의 법적 질서의 일부라고 가정하고, 어떤 합리적인 인간도 커먼로와 반대되는 법개념을 가질 수 있다는 것을 이해하지 못하며, 앵글로색슨인은 다른 법에 의하여 지배되기를 거부한다. 뿐만 아니라 앵글로색슨인은 그들의 법체계에 의해서 다른 민족을 지배하는 데도 성공했다. 그 이유는 커먼로는 구체적인 분규를 다루는데 강점이 있기 때문이다. 이는 커먼로의 적수인 현대 로마법은 추상적인 개념을 논리적으로 전개하는데 있어서 강점이 있는 것과 대비된다. 그러므로 司法 즉 법의 운용(administration of justice)이 간접적이든 직접적이든 커먼로 재판관의 수중에 있을 때에는 언제든지, 사건을 추상적 체계 중의 정확한 논리적 구멍에 맞추어 넣으려고 하기 보다는 과거의 재판상의 경험을 당면한 사건에 적용시키려는 그들의 습성이 서서히 경쟁적인 법체계를 파고들었고 커먼로를 완만히 그러나 꾸준히 침투시켰다.

다만 한 곳에서 영미법 전통이 반대편의 전통과의 경쟁에서 패배했다. 일본의 새로운 법전편찬에서의 프랑스법과 영국법과 독일법 간의 경쟁에서 독일법이 결정적으로 승리했다. 그렇지만 그것은 영국법 대 독일법의 경쟁이 아니었다. 그것은 사법운영방식(modes of judicial administration of justice) 간의 경쟁이 아니고 법규체계(systems of legal rules) 간의 경쟁이었다. 추상적인 체계를 가지고 비교한다면 커먼로는 최하위이다. 그러나 개개 사건의 실제 처리에 관한 테스트에서는 언제나 커먼로가 우세하다. 그뿐만이 아니다. 미국은 법의 우위라는 커먼로상의 원칙을 사법부의 위헌입법심사권이라는 우리의 특징적인 제도로 발전시켰으며, 이러한 발전은 성문의 연방헌법을 운영해 나가야 할 국민들에게 환영받고 있다. 우리는 남미 국가들의 판결록에서 헌법문제에 관한 사법상의 논의가 미국 판결의 인용으로 보강되고 있음을 발견한다. 남아프리카의 판결록에서 우리는 로마네덜란드법을 습득한 네덜란드재판관들로 구성된 재판소가 어떤 입법을 무효라고 판결하고 오늘날의 로마법학자(대륙법계 법률가)와 함께 — 미국헌법의 기초가 된 — 마버리 대 매디슨 사건[4]을 인용하고 있음을 본다. 호주의 재판관과 변호사들은 영국 추밀원*Privy Council* [5]의 사법위원회의 결정에도 불구하고

---

[4] 마버리 대 매디슨(Marbury v Madison) 사건은 사법부의 위헌법률심사권을 인정한 최초의 판결이다. 이 사건의 내용은 다음과 같다. 1800년 11월 대통령선거에서 연방당(Federalists)이 패배했는데, 당시의 아담스 대통령(2대 대통령, 1797-1801)의 재임기간은 다음 해 3.3.까지 였다. 그래서 연방당은 그 사이에 종신직인 재판관으로 구성되는 사법부를 가능한 한 자파의 사람들로 메우려 했으며, 이를 위해서 새로운 법률을 제정하고 이에 기해서 아담스 대통령은 14일의 짧은 재임기간 중에 다수의 재판관을 임명했다. 그러나 이들 중 일부는 3.3.까지 대통령의 서명이 있는 辭令狀을 교부받지 못하였다. 그런데 3.4.에 공화당(Republican)의 제퍼슨 대통령(3대 대통령, 1801-1809)에 의해서 새로 임명된 국무장관인 매디슨(이후 4대 대통령, 1809-1817)은 이들 중 일부에게만 사령장을 교부하고 나머지는 이를 보류시켰다. 이를 교부받지 못한 사람 중 1인인 마버리(콜롬비아특구의 치안판사로 임명된 사람)는 매디슨 장관을 상대로 사령장 발급을 구하는 소송을 제기했다. 이에 대해서 연방최고재판소는 원고의 소송의 법적 근거인 재판소법(연방법)상의 규정은 연방헌법에 위반하므로 무효라고 판시하고 원고의 청구를 기각했다.

[5] 추밀원(Privy Council)은 국왕 측근의 소수 자문기관이다. 노르만왕조 이후부터 국정처리는 국왕과 소수의 귀족들의 집회에 의해서 행해졌는데, 이러한 국왕의 자문기관을 왕회(King's Council) 혹은 국왕평의회(Curia Regis)라고 했다. 뒤에서 나오는 대법관(Chancellor)은 이 기구의 일원이

호주재판소가 국가법령의 합헌성을 심사할 권한을 가졌음을 주장했으며, 추밀원은 캐나다의 한 주가 제정한 몰수법이 무효임을 선언하지 않을 수 없음을 자인했다. 유럽 대륙의 공법학자들까지도 헌법상의 원칙이 독립적인 사법재판소에 의해서 수호되고 있지 않는 것은 그들의 공법에서 기본적인 결함이라고 주장하고 있다. 더욱이 상법의 흡수통합이 진행되던 18세기에, 영미법은 그 당시에 극히 광범위하게 세력을 떨쳤던 대륙법 학자들의 상법에 관한 저술들을 통해서 대륙법을 간접적으로 적지 않게 계수했지만, 19세기에 들어와서 우리는 충분히 이를 설욕했다. 즉 상법의 그 이후의 발전에 있어서 영국재판소에서 진화된 상법이 지도적인 역할을 했으며, 대륙법학자들도 영국법이 상당한 정도로 유럽 법체계에 받아들여졌다는 것을 솔직하게 시인한다. 이에 덧붙여 로마법을 계수한 국가들에서 오늘날 가장 중요한 동향은 권위에 기해서 정립된 규칙의 완결된 체계가 있고 그래서 재판관은 단지 그것을 기계적으로 적용하기만 하면 된다는 비잔틴식의 생각으로부터, 사건의 판결을 통해서 사법적으로 법을 만들어 나간다는 영미법식 생각으로 태도가 변하고 있다는 점이며, 이런 점은 우

다. 추밀원은 왕회가 1536년 크롬웰에 의해서 개칭된 것이다. 국왕의 자문기관으로는 그 외에 귀족 전원의 집회가 있었는데, 이는 13세기 후반에 의회로 발전하였다.

리 영미법 체계가 이의 오랜 적수에 못지 않게 세계적인 법임을 승인하지 않을 수 없게 한다.

생명력과 강인함은 우리 법전통에서 새로운 성격이 아니다. 이런 점 때문에 외부에서 발전된 가장 상이한 다수의 원리들과 극히 상반된 다수의 법칙들을 우리 법전통의 기본적인 일관성을 손상함이 없이 받아들이고 흡수할 수 있었다. 형평법, 황실재판소에서 만들어진 경범죄에 관한 법, 상법, 해사법, 종교재판소*the ecclesiastical court*에서 만들어진 유언검증과 이혼에 관한 법, 그리고 19세기에 영국과 미국에서의 개혁입법 운동으로 만들어진 법 등은 말하자면 잘 소화되고 동화되었다. 우리는 흔히 이러한 법들이 커먼로를 변용시켰다고 말하지만, 이와 달리 커먼로가 이들을 변용시켰다는 것도 또한 진실이다. 어느 경우에서나 그들의 외래적인 성격이 점차로 소멸되어, 오늘날 이들은 이를 둘러싸고 있는 순수한 코먼로에 유래하는 제도 및 원칙들과 상이한 점을 거의 보여주지 않는다.

더욱이 커먼로는 외국법에 압도당할 뻔한 수차례의 위기를 성공적으로 돌파했으며, 강적과 투쟁해서 승리자가 된 일이 여러 차례 있었다. 12세기에는 당시의 최강의 세력이었던 교회와 재판권을 다투었다. 16세기에는 로마법이

전 유럽을 석권하고 모든 면에서 지방법을 휩쓸었는데, 이 때에도 커먼로는 견고하게 지속되었다. 매이트란드[6]가 3R 이라고 지적하였던 문예부흥*Renaissance*,[7] 종교개혁*Reformation*,[8] 로마법의 계수*Reception of Roman Law*,[9] 혹은

---

6 매이트란드(Maitland, Frederic William, 1850-1906)는 영국의 법제사가로서, 유럽 대륙 특히 독일 법사학의 영향을 받아 낙후해 있었던 영국의 법제사와 사회사 연구를 세계적 수준으로 끌어올렸다. 케임브리지대학의 교수를 지냈다.

7 문예부흥(르네상스)은 14-16세기에 이탈리아를 중심으로 하여 유럽 여러 나라에서 일어난 인간성 해방을 위한 문화혁신운동이다. 도시의 발달과 상업자본의 형성을 배경으로 하여 개성과 합리성을 추구하는 반중세적 정신운동이다.

8 종교개혁은 16세기 전반 유럽의 그리스도교 — 그것도 로마가톨릭 교계 — 내부에서 일어난 신학, 교의, 전례, 교회 체제 전반에 걸친 변혁운동이다. 중세 이후 그리스도교는 유럽의 사회·정치·문화·사상 등 생활의 모든 분야와 밀접하게 관계를 맺고 이를 깊이 규율하였으며, 이로써 교황권이 비대해지면서 교권과 왕권이 대립하고 나아가 교권이 동요하면서 개혁운동이 일어나기 시작했다. 뒤에 나오는 위클리프(주 56)는 개혁운동의 선구자로 여겨진다.

9 로마법의 계수는 중세 말 근대 초기에 로마법이 유럽 대륙에 전파되어 토속적 지역법 = 관습법 = 게르만법을 밀어내고 현행의 법으로 침투된 현상을 말한다. 로마법의 계수가 일어난 배경은 두 가지로 요약할 수 있다. 하나는 12세기에 뒤에서 설명하는 로마법대전(주 57)이 발견됨으로써 다양하고 체계적인 법이론을 접하게 되었고, 이를 계기로 법이론이 발전했다는 점이고, 다른 하나는 지역마다 법이 달라(법의 분열) 통일된 법이 요구되었는데 로마법이 이러한 수요를 채워 주었다는 점이다. 후자가 더 결정적인 배경이었지만, 이는 체계적인 법이론의 발달이 있었기에 가능했던 것이다. 법의 분열은 특히 중앙집권화가 늦었던 독일에서 심했고, 그래서 다른 곳에서는 개별적 사건에서 계수가 이루어졌으나, 독일에서는 법

튜더왕조[10] 하에서의 법 없는 재판으로의 부분적인 역행도 우리 법전통의 보루를 동요시키지 못했다. 17세기에는 영국국왕과 투쟁해서 스튜어트왕조[11]의 여러 왕들에 대한 법 우위의 원칙을 확립했다. 미국에서는 독립혁명(독립운동)[12] 이후 무엇이든지 영국적인 것에는 반대하는 편견 때문에 한때 프랑스법을 계수할 뻔하기도 했으나, 결국 이러

령을 통해서 포괄적 · 전면적인 계수가 행해졌다.

10 튜더왕조(Tudors)는 앞의 3R가 태동 혹은 발흥하던 15세기 후반에 들어섰는데(1485-1558년), 이 시기는 중세 말기의 전쟁의 연속(프랑스와의 100년전쟁(1337-1453), 국내에서의 장미전쟁(1455-1485)) 등으로 인해서 영국의 국내질서가 극도로 혼란한 때였다. 그리하여 이 시기는 강력한 정치가 요구되었으며, 통상의 사법재판소에 의한 정의보다 더욱 강력한 정의가 필요했다. 뒤에서 설명하는 황실재판소(주 71) · 고등종무관재판소(주 89) 등과 같은 특별(행정)재판소는 이러한 시대적 배경에서 생겨난 것이다.

11 튜더왕조 다음의 스튜어트왕조(Stuart, 1603-1702년)는 튜더왕조의 군주전제의 사상을 그대로 유지했으며, 당시의 신앙과 결탁해서 소위 國王神性說(王權神授說)을 내세웠다. 그리하여 위의 특별재판소와 보통법재판소와의 사이에서 격렬한 다툼이 벌어지게 되었다(제3강 앞부분에서 설명하는 제임스 1세와 코크 재판관과의 대립).

12 독립혁명(독립운동, Revolution)은 북미 식민지에 대한 영국의 가혹한 지배와 중상주의 정책에 저항해서 13개 주의 식민지가 협력하여 벌인 혁명으로서, 영국으로부터의 분리 · 독립을 위해서 벌인 독립전쟁과 식민지 내부의 사회개혁을 포함한다. 독립전쟁의 결정적 계기가 된 것은 소위 보스턴 차사건(1773년)으로서, 1775년에 영국군과 미국의 급진파 사이의 무력충돌로 시작되어 7년간 전투가 계속되었다. 이 기간 중에 제퍼슨이 起草한 독립선언이 행해졌다(1776년).

한 편견을 극복하고 당시의 가장 강력한 정치적 세력에 대항해서 법 우위의 원칙을 최종적인 논리적 귀결에 이르기까지 발전시켰다. 그리고 법률가와 체계적인 사법 운영에 대한 적대심이 당시의 새로운 사회의 특징이었음에도 불구하고, 영국 판례를 인용하는 인기 없는 절차를 포함한 선결례주의를 유지했다. 커먼로가 이런 여러 차례의 위기를 돌파하는 동안 이의 특징적인 기본적 사상은 흔들리지 않았을 뿐만 아니라, 한층 더 견고하게 확립되었다는 점은 다언을 요하지 않는다.

그렇다면 외견상으로는 커먼로의 승리 그리고 커먼로가 로마법과 병존적으로 세계법으로 확립되었음은 확실해 보인다. 그러나 승리의 바로 그 순간에 새로운 위기가 당도하고 있음이 명백하다. 미국에서 커먼로는 현재 심판을 받고 있지는 않을지라도 기소당하고 있는 것은 확실하다. 현재 전 세계적인 문제가 되어 있는 뚜렷한 세 가지 — 즉 법 우위의 원칙, 상법, 불법행위법 — 를 보면, 우선 커먼로상의 법 우위의 원칙과 그 논리적 귀결인 사법권의 위헌입법심사권은 이의 기원지에서 신랄한 공격을 받고 있으며, 영미법 체계의 중심점이 되어 있는 재판소의 독립과 권위를 위태롭게 하고 있다. 다음으로 커먼로상의 상법은 영국과 미국에서 법전화되고 있다. 끝으로 불법행위법에서 조성과

실, 위험인수, 과실책임 원칙[13]이 폐지될 운명에 직면하고 있다. 이러한 것들을 다수의 커먼로 심취자들은 커먼로 체계의 특징적인 원칙들을 위협하는 것으로 보고 있다. 전세계적인 법의 사회화 *socialization of law* 운동, 즉 19세기의 추상적인 개인주의적 정의로부터 보다 새로운 정의의 이념 — 그것이 어떤 것인지 아직 그다지 명확하게 파악되지는 못하지만 — 으로의 이행을 지향하는 운동이 어느 곳에서나 모든 법에 대해서 긴장을 가하는 것은 사실이다. 그러나 미국에서는 그것만이 아니다. 미국에서는 어느 곳에서나 법이 겪고 있는 이러한 긴장 이외에 행정기관의 사법적 기능의 대두, 법정 외에서 운영되고 스스로가 자신에 대한 법인 것으로 기대되는 회의나 위원회에 모든 것을 위임하려는 경향, 법의 집행에서 개인적 주도에 입각한 정치조직이 무너지고 행정감사와 행정감독이 이를 대체하는 것, 커먼로에 입각했던 모든 사건에서 정의에 대한 국민의 신뢰감의 실추 등은 법률문제에 대한 우리들의 태도에 완전한

---

13 조성과실(contributory negligence), 위험인수(assumption of risk)는 피용인의 상해 등에 대한 사용자의 책임을 배척하기 위해서 과실책임에 대하여 실제적으로 중대한 예외를 인정한 것인데, 이의 구체적 내용과 변화는 뒤(주 69 및 이의 본문)에서 설명하므로, 여기에서는 더 이상의 설명을 생략한다. 과실책임 원칙이란 타인에게 손해를 가하였더라도 (불법행위) 가해자에게 그에 관해서 고의나 과실이 있어야 책임을 진다는 원칙이다.

변화를 예고하는 것으로 보여진다.

우리의 법은 현재의 위기에 대처할 수 있도록 모든 면에서 충분히 대비되지 못하고 있다. 미국에서 재판에 의한 법 정립의 조건은 결코 성장기에서의 커먼로의 최선의 발전을 위해서 요구되었던 조건이 아니다. 미국의 다수의 주나 시 등에서 행해지고 있는 단기간의 임기를 가진 선거재판관 제도는 그러한 임무에 적합한 재판소를 우리에게 주지 못한다. 사실 20세기 초에 매우 광범위하게 불평을 자아냈던 저급한 판결은 대부분 — 거의 전부라고 할 수도 있지만 — 국민에 의해서 선출된 재판관들에 의한 것이었다. 재판상의 경험주의를 통한 법정립 제도는 재판관에게 人望이나 성실한 평범 혹은 공공복리에 대한 무분별한 열성 등이 주는 것 이상의 것을 요구한다. 19세기 전반기의 성장기에서는 강력하고 독립적인 재판소가 존재했다. 미국법이 그렇게 급속도로 성장하여 남북전쟁[14]에 이르기까지 적절한 모양을 갖추었고 그후 그것이 확고부동하게 확립된 것은, 결코 19세기에 전세계적으로 법의 엄격성을 위해서

---

14 남북전쟁Civil War은 1861-1865년에 미합중국의 북부와 남부가 벌인 내전이다. 전쟁의 직접적인 동기는 州가 연방으로부터 분리·탈퇴하는 것이 헌법에서 인정되는가 하는 점에 관한 헌법해석의 문제였는데, 이 문제를 유발시킨 것은 노예제도의 인정 여부 그리고 지역 간의 이해대립이었다.

행해진 일반적인 작용의 결과에만 기인하는 것은 아니다. 이러한 변화는 1850년 이후 미국을 휩쓸었던 재판관의 선임방법과 재임기간의 변경과 밀접한 관련을 가진 미국 주재판소에서의 법정bench의 성격상의 변화에 다분히 기인하였다. 더 나아가 1세기 전에는 사법연구에서 의견의 제출과 이에 대한 숙고가 철저히 행해질 수 있었으나, 번잡한 일과가 그렇게 하지 못하게 하는 오늘날의 미국 도시사회에서는 압박받는 조건 하에서 사건을 처리하게 되기 때문에, 사법에 의한 법 정립이 이상적으로 이루어지는 것이 방해되고 있다. 판례집으로부터 한 예를 들어본다면 이것이 무엇을 의미하는가가 명백해질 것이다. 1819년 한 해 동안의 미국 최고재판소의 판결을 편집한 위튼판례집*Wheaton's Report*[15] 제4권에는 33개 사건의 판결이 수록되어 있다. 환언하면 33개의 사건을 판결한 것이다. 미연방판례집 *United States Reports*[16] 248-251권에서 우리는 100년 후

---

15 위튼판례집은 미연방정부에 의한 다음의 공식적인 판례집이 발간되기 전까지 私人에 의해서 발간된 미국의 최고재판소 판례집의 하나로서, 공간자가 Wheaton이기 때문에 이런 명칭이 붙여진 것이다.

16 미연방판례집은 미연방정부에서 발간한 공식적인 판례집이다. 미연방 최고재판소의 판례는 이전에도 사인에 의해서 발간되었으나(이는 발간자의 이름을 따서 불리워졌었다, 예컨대 앞의 Wheaton's Report 이외에도 Dallas's Reports, Cranch's Reports 등), 1874년부터 정부에 의해서 발간되기 시작했다.

의 동 재판소의 업적을 볼 수 있다. 1919년에 동 재판소는 242개의 의견서를 작성하였고 661개 사건을 처리했다. 기록된 의견만을 본다면 1819년에는 7명의 판사가 33개의 의견을 썼는데, 1919년에는 9명의 판사가 242개의 의견을 썼다. 환언하면 의견을 쓰는 것만을 가지고 본다면 동 재판소의 1인의 판사가 1세기 전에 해야 했던 분량의 5배의 일을 하고 있다. 이는 단순히 판사들이 최소한의 숙고로 신속히 일하도록 강요된다는 것을 의미할 뿐만이 아니다. 이러한 사건들을 전부 심리하기 위해서는 변론을 위해서 허용되는 시간이 극도로 단축되어야 한다. 1세기 전에는 모든 상세한 점이 구두변론에서 완전히 규명될 때까지 변론을 들어 주었지만, 오늘날에는 재판소는 원피고 측의 변론을 각각 1시간 반으로 제한하지 않을 수 없게 되어 있다. 주 재판소에서는 이러한 압력이 더욱 커졌다. 그런데 최상의 건설적 작업이 요망되는 이 시기에, 그리고 우리나라의 고전적인 건설기(독립혁명으로부터 남북전쟁까지의 기간)에 미국의 재판관들이 처리해야 했던 것들에 비해서 문제들이 더욱 어려운 것으로 되어 가고 있는 이 시기에, 미국의 다수의 주에서 재판소는 그 임무를 효과적으로 수행하기 너무 빈약하며, 모든 재판소에서 직무의 압박이 대단해서 이상적인 사무처리를 불가능하게 하고 있다.

사람들은 그러한 사정을 인식하고, 이러한 불만족스러운 사법운용의 원인보다도 생각할 수 있는 모든 방법의 구제책을 강구해 왔다. 그중 가장 널리 지지를 받고 있는 방안은 영미법상의 사법권의 내용을 보다 약화시키고 판사를 정치에 예속시키도록 사법기구를 개편하는 것이다. 또 다른 방안은 재판관들에게 재량의 여지를 남기지 않을 것을 목표로 해서 대규모의 상세한 입법을 감행함으로써 커먼로를 극복하는 것이다. 이와 다른 방안은 이와는 정반대의 극단으로 흘러, 모든 법률상의 전제(premises)를 포기하고 사법에 의한 법 정립을 입법부의 입법과 같이 완전히 자유롭게 할 것을 주장한다. 이러한 방안들은 지금까지의 경험이 사법의 역사에서 우리에게 가르쳐 준 모든 것을 무시하는 것으로서, 법률가는 사회에서 이런 방안들이 대두되고 있는 이 시기에 묵묵히 이를 좌시하고 있어서는 안된다. 이러한 제안들이 최근에 사려깊고 애국심을 가진 인사들 간에서 여러 지지자들을 얻고 있다는 사실은, 세계가 현재 놓여있는 법발전 단계에서 각자의 법전통이 어느 정도 활용될 수 있느냐를 알기 위해서 법률가가 이 시점에서 해야 할 일을 일깨워 준다. 법전통이 활용될 수 있는지를 알기 위해서 법률가가 이 시점에서 해야 할 일은, 자신들이 의존하고 있는 법전통의 체계를 검토하고, 이의 요소를 구명하고, 그 정신을 이해하고, 현재의 법이 어떻게 형성되었는가 하는 법의 역사를 인식하는 것이다.

이러한 문제 중 마지막 것을 제외한 나머지 문제에 대해서는 법률가가 변명을 하거나 적어도 이유를 제시해야 한다고 생각하는 사람들이 있는 것은 확실하다. 역사법학이 오늘날에는 인기가 없다는 것이 시인되어도 좋을 터이기 때문이다. 시대의 풍조는 사회학적인 법사학, 즉 오직 법률상의 자료만을 고려해서 단순히 법적 원칙이 어떻게 진화 발전하였는가 하는 것을 연구하는 것이 아니라, 그러한 원칙의 사회적 원인과 사회적 효과에 대한 연구 그리고 법률사의 사회사 및 경제사에 대한 관계에 대한 연구가 요구되고 있다. 나는 사회학적 법학자의 이러한 계획의 커다란 중요성을 부인하려고 하지는 않는다. 그러나 법률적 목적을 위해서 이러한 유형의 법률사의 가치를 과대평가할 가능성이 있다. 바로 앞의 세대는 정치적 법률관과 정치적 법률사관 — 이는 법률과 법의 역사를 정치적으로 해석하는, 즉 법을 정치의 산물로만 보는 입장이다 — 이 전부라는 가정에 기해서 법과 정치는 긴밀히 관련되어 있다고 보았는데 (양자 간에 긴밀한 관계가 있다고 보는 것은 물론 옳다), 이러한 세대와 마찬가지로 다른 세대에서는 법과 경제 간에는 긴밀한 관계가 있다고 보아(양자 간에 긴밀한 관계가 있다고 보는 것 역시 물론 옳다), 경제적 법률관과 경제적 법률사관이 전부라고 하는 자기만족의 가정을 할 수 있다. 물론 이러한 가정에는 충분한 근거도 없다. 경제적 법률사관은 어떠한 항구성 있는 족적도 남기지 못했던 입법으로부터 추출된 예에 의해서 또는 진실한 사법운용의 사정을 모른 채 특정한 법률적 내지 사법상 원칙에 대한 피상적인 견해에 의해서 유지되어 왔기 때문이다. 사실 모든 법률사를 통해서 (다음의) 두 개의 강력한 힘이 경제적 압력과 계급이익에 반발해 왔으며, 어느 정도 법적 발전을 이루었던 국가에서는 이들의 법이 경제적 세력 혹은 계급 간의 투쟁이 어쩌면 만들었을지도 모르는 지금과는 다른 모습이 되지 않도록 막아왔다. 두 개의 힘 중 제1은 법이 현존의 법칙과 원리로부터의 논리적 유추에 의해서 발전해 가기를 고집하는 것이다. 그 이유는, 한편으로는 법률가나 재판관은 법을 만들 수 없고 오로지 법을 발견할 수 있을 뿐이라고 생각했기 때문이고, 또 다른 한편으로는 확실성과 예견가능성의 요청 — 이는 안전이라는 사회적 이익에 기초한 것이다 — 이 법률가나 재판관에게 알려진 기술에 따라서 이미 존재하는 전제로부터 (해결을) 연역할 것을 요구한다고 생각되었기 때문이다. 제2는 법으로 하여금 영구불변의 이념을 표현케 하려는 의식적인 노력이다.

의식적이고 건설적인 법 정립은 법률사에 있어서 늦게서야 나타난 현상이다. 원시사회에서는 신성한 법 혹은 확립된 관습이라는 관념이 지배했으며, 이로부터 이탈하는 것은 위험한 것이었다. 그 이후의 단계에서는 전통적 법을 고정되게 확정하는 권위, 그 이후에는 또한 영구불변한 자연법 사상 — 이에 의하면 시간과 장소에서 만들어지는 법은 이러한 자연법의 선언에 불과하다 — 이 지배했다. 그런데 이러한 관념들은 모두 새로운 전제를 자유롭게 설정함으로써 혹은 기존의 전제로부터 도출될 수 없는 법칙을 공포함으로써 법을 의식적이고 신중하게 창설하는 것에 반대되는 것이다. 성장기에서 조차, 즉 여러 이상들이 공공연하게 추구되고 또 법을 그러한 이상에 맞게 형성하려는 시도가 행해지던 시기에서 조차, 이러한 이상들은 계수된 법원칙의 이상적인 발전과 동일한 것이라고 생각할 수 없었다. 전통적 체계 속에서 법적 소재를 합리적으로 작업하려는 이러한 경향 그리고 법의 확실성에 대한 요청이 법률가와 재판관으로 하여금 그들 앞에 닥아온 새로운 문제에 당면하여 언제나 유추의 방법에 의존하게 했다. 그들은 어떤 사건에서나 그와 같이 처리하는 것이 의심의 여지 없이 당연한 경향이라고 하는 생각을 굳게 하였다. 그러므로 법적 발전이 어떤 새로운 사태나 새로운 문제와 관련해서 취할 진로를 결정함에 있어서 가장 중요한 요소는 유추이다. 유추는 법의 정립을 임무로 하는 사람들이 권위적인 결정을 하도록 요구된 경우에 마침 손쉽게 쓸 수 있는 것이다.

그렇다면 법률사는 우리에게 법성장의 잠재적 기초로서 발전해온 유추 및 법적 전제를 제시할 수 있을 것이다. 법률가와 재판관은 이러한 유추의 논리적인 사용과 이러한 전제로부터의 논리적인 추출에 의해서 법을 이상에 부합하도록 만들고자 노력했는데, 법률사는 이러한 이상의 발전 모습을 우리에게 제시할 수 있을 것이다. 또 이러한 유추방법의 고안과 전제의 논리적 발전이, 어떤 방법으로 양에 있어서나 본질적 의의에 있어서나 우리 법의 가장 중요한 부분을 이루고 있는 전통의 내용과 정신을 결정해 왔는가를 제시할 수 있을 것이다. 이러한 탐구는 우리가 새로운 성장기에서 법의 목적을 달성하려고 하는 노력을 효과적인 것으로 하기 위하여 필요로 하는 것의 전부는 아닐 것이다. 그러나 이것은 이의 커다란 부분이며 기본적인 부분이다. 왜냐하면 이러한 탐구는 우리가 가지고 있는 법적 자료의 총 재고조사를 하는 것이기 때문이다. 그 이유는, 법체계는 입법에 의한 규칙의 해석과 발전의 기준이 되고, 그러한 규칙이 법으로 확립되는데 성공하면 그것은 다시 법체계 속에 흡수되어 합체되므로, 법의 조건은 길게 보면 법체계 안에 있는 전통적 요소의 조건에 의존하기 때문이다.

만약 좁게 우리의 법전통만을 본다면, 우리는 두 개의 특징을 볼 수 있을 것이다. 한편으로는 우리의 법전통은 극도의 개인주의로 특징지워진다. 한 외국의 학자는 우리 법전통의 두드러진 특징은 "개인의 자유에 대한 무제한적 평가와 개인 재산의 존중"이라고 지적한 바 있다. 이것은 사회정의*social righteousness*가 아니라 개인의 권리를 문제삼는다. 이것은 최고도로 사회적 중요성을 가진 문제를 존 도우*John Doe*와 리차드 로우*Richard Roe* 간[17]의 단순한 개인적 분쟁으로 재결하는 것이다. 우리 법전통에서의 개인에 대한 존중은 민형사의 소송절차를 극도로 논쟁적인 것으로 만들었으며, 소송을 재판소와 투쟁하는 것이라고 보는 古風의 이론 — 즉 소송을 마치 남자다운 행동의 규준에 따라서 공정한 경쟁*fair play*을 하고 간섭을 방지하기 위하여 재판소와 공정한 투쟁을 하는 것으로 보는 이론 — 을 현대 세계에서도 유지하고 있다. 더욱이 그것은 너무나도 개인에 대해서만 공정한 경쟁을 보장하는데 열중한 나머지 종종 사회에 대해서는 공정한 경쟁을 보장해 주지 못한다. 법

---

17 존 도우(John Doe)는 특정된 이름이 없이 보통 사람을 가리켜 사용하는 영어식 인명이다. 한국어의 '홍길동'이나 '아무개'에 해당한다. 리차드 로우(Richard Roe)도 이와 유사한 것이다.

의 집행과 권리의 보호에서도 개인의 주도에 의존한다. 그것은 개인의 신체적·정신적·경제적 행동의 자유에 대한 모든 간섭을 혐오한다. 요컨대 고립된 개인이 우리 법전통의 수많은 중요한 원리 중에서도 중심에 있다. 그러나 다른 한편으로는 우리의 법전통은 전혀 반대 방향의 경향을 가진 다른 요소에 의하여 특징지워진다. 즉 의무와 책임을 부과함에 있어서 이를 부과받는 사람의 의사를 고려하지 않으며, 당사자 간의 법률행위보다도 당사자 간의 관계를 법률효과의 기초로 삼으며, 또 개인을 책임과 능력의 주체로 생각하기 보다는 어떤 부류의 일원으로서 이들과의 관계 속에 서 있는 사람을 그러한 주체로 생각하려는 경향이 있다.

무엇이 우리 법전통의 이러한 특징을 결정했느냐? 여러 가지 문제를 해결하기 위해서 더욱 더 사회통제의 방법이 사용되고 커먼로를 제외한 거의 모든 것의 사회화가 진행되는 이 시기에, 어떻게 우리 법전통은 그렇게 철저히 또 완고하게 개인주의자가 되어 가는가? 어떻게 법전통이 동시에 정반대의 경향을 가진 다른 요소, 즉 사람을 개인으로서가 아니라 집단 혹은 계층 혹은 관계 안의 존재로 취급하는 요소를 내포하는가? 현재와 장래를 위해서 우리가 우리의 전통적인 법적 소재로부터 무엇을 발전시킬 것인가를 선언하려고 하기 전에, 이러한 문제들이 우리의 주목을 끈다.

가장 중요한 7개의 요소가 우리의 미국 커먼로의 형성에 기여하였다고 생각된다. (1) 원초적 기초로서의 게르만법 제도와 법사상, (2) 봉건법, (3) 청교주의,[18] (4) 17세기에서의 재판소와 국왕 간의 다툼, (5) 18세기의 정치사상, (6) 19세기 전반기의 미국에서의 개척자들이나 농업사회의 조건, (7) 영국의 커먼로가 미국재판소에 의해서 우리들에게 넘어온 형성기에 지배적이었던 재판과 법과 국가에 관한 철학사상. 이러한 여러 요소들 중에서 하나를 제외한 모든 것이 강력하게 개인주의를 조장시켰다. 강력한 개인주의는 20세기 초의 10년 간 고전적인 커먼로의 전통을 국민감정과 그렇게도 맞지 않게 하였는데, 이러한 강력한 개

---

[18] 청교주의(Puritanism)는 16-17세기 영국에서 종교개혁 = 프로테스탄트의 한 흐름인 칼뱅주의(Calvinism)를 이어받은 종교개혁파를 일컫는다. 칼뱅주의는 프랑스의 종교개혁자 칼뱅에서 발단한 프로테스탄트의 한 분파인데, 또 다른 개혁파인 루터교가 국가권력을 영광화하는 경향을 띤데 반해서, 칼뱅은 저항권을 인정하고 국가에 대한 교회의 자유를 확보하고자 하였다. 청교주의는 1559년의 엘리자베스 1세가 내린 통일령(영국국교회의 예배와 기도·의식 등을 통일하기 위해서 영국의회가 1549년부터 제정 공포한 법률)에 순종하지 않고 국교회 내에 존재하고 있는 로마카톨릭적인 제도·의식 일체를 배척하고 칼뱅주의에 투철한 개혁을 주장했다. 제임스 1세, 찰스 1세 때 비국교도로서 심한 박해를 받고 네델란드와 기타 지역으로 피해갔다. 그중에서도 미국 매사추세츠주 플리머스에 식민지를 개척한 메이플라워호의 '필그림 파더스'가 유명하다. 이 책의 여러 곳에서 매사추세츠주가 언급되는데, 이는 여기가 청교주의의 영향을 가장 크게 받았던 곳이기 때문이다.

인주의의 역사를 거슬러 올라가면 위와 같은 요소들에 귀착된다. 이중 하나의 요소 즉 봉건법은 우리 법체계에게 기본적인 사고방식을 가져다 주었다. 즉 이는 법적 사태와 법적 문제를 취급함에 있어서 전적으로 상이한 결과를 가져오게 하는 취급방식, 그리고 항시 우리 법의 개인주의를 완화시키는 사고방식을 가져다 주었다. 그리고 오늘날 농업적·촌락적인 개척자 사회로부터 산업적·상업적인 정착사회 더 나아가 도시사회에로의 변화가 새로운 체계의 법사상을 요구하게 되자, 오랫동안 재판소의 판결의 배후에서 묵묵히 진행되어온 움직임 가운데 담겨 있던 이러한 요소가 재판소의 중요한 지혜의 원천이 되어왔다. 미국법에서 개인주의의 최고수위는 19세기 마지막의 4반세기에 도달했다는 사실을 기억하자. 이에 앞서서 개인주의에 대한 반동의 징조가 나타났으며, 커먼로의 전통은 법체계 전체를 동요시키지 않고서도 그러한 반동을 추진함에 이용될 수 있는 원리를 그 자신 속에 가지고 있었다는 것을 입증하였다.

전술한 여러 요소들을 순서에 따라 고찰하고 이들이 커먼로에 영향을 주거나 이를 형성한 정도와 방법을 평가함에 있어서, 게르만법의 기초에 관해서는 몇 마디 말로 충분할 것 같다.

학문적 목적을 제외하고 다른 목적을 위해서는, 대체로 말해서 영국법의 역사는 13세기에 시작된다는 것은 사실이다. 그러나 동시에 어떤 제도도 임의적으로 그것이 언제 기원하는지를 지정할 수 없다는 것도 사실이다. 특히 법에서는 근대에 이르기까지 새로운 것을 많이 의식적으로 만든다는 것은 전혀 생각할 수 없다. 법은 마치 외피를 모두 벗어 버리듯이 일시에 만들어질 수 없다. 노르만왕조 초기 재판소에서 법체계가 성장하기 시작하던 시기에 로마법에 관해서 아는 사람은 별로 없었으며, 영국에서 로마법에 관해서 알려진 것은 극히 피상적인 것이었다. 최초의 커먼로 재판관들이 의거했던 자료는 게르만법적 자료였다. 영미법 체계의 기초를 이루고 있는 것은 게르만법 사상이며, 이 사상과 함께 성장했다. 이들은 게르만법 사상에 철저히 의거했기 때문에, 그리고 중앙의 재판소[19]는 국왕의 법을 전

---

19 노르만왕국의 중앙재판소의 내용은 뒤에서 종종 언급되므로, 여기에서 먼저 이에 관한 대략적 모습을 간략히 설명한다. 1066년에 잉글랜드 지방을 정복하고 왕위에 오른 윌리엄 1세와 그 후계자들은 중앙집권적 사법정책을 수립해서 국왕재판소의 권한을 확고히 하고 이를 점차적으로 확대해 갔다. 즉 중앙에 3개의 상설의 국왕재판소, 즉 왕좌재판소(형사재판소, Court of King's Bench), 민사(민사소송)재판소(Court of Common Plea), 재무재판소(Court of Exchequer)를 두는 한편, 이의 재판관들을 잉글랜드 각 지방에 파견해서 순회재판제도를 실시하였다. 이렇게 해서 한편으로는 각 지방에 산재해 있는 기존의 지방재판소나 영

영토에서 보통법(common law)으로서 적용했었는데, 이러한 중앙재판소의 법이 가지는 지위가 매우 강력했기 때문에, 오늘날 우리의 법은 독일법 자체보다도 한층 더 게르만적이다. 노르만인의 영국 정복은 우리 언어에 라틴계적 요소*Romance element*를 도입시켰다. 그러나 노르만인의 정복이 법에서 로마적인 것을 도입시킨 것은 비교적 적었다. 후에 로마법이 유럽 대륙을 휩쓸었을 때 대륙에서는 전통법(고유법)이 지역적이고 지방적으로 분열되어 있었으나, 영국에서는 전통법이 일반적이고 통일적이고 조화적이었다. 그러므로 영국에서는 그 배후에 강력한 중앙집권적인 사법제도, 그리고 이러한 사법제도에게 세련된 전통의 강인함을 부여했던 법조원[20]에서의 확립된 교육과정 등

주재판소의 재판권을 점차적으로 빼앗았으며, 다른 한편으로는 내용적으로 조금씩 달랐던 각 지방의 관습을 재판을 통해서 통일함으로써 이른바 왕국의 일반관습법을 만들어냈다. 이들 국왕재판소를 커먼로재판소 — 형평법재판소(주 76 참조) 등과 구별하기 위해서 — 라고 칭하며, 커먼로는 이들 재판소에서의 판례를 말한다. 영(미)법이 common law라는 이름을 가지게 된 것은 이런 이유 때문이다.

20 法曹院(법학요法學寮라고도 한다)Inns of Court은 런던에 있던 법정변론 전담 변호사(=barrister)의 자치 조직으로서, 법률직에 나갈 의향을 가졌던 학생들은 오랫동안 여기에서 선배 변호사와 학생들이 같이 생활하면서 커먼로의 전통과 지식을 배우고 고된 훈련을 받았다. 이와 같이 이는 barrister 양성에 중심적 역할을 담당하였다. 중세에는 10여 개의 Inn이 있었으나, 점차 4개로 축소되었으며, barrister 칭호를 취득한 사

이 게르만법을 지속시켰다. 17세기에 코크Coke의 역작[21]은 게르만법에게 형식form — 우리는 미국에서 이 형식을 통해서 영국법을 계수하였다 — 을 부여했는데, 이때의 커먼로는 게르만법 사상의 영국적 발전이었다. 로마법이 커먼로 체계의 일부가 되어 버린 많은 유추와 개념의 형성에 기여했다는 것은 확실하다. 그러나 이러한 많은 유추와 개념은 커먼로에 흡수됨과 함께 가공되어 지방법의 성격을 가졌다. 19세기에 독일제국에서 게르마니스텐 운동[22]의 결과로 독일제국에서 법을 게르만화하려고 시도했으며, 그래서 새로운 독일민법전의 여기저기에서 로마법적 원칙이 게르만법적 원칙으로 대체되었다. 그러므로 로마법화되었

람은 그 출신의 Inn에 소속되며, 재판관이나 대학교수 등으로도 활동하였다.

21 코크(Edward Coke, 1552-1634)는 영국의 대법관으로서, 국왕의 특권에 대하여 커먼로의 우위성을 주장하였다(이는 92쪽 이하에서 설명된다). 그는 또 1628년의 권리청원을 기초하였다. 그의 대표적 저서는 《영국법제요(提要)Institutes of the Laws of England》(1628-1644)로서, 본문에서 말하는 역작은 이를 가리킨다. 이 저서는 로마법의 영국 침입을 저지하였다고 평가된다.

22 게르마니스텐운동(Germanist movement)이란 독일의 역사법학파의 한 부류로서, 법의 역사 중에서도 독일민족인 게르만인의 고래법의 역사를 중점적으로 연구할 것을 주장하는 입장이다. 이는 역사법학자가 초기에 주로 로마법의 연구(로마니스텐)에 치우쳤던데 대한 반작용으로 일어났다.

던 독일법이 게르만법적 요소를 가지고 있는 것보다도 적게, 우리의 법은 로마법적 요소를 가지고 있다.

우리 법의 기반이 게르만법이라는 사실은 학문상의 흥미 이상의 의미를 가진다. 이것은 미국법의 기초, 즉 19세기 미국 재판관들이 당시에 의거했던 법을 만들어 냈던 자료는 엄격법 단계라고 불리는 법발전 단계를 대표하고 있음을 의미한다. 이에 대해서 유럽 대륙의 보통법의 기초, 즉 로마 고전시대[23]의 로마 법학자들의 저작으로부터의 발

---

23 로마 고전시대는 기원 전 2세기에 로마가 카르타고를 제압한 이후 혹은 1세기에 아우구스투스(카이사르)가 황제로 즉위하여 제국으로 된 때부터 3세기 말 디오클레티아누스 황제에 의한 로마제국의 동·서 분리 시까지를 말한다. 로마 — 그리고 로마법 — 는 역사적으로 3단계로 구분된다. 제1기는 건국 초부터 BC 3세기까지, 즉 로마가 등장하여 지중해 세계의 覇者가 되기까지의 시기이며, 제2기는 앞에서 말한 로마 고전시대로서 로마의 전성기에 해당한다. 마지막의 제3기는 로마의 분할통치부터 유스티니아누스 1세 때까지로서, 이 시기에 로마帝國이 변질되고 해체되어 갔다(서로마제국은 476년에 멸망하였으나, 동로마제국은 유帝시까지는 지배력을 가졌으며, 그후 점차 세력이 쇠잔해져 1453년에 멸망하였다). 각 시기의 법의 모습을 개관하면, 제1기에서의 법은 토착성이 강하고 농경사회에서의 가족 중심의 법(시민법)으로서 엄격하고 형식주의적이었다. 제2기에 들어서 로마 영토가 확대되면서 한편으로 로마시민과 비시민 간의 거래를 규율하는 법(만민법)이 발전하였으며, 다른 한편으로 상거래가 활발해져 합리적이고 방식에서 벗어난 자유롭고 비형식적인 법이 발달하였다. 그리고 이러한 법의 발달은 전문적인 법률가(재판자문관 — 뒤의 주 151 참조)를 필요하게 만들었으며, 그리하여 법과대학이 설립되어 법학을 발전시키고 우수한 법학자를 배출시켰

훼로 이루어진 유스티니아누스 황제의 학설휘찬 *Digest*[24]은 형평법 또는 자연법이라고 불리는 법발전의 후기 단계를 대표하고 있다. 우리 법 역시 이러한 후기의 단계를 거쳤다. 그러나 성숙한 우리 법에서도 우리는 법발전의 각 단계를 함께 보여주는 이중적인 법체계를 가지고 있다. 이와 반대로 유럽 대륙에서 로마법계수 이후 진행된 법발전에서의 자료를 보면, 여기에서는 근대 세계로 넘어가기 이전에 엄격법 단계의 특징이 일소되어 있다. 그 결과 고전기 즉 코크와 그의 동 시대인들이 13세기부터 15세기까지 영국 재판소에 의해서 발전된 법을 개괄해서 기록한 것에서 이야기하고 있는 우리의 재판상의 전통은, 어떤 의미에서 엄

다. 제3기에는 사회와 경제가 쇠퇴하여 법의 발전은 정체되었다. 6세기에 동로마제국의 유스티니아누스황제는 로마의 중흥을 꾀하였으나, 그의 최대의 업적인 '로마법대전'(주 57)의 편찬은 단지 과거의 로마법에 관한 기록일 뿐이었다. 그러나 로마법은 근대에 들어 유럽 대륙에 전파되고 계승되어(로마법의 계수 — 주 9) 각국에 영향을 미쳤으며, 근대 시민법의 형성에 결정적인 영향을 주었다. 참고로 로마의 지배형태를 보면, 처음에는 왕정이었는데, 기원전 6세기부터 공화정 체제로 바뀌었으며, 1세기에 제정(옥타비아누스황제)으로 되었다.

24 학설휘찬(Digest)은 유스티니아누스(Justinianus) 황제가 편찬한 로마법대전(Corpus Iuris Civilis, 주 57 참조)의 한 부분으로서, 로마의 고전적 번성기 시대의 대표적인 법률가들 — 주 41에서 언급되는 파피아누스, 울피아누스, 파울루스 등이 이에 속한다 — 의 문헌(BC 100년부터 AD 250년 동안의 것)에 담겨 있던 법문언을 수집하여 실질적 분야에 따라 정리한 것이다.

격법의 단계에서 이야기하고 있다. 유럽 대륙의 재판상의 전통은 1세기부터 3세기 사이의 로마 고전시대의 법률가의 저작물을 비잔틴적으로 개찬한 것으로부터 말해지며, 이는 엄격하고 고전적인 시민법*ius civile*이 아니라 자유롭고 현대적인 만민법*ius gentium*[25]과 자연법*ius naturale*을 대표하는데, 이러한 유럽 대륙의 재판상의 전통은 형평법 혹은 자연법의 단계의 법이다.

개인주의는 내가 엄격법이라고 부르는 법발전 단계의 가장 중요한 특징이다. 예컨대 엄격법은 어떤 경우에도 법적 형식으로 약정된 의무에 관해서 완전하고 정확한 이행을 고집한다. 이는 우발적 사고를 참작하지 않으며, 불이행자에게 동정을 가지지 않는다. 16세기에는 채무자가 약정된 시기에 채무를 변제하기 위해서 건너야 할 강이 갑자기 불어나서 큰 손실을 입은 경우에, 법은 그러한 사정은 고려치

---

25 시민법과 만민법은 원래는 로마가 도시국가인 단계에서 각기 로마시민에게 적용되었던 법과 로마 이외의 지역에 적용되었던 법(외래인 법)을 가리킨다. 그런데 로마영토가 확대되면서 양 법의 경계가 허물어져갔고 내용면에서도 시민법이 만민법화되어 갔다. 그리고 212년 로마제국 내의 모든 자유민에게 로마 시민권이 부여됨으로써 시민법과 만민법의 구별이 공식적으로 사라졌다. 키케로는 모든 시민에게 적용되는 만민법을 자연법과 결부시켰다. 시민법(civil law)이란 용어는 이와 같이 만민법에 대비되는 로마시민법이란 의미 이외에, 영미법을 가리키는 common law와 대비되는 유럽 대륙법을 의미하기도 하고, 중세의 교회법(Canon law)에 대비되는 세속적인 로마법을 의미하기도 한다.

않고 단지 그가 변제기일에 이행에 착수했느냐 그리고 그에 따라 기일에 변제했느냐 하는 점만을 물었다. 채무자는 불행의 위험을 감수했으며, 엄격법은 그의 보호자로서의 역할을 떠맡지 않았다. 또 엄격법은 간계에 빠져서 혹은 강박을 받아서 법률행위를 한 자를 위해서 아무런 소용도 없었다. 엄격법은 그에게 위법행위를 이유로 소송을 제기할 것을 허용할 것이다. 그러나 그러한 법률행위를 무효로 하지 않는다. 만약 그가 자신의 이익을 지키지 못했다면 그는 재판소에 대해서 자신을 보호해 줄 것을 호소할 수 없다. 재판소는 오직 평화의 유지만을 담당하는 곳이다. 이 단계의 법은 폭력과 사기를 고려하기는 했지만, 실제의 사건에서 소송당사자가 사기나 강박을 당했느냐 하는 것을 묻지는 않았다. 그 대신에 법은 표준적이고 통상적인 사람이 그러한 방법으로 사기나 기만을 당했겠느냐 하는 점을 물었다. 달리 말하면 엄격법은 성숙한 연령에 있는 사람은 모두 자신의 일을 자신이 해야 한다고 생각했다. 그가 법의 온정이나 법의 배려에 기해서 자신이 행한 바를 구제받기를 기대하는 것은 소용없다. 엄격법은 만약 그가 어리석은 거래를 했다면 나무랄 사람은 자기 자신뿐이니 남자답게 자기의 책임을 이행해야 한다고 생각했다. 그가 어떤 행동을 한 때에는 그는 눈을 뜨고 자기가 위험을 부담하고 행동한 것으로 여겨지며, 따라서 약정한 결과를 떠맡아야 한다. 그는 훌륭한 운동선수가 되어야 하며, 자기의 손해를 웃으면서 참아야 한다. 엄격법이 강제하는 많은 가혹한 규정에 대해서 이 법이 항시 내세우는 주장은, 그러한 사태는 당사자 자신의 우둔함 때문에 초래된 것이고 따라서 이를 감수해야 한다는 것이다. 이러한 견해는 전적으로 원시사회의 것이며, 게르만인이 어떻게 주사위놀이를 했는가에 관한 타키투스[26]의 말을 상기시킨다. 타키투스의 말에 의하면 그들은 자기 자신을 걸 정도로 진지하게 놀이를 했다. 만약 자신을 걸었는데 그중 한 사람이 지면 그는 자진해서 노예가 되었으며 고통스럽지만 스스로가 팔려가는 것을 감수했다. 엄격법의 이러한 정신과 통하는 무엇을 우리는 오늘날 조성과실·위험인수의 이론 그리고 소송절차를 경기 *game*으로 취급하는 과장된 주장 등에서 볼 수 있다.

이와 같이 우리의 영미법은 그 시초에는 그 속에 엄격법의 개인주의를 지니고 있었다.

엄격법이 모든 사람은 각기 자립해야 하며, 비명을 지르지 않고 사내답게 경기해야 한다고 주장했음에 대해서, 커

---

26 타키투스(Tacitus, 55?-117?)는 로마 제정시대의 역사가. 한 명이 다스리는 로마제국은 폭정의 위험이 도사리고 있다는 점을 지적한다.

먼로 형성기의 주요한 사회적 법적 제도 즉 영주와 영민 간의 봉건관계는 인간을 전혀 다르게 보았다. 여기에서는 어떤 사람이 무엇을 약속했고 무엇을 했느냐 하는 것이 문제가 아니고, 그의 신분이 무엇이냐 하는 것이 문제였다. 領主는 領臣에 대해서 (영주라는 지위에 의해서 당연히 — 역자 보충) 권리를 가졌고, 영신은 영주에 대해서 (영신이라는 지위에 의해서 당연히 — 역자 보충) 권리를 가졌다. 영신은 영주에 대해서 봉사와 복종 내지 충성의 의무를 졌고, 영주는 영신에 대해서 보호와 부양의 의무를 졌다. 그러한 권리와 의무는 단순히 일방이 영주이고 타방이 영민이기 때문에 생기는 것이다. 이러한 권리와 의무는 그들 간의 관계에 수반되는 것이다. 그러한 관계가 존재해서 어떤 자가 영주나 영신의 지위에 놓이면 언제나 법적 효과로서 그러한 권리의무가 발생한다. 우리 법에서 개인주의를 최초로 부드럽게 용해하고 우리 법의 체계와 다수의 특징적인 이론을 형성하는데 중요한 요소가 된 것은 이러한 봉건관계로부터의 유추이다. 봉건관계는 권리·의무·책임이라는 법적 관념이 명시적 약속, 거래의 조건, 자유의사에 기한 위법행위 혹은 과실행위 등으로부터 발생하는 것이 아니라 단순히 어떤 관계로부터 부수적으로 발생한다는 것을 시사한다.

이러한 관념이 커먼로의 체계에서 얼마나 중요한 것인가 하는 점은 로마법과 영미법이 일상적인 법제도를 다루는 방법을 몇 가지 비교해 보면 이해될 수 있다. 로마법 체계에서 가장 중요한 역할을 하는 것은 법률행위라는 개념 즉 법률효과를 발생시키려고 의도한 행위이며, 법은 이러한 행위자의 의사를 실현하기 위해서 그 의도된 법률효과를 부여한다는 개념이다. 발달된 로마법 체계에서의 중심적인 이념은 의사를 중시하고 이를 유효하게 하는 것이다. 모든 것은 행위자의 의사로부터 연역되거나 행위자의 의사에 비추어서 결정된다. 로마법은 家長制的 가족의 도시였던 시기에서의 로마시의 법으로 발생했고 또한 이러한 가족의 가장들 간의 평화를 유지하기 위한 규칙의 한 체계로서 발달한 것이며, 이러한 법에서의 문제는 자기 가족 내에서는 최고이나 밖에서는 그와 대등한 사람들과 거래하는 자유인들 간의 충돌되는 활동을 조정하는 것이었다. 따라서 로마법은 이들이 고의로 한 가해에 대해서는 벌을 과했고 이들이 법적 형식으로 약정한 대로 의무를 지우거나 이행에 대해서 책임을 부과했다. 로마법은 이들이 의욕한 것 그리고 의도적으로 행한 것에 대해서 책임을 지웠으며, 이들이 의욕하고 법적으로 약정한 것을 지키게 했다. 이와 반대로 우리 법에서의 중심적 이념은 의사보다는 관계이다. 그래서 대리에서 대륙법학자는 어떤 사람이 다른 사람에게 대리권을 수여하는 의사의 표시라는 행위를 생각하고, 대리권을 수여한 자의 의사에 대해서 법적 효과를 부여할 것을 생각한다. 따라서 대륙법학자는 위임계약을 얘기한다. 이에 대해서 커먼로 법률가들은 본인과 대리인과의 관계를 생각하고, 당사자들에 의해서 의욕된 것으로서가 아니라 이러한 관계에 수반되고 포함된 것으로서의 권한과 권리와 의무와 책임을 생각한다. 그러므로 커먼로 법률가는 본인과 대리인 간의 관계를 얘기한다. 조합에서도 그렇다. 로마법학자는 조합*societas*계약을 얘기한다. 이들은 모든 이론을 조합*partnership*을 형성하는 법률행위에 참여한 당사자들의 의사로부터 전개시키며, 조합이 성립되면 그것을 communio[27] 혹은 가장이 사망한 후에 가장제 가족을 분할시키지 않고 유지하는 공동상속인의 공동상속인단체*consortium*[28]의 경우에서의 공동소유를 유추해서 취급한다. 우리는 그 대신에 조합관계를 얘기하며, 이러한 관계에 대해서 법이 부여한 권한과 권리와 의무를 얘기한다. 또한 로마법학자는 토지의 대여와 차용을 얘기하며, 그러

---

27 communio는 '함께 하다, 동참하다, 나누어 가지다' 등의 뜻이며, 기독교에서는 성찬식을 가리킨다.

28 consortium은 '동반자 관계, 협력, 동지'를 뜻하는 것으로서, 공통의 목적을 위한 협회나 조합을 말한다.

한 계약을 체결함에 있어서 의욕되었던 효과를 논한다. 우리는 지주와 차지인의 법을 얘기하며, 이 법에 포함되어 있는 담보책임과 의무 그리고 이 법에 의해서 부가된 부수조건을 논한다. 로마법학자는 노무의 賃貸인 고용계약 *locatio operarum*을 얘기하며, 당사자들이 이에 의해서 의욕한 효과를 논한다. 우리는 고용주와 피용자 간의 관계를 얘기하며, 이러한 관계에서 각 당사자에게 부과되는 안전장치를 갖출 의무와 위험의 인수를 논한다. 로마법학자는 가족법 *family law*이라는 말을 쓴다. 우리 커먼로 법률가는 가족관계법 *law of domestic relation*이라는 말을 쓴다. 우리는 본인과 보증인 혹은 매도인과 매수인이라는 두 단어의 결합으로 된 제목이 많으나, 로마법학자는 보증이니 매매니 히는 한 단어를 사용하는 것도 그와 같은 사정을 말하는 것이다.

영미법은 어디에서나 관계의 개념과 관계로부터 유출되는 법률효과의 개념으로 차 있다. 법률상 모든 유추의 기본이 되었던 원형이 지주와 차지인 간의 법에 아직도 존속하고 있다. 만약 내가 당신의 토지를 불법하게 점유한다면, 당신은 나를 내쫓고 중간이득 반환청구의 소송을 제기할 수 있다. 그러나 당신은 내가 토지의 점유와 사용으로 부당하게 얻은 이득에 대해서는 소송을 제기하지 못한다. 사용과 점유에 대한 소송은 어떤 관계가 존재하는 경우에만 제기할 수 있다. 그러나 그러한 관계가 존재할 때에는 일련의 법률효과가 당연히 따르게 된다. 그러한 것으로는 평온한 점유를 담보하는 묵시적인 약관이 있다. 또 단순히 그 관계로부터 발생하는 지대지급의 의무가 있으며, 이 지대액은 임대차날인계약*covenants in the lease*[29]에 의해서만 확정될 수 있다. 이 임대차계약은 토지를 따라다닌다. 환언하면 임대차계약에서 설정된 부수조건은 그것을 설정한 사람을 따라다니는 것이 아니라 그 관계를 따라다닌다. 또 생애부동산양도의 경우에서도 보유조건의 관계는, 복귀권자와 잔여권자에 대한 의무를 포함해서 그대로 존속한다. 그러므로 그러한 양도는 '토지를 따라다닌다', 즉 '관계를 따른다'고 말해진다. 그러나 단순양도의 경우에는 에드워드 1세 때의 '부동산양도법'*Quia Emptores* 이래 관계라는 것이 없게 되었으며, 그리하여 날인계약에 의한 부담은 부동산양도에서는 따라다니지 않는다.[30] 미국에서는 처음에 그

---

29 날인계약(covernant)은 날인증서(deed)(주 126 참조)에 의한 계약을 말한다.

30 생애부동산양도(conveyance for life)는 부동산양수인의 보유기간이 그의 생존기간으로 한정되는 것이고, 단순양도(conveyance in fee simple)는 그러한 제한이 없는 것이다. 봉건사회에서 토지양도의 자유를 인정하면 봉건적 지배에 어려움을 가져오므로 처음에는 엄격히 제한되었지만, 점차 조금씩 허용되었다. 에드워드(Edward Ⅰ, 1272-1307, Plantagenet 왕조) 때 제정된(1290년) 부동산양도법은 그러한 완화의

러한 날인증서 약관이 따라다니게 함으로써 법정지역권의 창설에 관한 법을 확장하려고 했을 때, 우리는 법칙을 명시적으로 개폐하지 않고 그 대신에 재판소는 통상적 사용례에 의하면 어떤 관계를 의미하는 'privity'[31]라는 용어를 사용했다. 재판소는 그러한 확장의 결과가 의제적 관계를 만들어냄으로써 정당화된다고 생각했던 것이다. 불법행위법에서도 주의를 요하는 특별한 관계 혹은 주의의무를 내용으로 하는 특별한 관계가 존재한다는 것이 책임을 인정하는데 자주 결정적 역할을 한다. 예컨대 만약 A가 익사하려고 하고 B가 밧줄과 구조대를 손에 들고 제방 위에 앉아 있다면, 법이 규정하는 모든 것에 의하면 A와 B 사이에 같은 인간이라는 것 이외에 어떤 관계가 있지 않는 한, B는 담배를 피우면서 A가 익사하는 것을 구경하고 있어도 된다. 행동을 요구하는 어떤 관계가 없는 이상, 친절한 사마리아인이 될 의무는 오직 도덕적인 것에 불과하다. 다른 법제에서는 이와 다른 결과에 도달할지 모른다. 그렇지만 여기에 있

최초의 법이다. 생애부동산양도는 1925년의 재산법에 의해서 완전히 폐지되고, 현재는 단순양도만이 인정된다. 그리고 이의 양도에는 복잡한 기술을 요하는 검인증서의 작성을 요구했으나, 오늘날에는 이의 복잡성이 거의 제거되었다.

31 privity는 일정한 관계(부부관계, 혈연관계, 동일한 재산이나 계약관계 등)에서의 상호적이거나 밀접한 관계를 뜻한다.

어서나 또 어떠한 관계를 발견하기가 훨씬 더 힘든 다른 곳에 있어서나, 커먼로 재판관은 당사자 간에 어떤 관계를, 또는 그가 흔히 쓰는 말을 빌리면 한 쪽이 다른 쪽에 대한 어떤 의무를 찾으려고 하는 경향이 있다.

또한 저당채권자와 저당권 설정자의 경우에서도 우리는 당사자들이 합의한 것이 무엇인가를 묻지 않고 여러 가지 규칙을 적용한다. 예컨대 한번 양도저당*mortgage*인 것은 언제나 양도저당이라는 법칙 혹은 형평법재판소가 그 관계에 포함되어 있다고 인정하는 부수조건을 강행하기 위해서 의사를 무시하고 형평법상의 환매권*redemption*의 배제를 금지하는 법칙을 적용한다.[32] 부동산매매의 경우에서도 우리가 계약에 표시된 당사자들의 의사를 실현한다고 생각하는 것은 우리의 사고방식이 아니다. 일단 매도인과 매수인의 관계가 성립하면 우리는 오히려 그러한 관계에 포함된 권리의무를 생각하고, 계약상의 권리가 형평법

---

32 양도저당은 채무자가 채무이행의 담보로 토지 등의 재산권을 채권자에게 이전하고, 채무를 이행하면 이를 반환받는 것(해제조건부 토지양도)으로서 우리의 양도담보에 해당한다. 보통법은 반환조건을 엄격히 해석해서 채무자가 기일 내에 채무를 변제하지 않으면 채권자는 절대적으로 단순부동산권을 취득하는 것으로 하였었다. 그런데 형평법은 채무자를 여전히 토지의 소유자로 보고 채무변제기일이 경과한 후라도 채무자가 원리금을 갚으면 그 토지를 회수할 수 있는 것으로(즉 환매권을 가지는 것으로) 하였다.

상의 소유권으로 전환하고 매도인의 커먼로상의 소유권이 대금담보권으로 변화한다고 생각하는데, 이는 당사자들이 그렇게 의욕했기 때문이 아니라 법이 때로는 권리상실 약정에도 불구하고 그들의 관계에 대해서 그러한 효과를 부여했기 때문에 생기는 것이다. 그리고 또 우리는 수탁자와 수익자라는 유형의 신탁관계라는 중요한 범주를 가지고 있다. 이 범주 그리고 위에서 말한 많은 예들은 커먼로재판소의 작품이 아니라 형평법재판소의 작품이라는 것은 사실이다. 그러나 형평법재판소에서 일한 것은 커먼로의 법률가였다. 성직자인 대법관들은 법률체계에 윤리를 주입시켰다. 부정직하고 비양심적인 행위를 방지하기 위해서, 어쩌면 원래는 그의 영혼의 행복을 위해서, 그들은 수탁자에게 그가 법적으로는 자유로이 행할 수 있는 여러 가지 행위를 금지했다. 후에는 커먼로 법률가들이 대법관의 자리에 앉게 되었다. 이들은 한때는 영주와 영민, 지주와 차지인 등과 같은 그들의 특유한 유추를 이용했으며, 윤리라는 일반적인 근거에 입각한 성직대법관들의 종교적인 간섭으로부터 벗어나, 관계당사자들의 의사 여하를 불문하고 그 관계에 부가되고 포함될 권리와 의무를 내용으로 하는 신탁관계라는 범주를 확립했다. 이 관념이 매우 철저하게 형평법을 지배했기 때문에, 예컨대 경합권리자확인절차*Interpleader*[33]나 남소방지소장*bills of peace*[34]과 같은 여러 가지 문제가 privity(동일 권리에 대한 상호관계 — 역자 보충)를 발견하려는 노력, 즉 구제해주는 권리가 주어질 수 있는 관계를 발견하려는 노력 때문에 복잡하게 되어 버렸다.

우리 공법도 이와 동일하게 관계의 관념 위에 형성되어 있다. 마그나 카르타[35]는 영미 공법의 기초로 인정되어 있다. 그러나 아담스교수[36]는 마그나 카르타는 법률문서로서는 국왕의 직속수봉자에 대한 법적 관계상의 의무를 성문화한 것이라는 점을 보여줬다. 중세에서는 통치권과 소유권이 혼동되어 있었기 때문에, 봉주와 봉신의 관계에 부착

---

33 경합권리자확인절차는 이미 개시된 소송에서 제3자가 원고나 피고에 대하여 소송을 제기하는 절차로서, 동일한 물건 등에 대하여 같은 권리를 주장하는 사람이 복수인 경우에 행해진다. 한국 민사소송법에는 이 제도가 없고 소의 주관적 혹은 추가적 병합의 형태가 이와 가장 유사하다.

34 남소방지소장은 다수의 당사자 간에 이해관계가 얽혀있는 경우에 행해지는 소송절차이다.

35 마그나 카르타(Magna Carta, '대헌장'으로 번역되기도 함)(1215년)는 영국왕 존(John, 1199-1216, 플랜타게트 왕족)이 귀족들의 강압에 따라 승인한 칙허장(勅許帳). 이의 내용은 귀족들의 새로운 요구가 아니라 구래(舊來)의 관습적인 권리를 확인한 것이며, 특히 일반 평의회의 승인 없이는 공과금을 부과하지 못한다는 규정, 자유인은 재판이나 국법에 의하지 않으면 체포·감금할 수 없다는 규정 등이 중요한 것이다.

36 아담스(Adams, George Bethune Adams, 1845 - 1911)는 미국의 연방최고재판소 재판관으로서, 행정법 분야에 전문화되었다.

되어 있는 의무를 선언하는 문서를 작성했었는데, 그후 봉주가 마침 국왕이 되는 경우에는 그 문서가 국왕과 신민과의 관계에서의 국왕의 의무를 규정한 것으로 역할했음을 쉽게 알 수 있다. 정치이론은 지배자와 정부의 의무를 로마법상의 계약이론 즉 통치자와 피치자 간의 계약의 이론으로 설명하려고 했는데, 이 이론은 본래 중세에 교회와 국가 사이의 다툼에서 국왕이 교회의 특권을 무시하는데 대하여 항거한 기독교도 신민들의 불복종을 정당화하기 위해서 안출된 것이었다. 우리는 뒤에서 18세기에 이 두 이론이 어떻게 혼합되었으며, 국왕과 신민과의 관계에 포함되어 있는 커먼로상의 영국민의 권리가 어떻게 해서 사회계약으로부터 연역된 인간의 자연권이 되었는가 하는 점을 볼 것이다. 다만 여기에서는 후자의 이론은 우리 법에는 본래 없는 외래의 개념임을 지적해 두는데 그친다. 모든 헌법을 지탱하고 헌법에 단순하게 선언되어 있는 이 자연권 개념은 19세기에 우리 헌법에 대하여 적지 않은 악영향을 미친 후에 이제는 후퇴하고 있으며, 지배자와 피지배자의 관계에 대하여 법이 부과하거나 부가하고 있는 권리와 의무라는 진정한 커먼로상의 개념으로 돌아갈 징조가 보인다.

본래 이러한 설명의 기원은 영주와 영신 간의 상호적 권리와 의무의 유추를 모든 새로운 문제에 일반적으로 적용하는데 있기 때문에, 나는 우리 법전통에서의 이러한 요소를 감히 「봉건법」이라고 불렀다. 그런데 이를 「게르만법」이라고 불러도 좋을 것이다. 왜냐하면 로마법과 게르만법을 비교하면 우리는 곧 양 법체계에서 같은 제도를 취급하는 방법의 차이에 놀라는데, 그 차이는 대체로 양 법체계가 각기 그 기본적 개념으로 전자는 의사에, 후자는 관계에 초점을 맞추기 때문이다. 예컨대 가장권 즉 가족의 장의 권력을 로마법상의 patria potestas와 그에 대응하는 게르만법상의 제도인 父權 mundium과 비교해 보자. 로마법상의 제도는 법률상 완전히 일면적이다. 가장 pater-familias은 법률상 가족 내에서 최고이다. 그는 권리를 가지지만, 그러나 그가 지는 의무라는 것은 모두 가족 밖에서 지는 것이지 家內에서 지는 것은 없다. 이에 대해서 게르만법상의 제도는 보호와 복종의 관계로 생각된다. 그러나 복종은 가장의 권리 때문이 아니다. 복종은 관계 때문이고, 관계에 포함되어 있는 보호를 수행하기 위해서이다. 즉 가장의 권리는 관계에서 나오는 것이며, 그의 보호라는 의무를 수행하기 위해서 외부에 대해서 가지는 권리이다. 실로 타키투스는 이러한 관계라는 관념은 게르만의 특징적인 제도라고 지적했다. 이와 같이 관계라는 관념은 봉건적 사회조직에서 기본적인 법적 관념이 되었다. 그러나 우리 법의 형성기에 재판소는 가장 친근했고 또 가장 많이 처리했던 제도인 지주와 차지인의 관계를 다른 많은 문제들에 유추해서 이를 적용해 나갔는데, 우리 법에서 관계라는 관념은 이러한 사법활동의 결과의 일반화이다.

19세기에는 커먼로에 대한 봉건법의 공헌은 인기가 없는 것이었다. 청교주의, 커먼로재판소가 국왕과의 투쟁에서 취했던 정부 및 사회로부터의 개인의 보호 태도, 추상적인 개인의 자연권에 관한 18세기의 이론, 행동의 자유에 대한 간섭을 최소한도로 줄여야 한다는 개척민의 주장, 그리고 19세기에서 개인의 자유에 대한 형이상학적 원칙으로부터의 법의 연역, 이러한 모든 것들이 결합해서 법학자나 법률가들로 하여금 집단이나 관계보다도 개인을 생각하게 하고 또 법학자로 하여금 신분이라는 고대적 제도의 외관을 가진 것이면 무엇이든지 나쁘게 생각하게 하였다. 로마법의 계약 관념은 보편적인 법률적 관념으로 되었으며, 매이트란드(주 6 참조)의 표현에 의하면 계약은 "법적 범주 중에서 가장 욕심많은 것"이었다. 개인의 의사에 대하여 법적으로 효과를 부여한다는 로마법식 원리를 중심적 관념으로 채용함으로써 영미법의 몇몇 부분을 로마법화하려는 기도가 나타났다. 이러한 기도는 영국법과 미국법에서 법률학과 법의 역사에 대한 정치적 해석, 즉 사회적 진보 따라서 법적 진보의 관건은 정치적 제도의 진보에서의 개인의 자유의 이념의 점진적 발전에 있다고 보는 견해가 일반적으로 승인됨으로써 촉진되었다. 이러한 기도는 또 법의 진화는 신분으로부터 계약으로의 진보라고 한 헨리 메인 경[37]의 유명한 일반화에 의해서도 촉진되었다. 영국의 법학자들은 이 이론을 받아들여 커먼로는 법률효과를 계약이나 의사보다도 오히려 관계에 의존시키기 때문에 뒤떨어진 것이라고 비난했다. 그러나 사실은 메인 경의 도그마는 로마법사만으로부터의 일반화였다. 이것은 로마법의 진화과정을 보여주는 것이다. 이것은 영미법사에서는 전혀 근거를 가지지 못하며, 오늘날 영국법과 미국법의 발달의 전 과정은, 우리가 지금 퇴보하고 있는 것이 아닌 한, 메인 경의 도그마와 맞지 않는다. 우리는 계약의 자유에 입법상의 제한을 가한다는 방법을 쓰지 않고 우리 법의 순수히 사법적 발전에 의해서, 실제에 부합하게 보험법을 계약의 범주 밖으로 끄집어냈으며, 공공에 봉사하는 회사의 의무는 19세기에 모색했었던 것처럼 계약상의 것이 아니라 관계적인 것임을 확정했다. 그러한 의무는 공무원이 자신의 선택에 따라 체결하는 계약으로부터 발생하

---

[37] 메인경(Sir Henry James Sumner Maine, 1822-1888년)은 영국의 법률학자·사회학자이다. "신분으로부터 계약으로"라는 표현은 그의 대표적 저서인 《고대법 Ancient Law》(1861)에 담겨져 있다.

는 것이 아니라, 그가 종사하는 직업과 그 결과로서의 공중에 대한 관계로부터 발생하는 것이다. 이것은 각 경우에 있어서 (그리고 이들은 비교적 최근의 법발전에 속하는 것이다) 커먼로상의 관계의 개념, 즉 보험자와 피보험자와의 관계, 공공사업과 이용자와의 관계, 그리고 그 관계에 포함되어 있는 권리 · 의무 · 책임의 개념이 아니고 무엇인가? 우리의 공공사업회사법의 진보가 19세기적인 견해를 포기하고 年書(判例年報集)*Year Books*[38]에서 발견될 수 있는 이론을 채택한다는 형식을 취했던 것은 의미심장한 일이다.

그보다 더 의미있는 것은 고용주와 피용인 간의 관계에

---

[38] 年書 = 判例年報集(Year Books)은 영국에서 가장 오랜 판례집으로서, 언제부터 편집되기 시작했는지는 알 수 없으나 에드워드 1세(1272-1307)부터 헨리 8세(1509-1547) 시대(1536년)까지의 판례가 수록되어 있다. 다만 이것은 판례집이라기 보다는 사건에서 문제된 쟁점에 관해서 재판관과 변호사가 논쟁한 것을 수기로 기록한 것이다. 그러므로 판결 전문이 아니고 요지만이 실려 있다. 선례구속의 원리가 실현되려면 판례가 傳授 또는 기록되어야 한다. Year Books 이전의 영국법에 관한 지식은 1256년의 Bracton의 저서(주 90 참조)에 의존한다. 그 외에 Coke의 영국법제요도 중요한 역할을 한다(주 21 참조). Year Books 이후의 판례집의 역사를 간단히 소개하면, 인쇄술의 발달과 함께 16세기부터 법조인을 위한 私撰의 판례집을 발간하는 것이 통상의 관행으로 되었다. 다만 이들 판례집의 정확도와 신속도는 다양하다. 1865년 이래 법조인단체(Law Society 및 Inns of Court, 후에 Incorporated Council of Law Reporting으로 변경)가 발행하는 Law Reports가 역시 사찬이지만 점차 공식적인 판례집으로 취급받고 있다.

서 고용주가 의욕했거나 과실이 있었기 때문이 아니라 그 관계의 성질이 그렇게 요구한다고 생각되기 때문에 고용주에게 의무와 책임을 부과한 입법적 발전이다. 이는 오늘날 확고히 된 경향이다. 내 견해로는 그것은 상호적인 권리와 의무 그리고 그 관계가 악화된 경우를 고려해서 과해지는 책임을 포함하는 커먼로상의 고용주와 피용인의 개념으로의 복귀로 생각된다. 노동자재해보상법 workman's compensation acts은 법률가들이 법체계 내에서 이 법의 위치를 찾으려고 했을 때 그들을 커다란 곤란에 빠뜨렸다. 혹자는 이 법이 노동자라는 「신분」을 창설하는 것이라고 말했으며, 이런 견해는 적지 않은 재판소를 놀라게 했다. 왜냐하면 신분은 현대적인 관념과는 도저히 부합할 수 없는 고대적인 관념이기 때문이다. 그리하여 이들은 자연이 인간에게 건전한 정신과 사물을 처리할 판단력과 사물을 분별할 연령을 주었는데, 그러한 인간에게 不具를 강요하는 근거가 무엇인가를 추구해야 할 의무를 느꼈다. 또 다른 사람들은 위 법에 포함되어 있는 의무와 책임은 준계약상의 것이라고 했다. 그러나 그것은 이들이 그러한 의무와 책임을 무엇이라고 불러야 하며, 이를 어디에 위치시켜야 할지를 모른다는 것을 의미할 뿐이다. 하여튼 그러한 의무와 책임은 계약상의 것이 아니며, 또 19세기에 불법행위법의 원칙으로 생각되었던 것과 일치하지 않는다는 것은 명백하다. 그러면 이 입법은 우리 불법행위법과 배치되고 따라서 양자 중 하나를 선택해야 하는가? 만약 그렇다면, 그리고 이 입법이 커먼로 체계와 맞도록 만들어질 수 없다면, 그 결과를 사법적으로 처리함에 있어서 큰 곤란에 봉착하게 될 것이다. 그러나 저자는 커먼로가 이 입법을 위한 자리를 가지고 있으며, 우리 법체계에 혼란을 일으키지 않고 그러한 성문법을 운용하는 것 그리고 그러한 성문법이 유효하기 위해서 요구되는 동조적인 사법발전을 성문법에게 부여하는 것이 전적으로 가능하다는 의견을 가지고 있다. 왜냐하면 고용주와 피용인의 관계가 존재하는 사건을 그러한 관계가 존재하지 않는 사건과 다르게 취급하는 것은 커먼로에 어긋나는 것이 아니기 때문이다. 이러한 사건을 그러한 관계로부터 발생하는 의무와 책임을 결정한다는 방법으로 취급하는 것은 궤도에 벗어나는 것이 아니다. 오히려 그와 반대로 19세기가 고용주와 피용인의 관계를 다른 방법으로 취급하려고 했을 때, 19세기는 커먼로의 궤도에서 벗어났던 것이다. 이러한 성문법을 운용함에 있어서 커먼로는 그 법체계의 가장 오래된 그리고 가장 성과 많은 법적 개념을 이용할 수 있다. 그러므로 우리는 머지 않아 커먼로가 이러한 입법과 동화되어 이를 사법의 한 분야로 발전시키리라고 확신해도 좋을 것이다.

종래 커먼로는 봉건적이라고 하는 말을 비난적인 뜻으로 사용하였었다. 19세기가 모든 가능한 상태에 적용하려고 했던 법률행위라는 로마법식 관념은 성숙된 법에서의 법제도라고 생각되었다. 그러나 법률행위라는 개념은 개인만을 고려한다. 19세기 미국의 개척자들의 농업사회에서는 그러한 개념으로 족했다, 그러나 오늘날의 상공업과 도시화된 사회에서는 계급과 집단과 관계가 개인에 못지 않게 고려되지 않으면 안된다. 다행히도 19세기는 우리 법전통에 대한 봉건법의 공헌을 중단시켜 버리지는 않았다. 우리는 관계의 관념 속에, 즉 봉건적 토지보유의 부대조건 *incidents of feudal tenure*으로부터의 유추에 유래하는 커먼로의 특징적인 법적 문제의 취급방식 속에, 장래의 법을 위한 가장 중요한 법제도를 가지고 있다. 우리는 과거의 사회에서 그랬었던 것과 같이 현재와 미래의 사회에서도, 계수된 법전통을 정의를 위한 생생한 힘으로 만들 수 있는 수단을 가지고 있다.

제2강
청교주의와 법

 오늘날 우리가 알고 있는 법제사는 사뷔니[39] 이후 따라서 헤겔보다 후에 기술되기 시작했다. 그러므로 헤겔의 이상주의적 법률사관*idealistic interpretation*에 의해서 대체되었던 '위대한 인물 중심의 법률사관'*great-man interpretation*은 법률문헌에서 큰 역할을 하지 않았다. 고대의 법전들을 신이나 신화된 현인에 귀결시킨 것과, 법제도와 정치제도의 전체를 어떤 1인의 입법자에게 귀결시킨 그리스

---

[39] 사뷔니(Friedrich Carl von Savigny, 1779-1861년)는 독일의 법학자로서, 역사법학파의 창시자로 칭해진다. 역사법학은 법전논쟁을 계기로 전개되었는데, 여기에서 사뷔니는 합리적인 근대 자연법론에 입각한 법전편찬 움직임에 항거하고 민족정신의 소산인 법의 역사성을 강조하였다. 법전논쟁이란 18세기 후반 특히 프랑스혁명 이후 유럽 각국에서 법전편찬이 활발해지고, 이러한 경향에 따라 독일에서도 티보가 법전편찬의 필요성을 주장하였는데, 이에 대항해서 사뷔니가 앞에서의 역사법학의 슬로건을 내세우면서 이에 반대했던 다툼을 말한다. 그의 이러한 반대에는 프랑스의 혁명이념이 전파되는 것을 막기 위한 의미도 담겨있다. 당시에는 독일의 통일이 이루어지지 못한 상황이었으므로, 결국 이 논쟁에서 사뷔니의 주장이 승리하였다. 그는 로마법의 역사적·체계적인 연구를 통하여 현대독일법학의 기초를 확립했으며, 대표적 저서는 《현대로마법체계》(8권으로 이루어짐)(1840-1849)이다.

와 로마의 관례는 이와는 다른 문제이다. 이들은 일반적 안녕질서의 기초인 법의 신성함 혹은 관습의 유구함과 권위를 상징적으로 설명하려는 기도를 나타내는 것이며, 이러한 사상은 근대에 들어와서는 우리의 전통적으로 계수된 법체계는 영원한 내재적 합리성에 입각하고 있다는 관념에 의해서 대치되었다. 그렇지만 위대한 법률가적 법률사관에 관해서도 다소의 언급이 필요할 것이다. 어떤 사람은 법률제도의 진보와 법률이론의 발전을 법학자와 재판관과 법률실무가의 지도자들의 영향력과 천재의 덕으로 돌릴지도 모른다. 캠벨 경[40]은 형평법재판소장과 수석재판관의 傳記로 하여금 영국헌법사와 영국법사를 말하게 할 수 있을 것이라고 생각했다. 불과 얼마 전에 어떤 학자는 고대시대의 로마법의 정신을 파피아누스의 생애와 특성의 연구를 통해서 설명하려고 했다. 위대한 법률가들은 법제사에서 결코 적은 요인이 아니었다는 것은 확실하다. 파피아누스・울피아누스・파울루스[41]가 없는 로마법, 바르톨루스[42]

---

40 캠벨 경(Lord Campbell(Duncan Campbel, 1390-1453))은 스코틀란드의 귀족이고 정치가로서, Duke of Argyll이란 칭호를 가졌다.

41 파피아누스(Papinian), 울피아누스(Ulpian), 파울루스(Paul)는 모두 로마 고전시대의 대표적인 법학자로서, 로마법대전의 학설휘찬(주 24 참조)에 채록된 法文 중 상당 부분은 이들의 論著에서 인용된 것이다.

42 바르톨루스(Bartolus, 1314-1357)는 로마법대전 연구의 권위자이며 특히 후기주석학파의 대표자이다. 그의 로마법대전에 대한 간명한 주해는 최상의 권위를 가졌다.

가 없는 근세의 대륙법, 그로티우스[43]가 없는 국제법, 뽀띠에[44]가 없는 프랑스법, 사뷔니가 없는 독일법, 코크가 없는 커먼로, 마샬[45]이 없는 미국헌법 등은 거의 생각할 수 없다. 그러나 아마도 법률가들은 법률 발전의 소산이며, 그와 동시에 이들은 법률상의 제도·체계·이론 등과 함께 한층 깊은 곳에 있는 힘의 결과일 것이다. 아마도 법률가 자신들은 해석되어야 할 대상의 하나일 것이다. 19세기의 역사법학자들은 법체계의 내용은 그 국민의 전체 역사의 필연적 소산이며, 언어와 마찬가지로 어떤 개인들의 노작으로 설명될 수는 없다는 것을 우리에게 가르쳐 주었다. 후에는 위대한 법학자와 위대한 재판관들은 대변자에 불과하고, 그러한 대변자의 입을 통해서 사회적 세력, 혹은 어떤 시기와 장소의 문명, 혹은 계급투쟁, 혹은 경제적 압박, 그리고

43　그로티우스(Hugo Grotius, 1583-1645)는 네델란드의 법학자로서 국제법의 아버지라 불리운다. 그의 이론은 129쪽 이하에서 상세히 설명한다.

44　뽀띠에(Robert Joseph Pothier, 1699-1772)는 18세기 프랑스의 대표적 법학자로서, 특히 로마법에 정통하였으며 실증적인 학풍을 지녔다. 프랑스의 관습법을 연구하여 프랑스 사법(私法)의 통일에 큰 공헌을 하였으며, 대표적 저서는 '오를레앙 지방의 관습법'(3권, 1740)이다.

45　존 마셜(John Marshall, 1755-1835)은 미국의 법학자·정치가. 마버리 대 매디슨 사건(1803)(주 4 참조), 매컬로크 대 메릴랜드 사건(1819) 등의 판결로 체계적으로 통일된 헌법학설을 수립하고, 나아가 연방정부의 조직에 확고한 형식과 정의를 부여하였다. 그는 1801-1835년까지 대법원장으로 재직하며 대법원의 전통을 확립했다. 그는 또한 정책수립 과정에 연방최고재판소가 개입할 수 있도록 했다. '마버리 대 매디슨 사건'은 이의 대표적 예이다.

그 당시에서의 지배적 계급의 이익 등이 법을 말해준 것이라고 주장되었다. 이러한 의견 중 어느 것을 취하든지 간에 위대한 법률가들의 창조적인 역할은 법제사의 배후로 내몰렸으며, 오늘날 누군가가 우리의 법을 표현하고 형성하는 판결을 내린 재판관들을 연구함으로써 커먼로의 정신을 해명하려고 기도한다면, 그는 대담한 자일 것이다.

그러나 다른 형태의 법률사관(interpreting legal history)을 영미법의 역사에 적용하는 일은 별로 행해지지 않았다. 법의 역사를 인류의 경험에서의 권리나 정의의 이념의 전개로 보는 이상주의적 법률사관은 로마법의 역사를 기술하는데 이용되어 적지 않은 성공을 거두었다. 이 사관의 일면인 종교적 사관, 즉 법의 진화와 법제도의 열쇠를 종교사상의 진보와 종교제도의 진보 속에서 찾는 사관이, 로마법과 관련해서 고대 세계에서의 로마법체계의 최종단계에 대한 기독교의 영향을 추적하려고 한 사람들에 의해서 사용되었다. 그러나 그 어느 사관도 커먼로의 역사가들에 의해서는 시도되지 않았다. 그렇지만 그 반면에 이상주의적 법률사관의 다른 일면은 오래지 않은 과거에 우리 법률서의 주된 요소였다. 법학과 정치학에서 모두 정치적 법률사관은 영국에서나 미국에서나 총아가 되었다. 역사적으로는 이 사관은 종속으로부터 자유로의 운동, 신분으로부터 계약으로의 운동이 법발전에서나 사회발전에서나 관건이었다고 가정한다. 철학적으로는 이 사관은 모든 법의 목적은 자유에 있다고 보고, 법학을 시민의 자유에 관한 학문으로 생각한다. 헨리 메인 경의 저작을 통해서 미국에서 유포되었던 이 사관은 우리 재판소와 법률가들이 사회입법 — 이것은 종종 계급이익에 기인한다고 설명되었지만 저자는 그것은 잘못이라고 생각한다 — 에 대한 태도를 취하는데 있어서 적지 않은 영향을 주었다. 또 법의 진화와 법제도의 결정적 요인을 그 법을 가진 인종의 특징 속에서 발견하려는 인종학적 사관도 주장되었다. 그러나 이 방법을 로마법의 역사에 적용하려는 시도는 의심스럽고 빈약한 결과를 초래했을 뿐이며, 그 방법이 우리 법의 역사를 위해서 더 많은 결과를 내리라고 생각할 아무런 이유도 없을 것으로 보인다. 끝으로 현재 매우 성행하고 있는 경제적 사관이 있다. 이의 주창자들은 정의의 이념은 법발전의 실제과정과는 아무런 관계도 없다고 단언하고, 법체계의 성장과 내용을 결정함에 있어서의 유일한 원동력은 특정한 사회에서 그 당시에 지배적인 계급의 자기이익이었다고 주장한다.

이러한 몇 개의 사관의 배후에는 각각 진리가 담겨있으며, 만약 그중의 하나를 반드시 택해야 한다면 그 선택은 곤란할 것이다. 그러나 선택은 필요치 않다. 어떠한 사회제도도 어떤 한 개의 원인의 산물이 아니다. 그것은 오히려 많은 원인의 합성적인 결과이며, 어떤 논자는 그중 한 가지 원인에 치중하고 또 다른 논자는 다른 원인을 강조하는 것이나, 그중 어느 것도 고려에서 제외될 수는 없다. 그러므로 어떤 사람은 커먼로의 정신, 즉 19세기에서의 우리의 법사상과 사법적 결정의 과장된 추상적 개인주의는 게르만인들 간에 내재하는 개인주의적 경향에 기인하는 것이며, 이러한 경향이 어떤 곳에서는 로마법의 권위의 압력 때문에 억제되었으나 영국에서는 그렇게 억제된 일이 없다고 주장한다. 이에 대해서 다른 사람은 그러한 커먼로의 정신을 16, 17세기에서의 재판소와 국왕과의 정치적 투쟁의 결과와 그 당시의 정치적 발전의 성과라고 본다. 또 어떤 사람은 그것을 청교주의, 즉 법과 정치에서의 청교도의 이념의 적용의 소산으로 보며, 이는 매튜 아놀드[46]가 실리주의자의 낙원 *paradise of the Philistines*라고 부른 미국에서 최고의 발전에 도달했다고 한다. 또 다른 사람들은 그 대신에 (커먼로의 정신을) 19세기 미국의 경제사상 및 경제조건 그리고 개척자시대가 지나간 후에도 존속하고 있는 개척자정신의 결과라고 본다. 그러나 나는 우리가 이러한 견해 중에서 절대적인 선택을 해야 한다고 생각하지 않는다.

---

46 아놀드(Arnold, Mathew, 1822-1888)는 영국의 시인이고 문화비평가이다.

진실로 이 모두가 요인이며, 그중 어느 하나만이 특별히 중요한 요인은 아니다. 청교도의 신학과 16, 17세기의 정치사상을 궁극적으로는 게르만의 개인주의에 귀착시킬 수 있을른지 모른다. 게르만의 천재는 로마의 권위 때문에 억압되어 있다가 종교개혁에서 그 속박을 깨뜨려 버렸으며, 개인이 법과 정치와 철학과 종교에서 자기를 주장했다. 어떤 사람은 우리 조상들이 구약성서를 읽기 시작했을 당시에 구약성서에 매우 심원한 영향을 준 헤브라이사상 속에 게르만의 정신과 합치되는 무엇이 있었다고 말할지도 모른다. 이 견해에 의하면 게르만적 성격에 19세기의 경제적 조건을 가한 것과 그로부터 결과한 경제이론이 우리 법의 공식 *formula*이 될 것이다. 그러나 우리는 개인주의적 성격과 종교상의 교리와 사회적인 조건 간의 상호작용을 고려에 넣지 않으면 안된다. 그러므로 광범한 일반화를 기도함으로써 얻는 바는 별로 없다. 우리는 적어도 청교주의가 그자신으로서, 그리고 또 혹은 청교주의에 의해서 표현된 보다 깊은 곳에 있는 여러 요인들 때문에, 우리 커먼로의 정신을 형성함에 있어서 중요한 요소였다고 말할 수 있다.

참으로 청교주의가 어떤 의미로는 지배적인 요인이었다고 믿을만한 특별한 이유가 있다. 그리고 이런 이유 때문에, 종교적 사관이 유행하지 않는 이때에 내가 감히 다소

종교적 법률사관을 제시하려고 하는 것이다. 왜냐하면 개인주의 그 자체는 영국 특유의 것도 미국 특유의 것도 아니었기 때문이다. 영미법사상에 특유한 점, 그중에서도 특히 미국의 법사상에 특유한 점은 극단적인 개인주의, 즉 개인의 이익과 개인의 재산을 법의 중심으로 주장하는 타협을 모르는 고집이다. 법률, 정치, 경제 기타 모든 면에서 개인주의의 시대를 가져오게 한 것은 다른 원인들이었다. 그렇지만 미국의 법사상의 형성기에 개인주의 이념에 대해서 가일층의 강조를 보탠 것은 아마도 청교주의일 것이다. 청교주의는 우리의 이론과 실제에 개인주의 이념을 각인시켰으며, 또 영국의 법사상이 방향을 바꾸어 새로운 페이지를 열고 나서 반세기 후에 미국에서 개인주의 이념이 활발하게 지속되도록 했다. 이러한 가설에 입각한다면 우리 법사상의 종교적 해석은, 로마법 형성기에서의 스토아철학[47]이 담당했던 역할을 인정하는 로마법의 철학적 해석에 못지 않게 중요한 것이 된다.

법에서의 개인주의가 아니라 법학에서의 개인주의는 오래 전의 자연법이론으로부터 나온 자연권 이론이 16세기 말과 17세기 초에 발흥된 데 그 기원이 있다. 이러한 개인

---

47 스토아철학(Stoic philosophy)은 기원전 3세기에서 기원후 2세기까지의 그리스의 학파로서, 학문 중에서 윤리를 가장 존중하였으며 금욕주의로 알려져 있다.

주의의 발흥에서 두 개의 중요한 요소는 중산계층의 해방 그리고 (개)신교Protestantism[48]이다. 베롤츠하이머[49]는 전자 즉 중산계급의 해방은 자연법이론의 원숙과 몰락을 의미한다고 했다. 그러나 개인주의적 자연법은 미국에서 아직도 성행하고 있다. 그리고 만약 미국이 그 이상 더 없는 중산계급의 나라라고 한다면, 우리는 중산계급은 다른 어느 곳에서도 지배적이었지만 영국과 미국의 중산계급에게는 청교주의가 독특한 성격을 부여했다는 점을 유념해야 한다. 더욱이 우리는 커먼로의 사고방식을, 현대법에게 결정적 영향을 준 시기에서의 영국의 신교[50]의 덕분으로만 돌릴 수는 없을 것이다. 한 가지 예로서 국가에 대한 커먼

---

48 개신교(신교)는 종교개혁의 결과로 카톨릭(舊敎)에서 갈라져 나온 기독교를 말한다. 일반적으로 기독교(=크리스트교, 그리스도교)는 로마 카톨릭교회, 그리스정교회, 개신교 등을 포함하는데, 우리나라에서는 보통 개신교만을 기독교라고 하고, 로마 카톨릭교회는 천주교라고 한다.

49 베롤츠하이머(Berolzheimer, Fritz, 1869-1920)는 독일의 법철학자이며, 대표적 저서는 《법철학과 경제철학체계System der Rechts-und Wirtschafts-philosophie》(1904-1907)이다.

50 영국의 신교는 성공회(The Anglican Domain)라고도 칭해진다. 영국의 교회개혁은 헨리 8세(1491-1547)에 의하여 — 캐서린 왕비와의 결혼무효소송이 교황(클레멘트 7세)에 의해서 거절되자 — 주도되었으며, 엘리자베스 1세(1558-1603)의 통일령(주 18 참조)에 의해서 정착되었다. 영국의 교회개혁은 교황의 권력을 배격하고 중앙집권을 확립하려는 정치적·경제적 동기와 함께 교황에 대한 국민의 반감과 민족의식에 기한 것이다. 그런데 영국의 신교는 신교 중에서 교리가 로마카톨릭에 가장 가깝다. 청교도는 이에 대한 반발에 기인한다고도 할 수 있다.

로적 사고방식의 태도는 신교적인 동시에 그와 못지 않게 카톨릭적이다. 그것은 루터[51]와 그의 신봉자들의 견해보다도 반동종교개혁파Counter-Reformation[52]의 예수회[53] 법학자Jesuit Jurist들의 견해에 훨씬 더 가깝다. 정치학에서는 루터의 원리는 피동적 복종이었다. 루터와 멜란히톤[54]은 세속적 정부에 대한 복종은 성서에 의해서 기독교 신도

---

51 루터(Luther, Martin, 1483-1546)는 독일의 종교개혁자이다. 1517년에 로마교황청이 면죄부를 마구 파는데 격분하여 이에 대한 항의서를 발표하여 파문을 당하였으나, 이에 굴복하지 않고 종교개혁의 계기를 마련하였다.

52 반동종교개혁은 17세기 무렵 종교개혁에 대항하여 카톨릭교회 안에서 일어난 개혁운동이다. 다음의 예수회가 이의 대표적 교파이다.

53 예수회(영어표기는 Jesus)는 카톨릭교의 남자 수도단체로 1540년에 스페인 바스크 지방 출신의 聖 이냐시오 로욜라(Ignatins Loyola)가 창설했다. 교육과 학문을 통한 봉사와 선교를 중시한다. 예수회의 기본정신은 명확하고 비판적인 사고방식과 묵상·성찰, 하느님 은총에의 의탁 등을 통해 이웃에 봉사하는 것이다. 특히 교육과 학문을 통한 봉사와 선교를 중시해 일반 교육사업을 일상적 업무에 넣은 최초의 수도회이기도 하다. 예수회는 1547년 최초의 예수회 대학을 개교한 이래, 전 세계에 226개의 단과대학과 종합대학 및 4,000여 개의 중·고등학교를 운영 중에 있다. 한국에는 1954년에 들어와 1960년 서강대학교, 1962년 광주 카톨릭대학교 등을 설립하여 운영하고 있다.

54 멜란히톤(Melanchthon, Philipp, 1497-1560)은 독일의 종교개혁자로서, 루터의 협력자로 일하였다. 프로테스탄트 최초의 조직신학적인 저작《신학개론》(Loci communes, 1521),《아우구스티누스 신앙고백》(Confessio Augustana)을 기초하였다. 그러나 뒤에 필리피스무스(Philippismus)신학 일파가 되어 루터파 신학과 대립하게 된다.

들에게 명령된 것이라고 주장하면서, 재침례교도Anabaptists[55]들과 반란 농민들을 맹렬히 비난했다. 그들은 진실로 국가는 至善이며 어떠한 개인의 주장도 국가와 대립할 수 없다고 생각했다. 이 교리의 기초는 개인주의보다 오히려 국가주의(민족주의)였다. 그들은 세계교회에 대립하는 것으로서 지역주권을 주장했으며, 그들의 뒤를 따른 신교의 법학자=신학자들은 로마의 세계적 권위에 대립하는 것으로서 지역주권으로부터 유래하는 국가법을 주장했다. "개인의 자유에 생명을 부여"하는 것이 종교개혁의 사명이었다고 가정한다면, 국가와 사회를 통한 개인의 자유는 분명 그 사명을 달성할 수 있는 가능한 방법이었으며, 영미에서 추상적인 개인의 자유를 국가와 사회의 상위로 고양시키는 방법과 마찬가지로 그 사명을 달성할 수 있는 방법이었던 것이다. 다른 말로 한다면 커먼로의 정신을 이해하기 위해서는 중산계층의 해방에서의 영미에 특유한 일면과 신교에서의 영미에 특유한 일면을 고려해야 한다.

영국의 법사상에서 최초의 개혁자가 동시에 영국의 종교

---

55 재침례교는 종교개혁으로 출현한 다양한 급진파 중에서, 비자각적인 유아세례를 비성서적이라고 보아 유아세례를 부정하고 성인세례를 행한 교파이다. 이는 재세례파(Wiedertaufer)라고도 불리는데, 이는 성인세례를 행하는 반대파가 이 교파를 경멸하는 뜻에서 사용한 호칭으로서, 일생에 한 번만 행하여야 하는 세례를 두 번 행한다는 의미이다.

사상에서의 최초의 개혁자였다는 것은 우연이 아니다. 존 위클리프[56]는 교회에서의 권위에 항거하고 서민들도 이해할 수 있도록 성서를 번역한 것으로 알려져 있다. 그러나 그는 〈국왕의 직무에 관하여〉(De Officio Regis)라는 논문에서 법에서의 권위를 공격하고, 유스티니아누스의 장엄한 입법과 교황의 신성한 교회와 대비하면 영국판례법 — 영법은 훌륭히 이렇게 부를 만한 것이 되어 있었다 — 이 충실하다고 주장했다. 이러한 사실이 그 당시의 이론에 비추어 볼 때 무엇을 의미했는가를 상기해 보자. 사실은 어쨌든지 간에 재판관들의 이론에 의하면 그들은 영국의 공통관습common custom, 즉 영국인들 상호간의 관계에서의 관습적인 행위방식을 가지고 재판한다는 것이었다. 로마법에 관한 학리적인 이론은, 로마법대전 Corpus Iuris Civilis[57]

---

56 위클리프(Wycliffe, John, 1320-1384)는 영국의 선구적 종교개혁자로서, 성직자의 악덕을 비판하는 등 교회개혁운동에 앞장섰다. 특히 교황에 대한 貢稅를 반대하고, 교회령 재산에 대해서 공격하였다.

57 로마법대전은 동로마제국의 유스티니아누스(Justinianus) 황제가 로마제국의 부흥을 꾀하면서 로마 고전시대의 법을 집대성해서 만든 법이다(529-534년). 이의 가장 중요한 부분은 학설휘찬(이의 내용은 주 24 참조)이며, 그외에 《법학제요》(Institutione)(2세기 경의 법학자인 가이우스의 저서로서, 기초적이고 체계적인 법의 안내서·서술서이다), 칙령(Codex)(유스티니아누스까지의 황제들의 법률과 공포물을 체계적으로 수집한 것), 신칙령(Novellae)(유스티니아누스황제 이후 새롭게 공포된 황제의 법률을 수집한 것) 등으로 이루어졌다.

은 유스티니아누스 황제의 입법으로서 아우구스투스의 승계자로 여겨지는 지배자를 가진 모든 국민을 구속한다는 것이었다. 교회법*Canon law*[58]에 관한 이론에 의하면 모든 관할권은 영적인 것과 세속적인 것으로 양분되며, 영적인 문제에 관해서는 세속적인 권력은 아무런 힘도 가지지 못하고 교황을 대변자로 하는 교회만이 이 분야에서 절대적 입법권을 가진다는 것이었다. 보니파키우스 8세[59]는 14세기에 "교황은 그의 가슴 속에 모든 법을 가지고 있다"고 말했다. 위클리프는 대담하게도 "교회의 많은 법이 제정되지 않았다 하더라도" 사람들은 잘 구제받을 수 있었을 것이라고 말했고, 또 로마법은 "이교도들의 법"이며 로마법에 내포된 이성과 정의는 영국법에 내포된 것보다 조금도 나은 것이 아니라고 말했다. 그는 권위를 버리고 영국의 지방법원에 호소했으며, 영국인들은 로마법과 교황

---

58 교회법은 넓게는 교회의 신도들의 신앙·윤리 그리고 교회기구 운영 등에 관한 법규를 뜻하지만, 본문에서 말하는 Canon law는 로마카톨릭교회법을 뜻하며, 속인에게 적용되는 로마법에 대응하는 개념이다. 12세기에 한편으로 로마법대전이 발견되어 로마법연구가 활발해지는 것과 대비되게, 다른 한편으로 예전의 교회의 법에 관한 기록이 발견되어 이에 대한 연구도 활발해졌으며, 그후 더욱 추상화·합리화되어 교회법대전(Corpus Iuris Canonici)이 공간되었다(1582년).

59 보니파키우스 8세Boniface Ⅷ는 로마의 교황(1294-1303)으로서, 프랑스 국왕의 성직자에 대한 과세에 반대하고, 교황이 왕보다 우위임을 주장하였다.

에 의해서 외부적으로 과해진 규칙을 버리고 그들 자신을 위해서 그들의 일상행동을 통해서 만들어진 규칙에 호소했다. 그러나 이것은 위클리프가 종교에 관해서 취했던 것과 같은 입장이었다. 그는 법에서나 종교에서나 개인에 호소했으며, 권위에 반대하고 개인을 위하도록 간청했다.

그러나 종교사상의 진정한 영향은 더 후에 나타났다. 종래 사람들은 대부분의 목적을 위해서 영국의 역사는 13세기 후반부터 시작된다고 말해왔다. 사실 미국인의 입장에서는 이의 역사는 그보다 더 늦게 시작된다고 말해도 좋을 것이며, 16세기 말부터 시작된다고 하더라도 과히 잘못은 아닐 것이다. 나는 여기에서 사고방식으로서의 커먼로를 말하는 것이다. 어떤 이론 특히 재산법에서의 이론들은 더욱 긴 역사를 가지고 있으며, 우리의 사법제도는 헨리 2세[60] 시대부터 연구되어야 한다. 그렇지만 법적 문제에 대한 우리의 태도, 법적 추리의 방식, 커먼로의 체계를 형성하고 있는 원리들은 엘리자베스[61]의 치세부터 연구되면 족하고, 이 시대부터 그 이후 계속적이고 일관되게 발전해온 것이다. 영미법에서의 발전의 단계는 각기 엘리자베스와 제임

---

60 헨리 2세(Henry Ⅱ, 1154-1189)는 노르만왕조(1066-1154)에 이은 플란타넷왕조(Plantagenet, 1154-1399)의 첫 국왕이다.
61 엘리자베스(Ellizabeth Ⅰ, 1558-1603)는 튜더왕조의 마지막 국왕이다.

스 1세[62]의 치세, 미국 독립혁명, 그리고 남북전쟁에 의해서 시대가 그어진다.

코크 이전에 영국재판소에서 이루어진 것은 끈기있는 법률가에 의하여 요약되어 우리들에게 전승되었으며, 과거의 세대는 코크에 의해서 요약된 형식을 권위있는 것으로 보았다. 그리고 우리는 그 이후로 코크 이전의 법을 그의 안경을 통해 보아왔다. 따라서 엘리자베스와 제임스 1세 치세 이전의 성장기는 단지 자료를 제공했을 뿐이다. 이러한 자료들이 오늘날의 법에서 취하고 있는 형태는, 이 자료들이 가지고 있는 가능성 중 16세기 말과 17세기 초에 마음에 들었던 방식, 코크와 그의 동시대인들에 의해서 그러한 자료에 가해진 해석, 그리고 그후 우리가 커먼로의 이러한 부분을 신세계에 적용될 수 있는 것으로서 계수했을 때 영국의 소산을 미국에서 승계 발전시킨 것 등이다. 또 우리는 18세기에서의 건설적인 업적을 생략하고 넘어가도 무방할 것이다. 왜냐하면 그 업적은 형평법과 상인법에서 행해진 것이기 때문이다. 이 두 분야는 엄격하게 말하면 커먼로의 일부가 아니며, 그들이 커먼로의 정신에 영향을 미치기는 커녕 커먼로의 정신이 그들에게 강력한 영향을 주었다. 그러나 커먼로 체계에는 두 개의 성장기가 있었다. 이

---

62 제임스 1세(James Ⅰ, 1603-1625)는 스튜어트왕조의 첫 국왕이다.

두 시기에 법칙과 이론이 형성되었는데, 우리의 권위자들은 이 법칙과 이론 속에 과거를 요약했으며 아울러 우리에게 장래를 위한 원칙을 세워주었다. 이 두 시기는 (1) 고전적 커먼로의 시기, 즉 16세기 말과 17세기 초, (2) 남북전쟁에 이르기까지의 미국에서의 법발전의 시기, 이 시기는 장차 커먼로의 역사가 세계법으로서 기술되기 시작할 때에는 첫째 시기에 못지 않게 고전적 시기로 간주될 시기이다. 첫째 성장기에서의 과업은 과거의 판결과 입법을 검토해서 장래를 위한 체계를 세우는 것이었다. 둘째 성장기에서의 과업은 어떤 것이 미국의 생활방식에 적용될 수 있으며 어떤 것이 적용될 수 없느냐를 고려하면서 영국 판례법의 전 체계를 검토하는 것이었다. 그 시대의 정신 그리고 그 시대 사람들의 정신이 법률상의 노작을 통해서 커먼로라고 부르는 법률문제 처리방식을 우리에게 부여했으며, 이러한 정신이 모든 체계에게 활기를 불어넣은 것은 명백하다. 그러나 코크시대는 영국에서의 청교도의 시대였고, 남북전쟁에 이르기까지의 시대는 미국에서의 청교도의 시대였다. 미국에서의 청교도는 독특한 특색을 가지고 있었는바, 이들은 미국에서 대다수를 차지하고 있었고 그와 경쟁할 만한 강력한 교파가 없었으며, 또 자신들의 비위에 맞도록 제도들을 만들었다는 점을 우리는 잊어서는 안된다.

다시 말하는데, 코크시대에 형성되었던 커먼로의 원리가 미국에서 최고도의 그리고 가장 완전한 논리적 발전에 도달한 것, 그리고 이런 점에서 우리는 오랜 과거로부터 현재에 이르기까지 영국 자신보다도 더 한층 철저한 커먼로의 나라라는 것은 우연이 아니다.

청교도의 출발점이 된 기본적 원리는 개인에 의해서 행해지는 "자유의사에 기한 계약에 대한 의식적 믿음"의 원리였다. 그래서 청교도는 개인의 양심과 개인의 판단을 첫 번째 위치에 두었다. 어떠한 권력도 정당하게 그들을 강제할 수 없다. 그러나 모든 사람은 그의 선택의 결과를 인수하고 감수해야 한다. 이러한 원리가 교회체제에 적용되어 "종속이 아닌 연합"의 체제를 낳았다. 로빈슨[63]은 "우리는 상하로 위치지워 있는 것이 아니라 횡적으로 연합되어 있다"고 말했다. 따라서 교회까지도 계약의 한 형식이었으며, 준법주의*legalism*라는 법률이론이 종교에까지도 부착되었다. 만약 사람들이 그들의 양심에 따라서 행동하고 신도들이 집단으로 연합하기 위해서 타인과 계약하는 것이 자유라면, 정치적 집단인 국가 역시 계약의 일임은 필연적인 결론이다. 그리고 계약의 자유는 그로부터 진전된

---

63 로빈슨(Robinson, John, 1650-1723)은 영국의 외교관이고 고위성직자(Bishop of London)이다.

연역일 뿐이다. 뉴잉글랜드의 초기의 역사는 계약 또는 협약 — 공동체의 형성과 존속에 대한 모든 개인의 동의 — 이 정치적인 공동체나 종교적인 공동체 기타 모든 공동체의 기초라는 관념이 적용된 예를 많이 보여준다. 아브라함과 신의 백성인 이스라엘의 아들들이 체결한 협약의 선례는 이러한 원리의 종교적 기초를 제공했다. 그러나 이것은 종교적 조직뿐만 아니라 세속적인 조직에도 적용된다. 이로부터 나온 한 개의 결론으로, 모든 법률효과를 어떤 관계에 귀속시키는 봉건적 관념과 반대로, 모든 법률효과를 의사의 작용에 의존케 하는 개인주의적 관념을 발전시켰다. 계약과 자유의사에 기한 과실행위가 모든 문제를 해결하는 기본적 관념으로 나타났으며, 법은 계약에 관한 법과 범죄에 관한 법으로 양분되었다. 그로부터의 또 하나의 결론은 모든 것을 도덕적인 문제로 만드는 것이었다. 그렇지만 이때에도 그 방법은 그것을 법률문제로 만들 때와 같았다. 왜냐하면 도덕적 원리는 개인적으로 또 관계적으로 적용되는 것이기 때문이다. 즉 도덕적 원리를 적용함에는 환경과 개인을 고려해야 한다. 그러므로 만약 모든 문제가 도덕적 문제로 취급된다면 그리고 도덕적 문제를 포함하는 분규가 그 해결에서 개별화될 구체적 사건으로 취급된다면, 사건을 결정받는 사람을 실제 사건의 환경을 교량하여 원리를 그 사건에 맞도록 구체화하는 권력을 가진 사람에게 종속시키는 결과를 가져오게 될 것이다. (그러나 이에 대하여 — 역자) 연합의 관념은 개인이 준수하기로 계약한 고정된 절대적·보편적 규칙에 의지할 것을 요구한다. 그리하여 도덕적 원리와 법적 원리는 동일한 방법으로, 즉 법적 방법으로 적용되게 된다. 모올리[64]는 다음과 같이 말한다: "청교주의만큼 우리가 인간을 판단함에 있어서 모든 폭과 색채와 다양성과 훌륭한 식별력을 버리도록 유도하고, 인간의 도덕성의 표면적 자구에 매이는 천박하고 편협하고 피상적인 선언을 하도록 혹은 인간의 의견을 인용된 진리의 기준에 정확하게 합치시키도록 억제함으로써 우리에게 해를 끼친 것은 없다." 우리는 이 모든 것의 좋은 면도 안다. 정치의 면에서는 집단으로서가 아니라 개인의 총체로서의 인민*people*의 개념, 이들 개인 각자에게의 권리의 정확한 귀속, 영국인의 법적 권리의 인간의 자연권으로의 진화 등은 청교도혁명[65]의 종교

---

64 모올리(Morley, John Viscount, 1838-1923)는 영국의 저술가·정치가이며, 사상가에 대한 평론 등으로 철학계의 주목을 받았으며, 추밀원 의장을 지냈다.

65 청교도혁명(Puritan Revolution)은 1640-1660년 영국에서 청교도가 중심이 되어 일으킨 최초의 시민혁명이다. 영국의 절대주의는 엘리자베스 1세와 제임스 1세 때 최고조에 달했으며, 다음의 찰스 1세(Charles Ⅰ, 1625-1649)는 절대주의를 한층 강화하여 의회의 승인도 없이 관세를 징수하고 청

적 측면 속에 그 직접적인 기원을 가지고 있다. 그러나 법의 면에서는 청교도혁명의 종교적 측면은 우리에게 추상적인 계약의 자유라는 개념을 가져다 주었는데, 이는 모든 사회입법에 해독이 되어 왔다. 또 그것은 구체적 사건에서 규칙을 형평에 맞게 적용하는 모든 권력에 대해서 뿌리깊은 반대를 가져다 주었는데, 이는 우리 주재판소*state courts*에서 형평법의 쇠락을 낳았다. 그것은 또한 사법의 단순한 기계성에 대한 주장과 신봉을 가져다 주었는데, 이는 빈번하게 미국의 법적 절차를 오늘날의 영업의 분야에서 참을 수 없이 불합리하게 만들었다. 그리고 그것은 악한 의사를 처벌한다는 관념과 불법행위와 처벌 사이의 필

교도를 탄압하는 등 국왕의 대권을 남용했다. 이에 대해서 의회는 1628년 코크 등이 중심이 되어 인민의 권리를 수호하기 위하여 '권리청원'을 기초하여 왕에게 제출하였다. 이 때문에 1629년 의회가 해산되었으며, 왕은 황실재판소와 고등종무관재판소 등을 이용하여 청교도를 탄압하였다. 왕은 스코틀랜드와의 전쟁에서 전비를 얻기 위하여 1640년 의회를 소집하였는데, 의회는 국왕대권 포기와 의회주권을 요구하였으나 왕이 이러한 요구를 거부하였으며, 이것이 혁명의 시작이 되었다. 그리고 왕당파와 의회파 간의 대립은 결국 내전으로 비화되었다(잉글랜드 내전, 1642-1651). 크롬웰은 1653년 의회를 해산하고, 150명의 '베어본스 의회'(후술 주 77 참조)를 조직하여 자신의 수족처럼 활용함으로써 크롬웰식 독재체제를 수립하여(1653-1658) 일시적으로 정치적인 안정을 회복했으나, 그의 사후 무정부상태에 빠졌다. 그후 크롬웰에 의해 쫓겨나 프랑스에 있던 찰스 왕자가 다시 잉글랜드에 들어와 찰스 2세(1660-1685년)가 왕위에 오름으로써(스튜어트왕정 복고) 1640년에 시작된 장기의회가 마감되고 청교도혁명이 종식되었다.

수적인 연관관계를 가져다 주었는데, 이는 우리 형법이 반사회적 행위를 처리하고 구체적 범죄가 일어날 긴박한 위험에 적용되도록 적응하는 것을 매우 어렵게 만들었다.

이러한 청교도의 개인주의가 사법의 실제에 어떻게 영향을 미치는가? 우리는 법의 커다란 분야를 하나 하나 검토하고 각 분야에서 청교주의가 작용하고 있는 것을 보는 것이 이에 대한 가장 좋은 대답일 것이다. 베롤츠하이머 *Berolzheimer*는 "종교개혁의 사명은 개인의 자유에 생명을 불어넣은 것이다"라고 말했다. 이 점에서 청교도는 종교개혁의 체현자이다. 개인의 해석의 자유, 개인의 자유로운 결합, 개인의 권리 등이 청교도의 종교적·정치적 및 법적 견해의 기초였다. 그러나 추상적인 개인의 자유로운 자기주장과 개인의 이익이 결코 법체계가 지켜야 할 전부는 아니며, 19세기에서 우리의 법은 모든 면에서 이런 것을 유일한 기초로 삼는 것의 나쁜 결과를 보여주었다. 예컨대 입법에 대한 전통적인 태도 즉 입법부는 다이시[66]가 말한 정지의 단계 *quiescent stage*에 있는 것이라고 하는 사법부의 가정, 법률문제에 관해서는 거의 또는 전혀 입법이 있어서는 안된다는 법률전문가의 감정, 빈번히 재판절차 간소화를 위한 입법의 시도를 실패케 하고 우리의 법령집에

---

66 다이시(Dicey, Albert Venn, 1835-1922)은 영국의 법률가이며 헌법학자이다.

따라서 일한 사회사업가들의 많은 노동을 무가치한 것으로 만들었던 재판관과 변호사 측에서의 입법에 대한 적대적 태도 등보다도 더 오늘날의 재판소에 대해서 정떨어지게 하는 커먼로의 원리는 거의 없을 것이다. 다년간에 걸쳐 미국법조협회에서 행하는 대통령 연설의 인기있는 논제는 입법부에서 제정된 법률의 과다함이었다. 미국 변호사의 최근의 한 지도자가 입법에 반대하는 정교한 논증을 집필하는 중에 사망했는데, 그는 그의 유서에서 입법무용론이라는 교의를 가르쳐야*teach* — 나는 설교*preach*라고 말할 뻔 했다 — 하는 현직의 법과대학 교수들을 위해서 많은 준비를 해 두었다. 입법에 대한 커먼로의 이러한 태도에는 여러 가지 이유가 있다. 그러나 그중에서 우리 법의 형성기에 청교도가 우세했다는 것은 결코 작은 이유가 아니다. 청교도의 이성은 1차적으로는 종교적인 것이었다. 액톤 경[67]은 말하기를, 청교도에게는 "정부와 제도는 지상의 사물과 같이 소멸해 버리도록 만들어진 것임에 대해서 영혼은 불멸의 것이며, 자유와 권력 사이에 조화가 없는 것은 영원과 시간 사이에서와 같다. 따라서 강제적인 명령권의 영역은 고정된 한계 이내로 제한되어야 하며, 권위와 외부적인 계율과 조직된 폭력에 의해서 행해진 것은 권력의 분할에 의

---

[67] 액톤 경(Lord Acton) John Emerich Edward Dalberg-Acton(1834-1902)은 영국의 카톨릭역사학자이고 정치인이다.

해서 무력화되고 자유인의 지성과 양심에 맡겨져야 할 것으로" 생각된다고 하였다.

법의 정립에 대한 이러한 견해는 입법의 정체기에 성장한 커먼로의 관념에 적합했고 또 그러한 관념을 더욱 공고하게 했으며, 에드워드 코크의 대가적 기질에 의해서 촉진되었다. 코크는 자신이 과거의 양피지로 된 고문서로부터 정성스럽게 탐구해낸 법에 대해서 문외한의 참견을 허하지 않고 자신의 관념을 자기가 권위적 대변자인 전통에다가 각인시켰다. 그 결과로 우리 법과대학의 정통적인 전통은 전적으로 법에서의 제정법적 요소를 무시했다. 법학강의에서 판결의 전통적인 과정에 의해서 대표되는 낡은 요소는 진실한 법을 표상하고 원칙과 유추들을 제공했으며, 이에 대하여 입법에 의해서 대표되는 새로운 요소는 법의 체계에 침입해 들어온 외래적인 것으로 간주되고, 적용되도록 명시된 사건을 위한 세부적인 규칙을 제공할 뿐이었다. 그러나 청교도는 한편으로는 법률가들의 입법에 대한 태도를 시인하면서도, 다른 한편으로는 법제정에 대한 확고한 신념을 가졌다. 잉글란드 공화국 *Commonwealth*[68]은 입법활동의 일대 폭발을 가져왔다. 매사추세츠주의 최초

---

68 잉글란드공화국(1649-1660)은 잉글랜드 내전 이후 올리버 크롬웰이 이끄는 의회파가 찰스 1세를 처형한 후 수립한 공화제 국가이다.

의 성과의 하나는 법령집을 **整序**하려는 시도였다. 식민지의 이러한 성문법전은 영국 입법의 수정보다 약 200년 앞서고 있으며, 그 서문은 입법에 의한 법제정의 옹호론을 포함하고 있다. 그것은 청교도가 강제*coercion*를 신뢰하지는 않았으나 교시*instruction*는 신뢰했기 때문이다. 그리고 법령집을 통한 자유로운 교시는 그 교시를 준수해야 하는 한계가 개인의 양심과 판단에 맡겨져 있었는 바, 이런 자유로운 교시는 오랫동안 우리 제도의 불행한 특징이었다.

불법행위법에서는 피용인에 대한 가해에 적용되는 위험인수와 조성과실의 원칙[69] 만큼 격분을 일으켜온 것은 없었다. 그러나 이 원칙들은 명백히 청교도적 개념이다. (이는 다음과 같은 점에 기초한 것이다 — 역자) 피용인은 자신의 양심과 성서의 독자적인 해석에 의해서 인도되는 자유인이다. 그는 독자적으로 선택한다. 그러한 선택에 따라 그는 상해의 위험을 무릅쓰고 그 위험한 일을 선정했다. 그는 다른 사람들도 자기와 함께 고용되리라는 것을 알고 있다. 그는 다른 사람들이 부주의할 수 있으며, 만약 과실이

---

[69] 위험인수의 원칙(assumption of risk)은 피해자가 임의로 위험을 무릅쓰고 어떤 일을 행한 경우에는 피해자는 불법행위를 이유로 소송을 제기할 수 없다는 것이다. 조성과실의 원칙(contributory negligence)은 갑이 과실로 을을 가해했으나, 그 가해의 원인은 을의 과실에 있는 경우 을의 손해배상청구권은 부인된다는 것이다.

있으면 자기가 상해를 입을 수 있다는 것을 알고 있다. 좋다, 그는 자유인이며, 그에게 손해를 감수하도록 해라. 사용자는 아무런 위법행위도 하지 않았다. 카터씨[70]의 말을 빌리자면, 하인은 자신의 행동의 결과에 의해서 서거나 넘어지거나 할 수 밖에 없다. 이러한 원칙의 고전적인 설명이 매사추세츠에서 기술되었다는 것은 우연이 아니다. 또 언제나 기계에 매달려 있어서 그 기계의 일부가 되고 기계적으로 움직이는 노동자가 주의를 게을리해서 부상을 입은 것이다. 커먼로는 그에게 이렇게 말한다. "그대는 자유인이며, 분별의 정신을 가지고 있고 그러한 정신을 쓸 능력도 있다. 그대는 위험한 일을 하기로 자유로이 선택했고 부상을 입었다. 그대는 그 결과를 감수하지 않으면 안된다." 그러나 실제로는 그는 자유로이 선택하지 않았고 또 자유로이 선택할 수 없었을 수 있다. 노동자재해보상제도가 생기기 전에, 통계에 의하면 대다수의 공업상의 사고는 하루의 노동시간 중 마지막 한 시간, 능력이 무디어지고 직공이 우리 이론이 예기하는 자유로운 행위자가 아니게 된 시간에 발생한 것이라고 말해진다. 그렇지만 법률이론으로부터의 도피구는 없었다. 바로 그러한 조건이 노무가 가지는 위험이고, 그것을 노동자가 인수한 것이다. 입법은 이러한 규칙

---

70 카터(Carter, James C., 1827-1905)는 뉴욕의 로펌의 파트너이다. 그의 법전논쟁은 뒤(주 140)에서 소개한다.

들을 수정해 왔으나, 재판소는 오래도록 입법이 조성과실의 원칙을 제거하려고 한 곳에서조차 이 원칙을 성문법규 속에 집어넣어 해석하는 경향을 가졌었다.

헌법에서의 많은 예 중에서 우리는 적법한 직업에 종사할 수 있는 권리 및 계약의 자유 등에 관한 19세기의 판결들을 볼 수 있는데, 이러한 권리와 자유가 20세기에 들어와서 사회입법에 대하여 무거운 압박을 가했다. 이 점에서 때늦은 개인주의 십자군의 대변자였던 고 필드*Field* 대법관이, 청교도의 조상을 가졌고 청교도로서 자라난데 보태어, 커먼로를 연구하고 법률실무에 종사했던 시기와 장소가 다른 개척지에서보다 더 개인이 중시되고 법이 경시되던 개척지에서 였다는 것은 의미깊은 일이다. 마지막에 말한 사정이 그에게 영향을 주었다는 것은 확실하다. 그의 정력적이고 박식한 식견은 사회통제에서 벗어난 최대한의 추상적인 개인의 자기주장이라는 개념을 유포시켰는데, 이러한 개념은 본질적으로 청교도에서의 연합*consociation*의 개념이다. 우리는 서로 병존적 관계에 있어야 하며, 상하의 관계에 있어서는 안된다. 전체는 평화를 유지하기 위한 최소한 이상으로 개인에 대해서 통제권을 가져서는 안된다. 그 이외의 모든 것은 자유인의 자유계약에 맡겨져야 한다. 그러나 다행히도 이러한 사상은 19세기 말에 우리 헌법에서 그 정점을 넘어섰다.

또 형법에서 문제 중의 하나는 형벌의 개별화, 즉 형벌제도를 추상적인 범죄*crime*보다도 범인*criminal*에 적응시키는 문제이다. 또 하나의 문제는 응보형 이론, 즉 범죄의 법적 처리의 기초로서의 복수관념 — 이 관념은 형사재판에서 해악을 끼치는 관념이다 — 을 제거하는 문제이다. 다시 또 하나의 문제는 형법을 반사회적 행동을 억제하고 사회를 보호하기 위한 유효한 방법으로 만드는 문제이다. 이 모든 문제에 관해서 청교도적 커먼로 이론은 정력적으로 방어해 왔으나 결국 서서히 후퇴했다. 형사재판의 개별화에 대한 청교도의 반대는 본능적인 것이며, 뿌리가 깊은 것이다. 왜냐하면 청교도는 황실재판소[71] 속에서 로마교회의 참회제도*penitential system*에 포함되어 있는 것과 동일한

---

[71] 황실재판소(星法院이라고도 칭해진다)(Star Chamber)는 1487년에 설치된 특별재판소이다. 이는 15세기 경부터 커먼로재판소에서의 재판의 결함 때문에 국왕과 그 평의회(고문회, council)에 구제를 청원해 오는 사례가 늘어나자, 커먼로재판소를 보충하기 위해서 설치된 것이며, 반사회적 혹은 반정치적 행위자를 처벌하기 위한 형사재판이었다. 이 재판소는 배심에 의하지 않았으며 전횡과 불공평한 처리가 행해졌다. 이는 새로운 분야로 재판권을 확대하고 신속한 절차를 발전시키는 등의 공적이 있기는 하지만, 절대군주제의 지주로서 왕의 전단적 권력행사의 도구가 되었다. 그리하여 결국 1641년에 뒤의 고등종무관재판소와 함께 폐지되었다. 이의 재판은 대체로 웨스트민스터사원 안의 천장에 별이 그려져 있는 방에서 행해졌으며, 그래서 위와 같은 이름이 붙여졌다.

기본적 이론을 발견했기 때문이다. 지금에 와서는 사회학자들은 종교법의 깊고 자비심 있는 통찰력과 본질적으로 현대적인 견해를 인정하고 있다. 살레이유[72]는 참회제도에서 "문제가 되는 것은 범죄가 아니라 오로지 범인뿐이다. 이것은 전적으로 객관적인 법조문 밑에서 행해지는 주관적 개별화이며, 이것이 우리가 요구하는 것이다"라고 말한다. 그는 계속해서 "이 주관적 개별화가 바로 오늘날에서도 요청되는 방식이다"라고 말한다. 청교도에게는 이러한 견해는 전혀 마땅치 않았다. 법과 정부에 대해서 법의 추상적 규칙과 이의 출발점이 된 원리에서의 지나친 개인주의 *over-individualism*를 요청했던 것과 마찬가지로, 규칙과 원리를 실제로 적용함에 있어서 개별적 사건에 맞도록 개별화하고 조정하는 것을 방해했다. 전자에서는 그것은 개인이 개별적으로 그 동료들에 대한 관계에서의 자기주장이다. 자신의 매매계약을 스스로 맺고 자기의 행위를 스스로 결정하고 자기의 재산을 스스로 관리하며, 이러한 권한에 수반되는 책임을 인수하고 자신의 자유로운 선택의 결과에 대해서 스스로 책임을 지되 자기의 선택에서 간섭을

---

72 살레이유(Saleilles, Raymond, 1855-1912)는 프랑스의 법학자로서, 법의 해석에 관하여 유연하고 역사적인 정신에 입각한 해석방법을 제창하고, '자연법의 객관적 실현'의 이론을 수립하여 '과학학파'의 거두로 불린다. 특히 비교민법학에 주력하였다.

받지 않는다는 것은 독립 독행적인 사람의 감정을 표시하는 것이다. 후자에서는 그것은 개인이 집단으로서의 그의 동료들에 대한 관계에서의 자기주장이다. 그것은 마찬가지로 독립 독행적인 사람의 감정을 표시하는 것으로서, 국가도 또 국가의 대표자 즉 집권자도 자기 자신의 양심보다도 더 낫게 자기를 판단할 수 없다는 것, 그는 인간의 재량에 의해서 판단받을 것이 아니라 엄격한 법의 불변의 법칙에 의해서 판단받아야 한다는 것이다.

우리 형법은 17세기에 황실재판소가 폐지되어 형사재판의 모든 문제가 커먼로재판소의 관할로 됨으로써 새롭게 태어났다. 그 결과로 우리 형법은 형성기에 청교도적으로 각인되었으며, 19세기에는 미국의 다수의 주가 사법활동의 모든 자유재량에 대한 청교도의 반감을 확대하여 커먼로의 경범죄를 폐지하고 모든 사건에 대해서 형법전의 장과 절을 정확히 규정하려는데까지 나아갔다. 이때에는 청교도적 형법은 현대 형법학의 3대 요청 전부에 대해서 반대했다. 학식있는 최고재판소가 소년원은 감옥이며 소년을 그곳으로 보내는 것은 필연적으로 범죄에 대한 처벌이며 따라서 헌법상의 보장을 정당하게 고려해서 행해지는 정식 형사재판절차에 의해서만 허용될 수 있다는 이유로 소년을 소년원으로부터 석방시킨 것은 그리 오래된 옛날의 일이 아니다. 소년재판소의 발달은 우리로 하여금 소년 범죄자에 대한 형사 형평법재판소에 익숙하게 했다. 그러나 성년자를 위한 사법적 개별화 제도를 도입하려는 시도는 오랫동안 헌법상의 어려운 문제와 싸워야 했다. 사실상 우리는 지금 영국에서 현재 형사 상소재판소[73]를 통해서 하고 있는 것을 하기 위해서 행정기관과 위원회에 의존해야 한다. 따라서 또한 응보형 이론은 우리 형법의 기본원칙의 하나이다. 커먼로는 범죄인을 추상적으로 본다. 그는 正와 不正 간의 선택권을 가지고 있으면서 자유의사로 부정을 선택했으며 따라서 미리 예정된 형사상의 결과를 감수해야 하는 자유인이다. 이 문제에 관한 이러한 청교도의 견해는 인접과학에서 응보형 이론을 버린 후에도 법학에서는 유지되었을 뿐만 아니라, 사회를 보호하고자 의도된 형사입법의 유효성을 방해했다. 재판소의 良識은 사회의 필요성을 표현하는 성문법상의 범죄에 관해서 (스스로 처벌받을) 위험을 각오하고 자기의 책임 하에 행동한 것이라는 이론을 도입했다. 그러나 성문법의 의도는 사악한 의사를 벌하려는 것이 아니라, 공공의 건강이나 안전 또는 도덕을 위해서 자신의 의무를 수행함에 있어서 경솔하거나 무능력한 자에 대하여 압력을 가하려는 것이다. 그럼에도 불구

---

[73] 영국(잉글랜드 및 웨일즈)의 Court of Criminal Appeal은 1907년의 형사상소법(Criminal Appeal Act)에 의하여 설치된 형사사건에 대한 상고법원이다.

하고 이러한 이론의 모든 확장에 대해서 우리나라의 교과서 저작자들로부터 강력한 반대가 있었으며, 주교(Bishop)의 청교주의와 맥클레인판사[74]의 커먼로의 전통의 입장에서는 그러한 결정은 변칙적이고 불만족스러운 것이었다.

재산법에서는 "권리의 남용" — 오로지 타인을 해할 목적으로 재산을 사용하거나 재산권에 부수된 권능을 행사하는 것에 관한 이론 — 그리고 地表水에 관한 오래된 이론에서 눈에 띄는 예를 볼 것이다. 여기에서도 우리는 지표수의 처리에서의 서로 인접한 소유자의 권리에 관한 극도의 개인주의적 견해의 전형적 표현이 매사추세츠로부터 왔음을 볼 수 있다. 이중의 많은 것은 근대 로마법의 영향을 받아 폐기되어 왔다. 그러나 커먼로는 단순히 피고가 자기 자신의 토지 위에서 행동했느냐 그리고 어떠한 불법적 방해 *nuisance*를 하지 않았느냐 만을 물었다. 만약 그렇다면 커먼로는 그의 동기에 관해서는 전혀 고려하지 않은 것이었다. 만약 어떤 사람이 오로지 타인을 해할 목적으로 하는 재산의 사용은 반사회적이며 억제되어야 한다는 프랑스 법학자의 이론을 제시한다면, 커먼로 법률가는 틀림없이 "공공의 이익이라는 것은 본질적으로 모든 개인의 私權의

---

74 맥클레인McClain, Emlin(1851-1915)은 아이오와(Iowa) 최고재판소 재판관(1901-1912)이다.

보호 이외에 아무 것도 아니다"라는 블랙스톤[75]의 말로 응수할 것이다.

미국에서의 형평법도 또한 같은 영향을 받았음을 보여준다. 청교도는 항상 형평법에 대한 일관되고 철저한 반대자였다. 형평법은 청교도의 모든 이념에 배치된다. 한 예를 든다면, 청교도는 바보도 자유로이 행동하도록 허용되고 요구되어야 하며 자신의 바보같은 행동의 결과를 부담해야 한다고 믿는데 반해서, 형평법은 불리한 매매계약을 체결한 바보를 도와준다. 다른 예로는, 형평법은 직접 개인에게 작용한다. 형평법은 개인의 자유의사를 억제한다. 이는 자유행동을 허용하고 사후에 미리 동의받은 벌을 과하는 것이 아니라, 그에 대신해서 예방적으로 활동한다. 또 다른 예로는, 형평법은 그 법을 실제 사건에 적용함에 있어서 자유재량을 허용하는데, 청교도의 견해로는 그것은 집권자의 우위를 의미하는 것이다. 왜냐하면 이는 단호하고 개인에 따라 달라지지 않는 법적 규제에 의하지 않고 그 대신에 개인적 표준에 의해서 타인을 판단할 것을 집권자에게 허용하는 것이기 때문이다. 거의 18세기까지 계속된 영국

---

75 블랙스톤(Blackstone, William, 1723-1780)은 영국의 저명한 법학자이고 재판관이다. 그의 대표적 저서인 《영법석의(英法釋義)Commentaries on the Laws of England》(1765-1769)는 산업혁명 이전까지의 영국법 전반을 체계화하고 해설한 것으로서, 영국법학의 학문성을 높이고, 독립전쟁 전후의 미국법 발달에 큰 영향을 주었다.

에서의 대법관재판소[76]에 대한 반대, 베어본스의회[77]에 의

---

[76] 대법관재판소(Court of Chancery)는 커먼로를 보충하기 위해서 통상의 재판소(커먼로재판소)와 별도로 설립된 재판소이다. 선례구속력을 가지는 커먼로가 당면의 사건에 적합하지 않은 경우에, 인민은 통상의 재판소에 가지 않고 국왕에게 어려움을 탄원했으며(이는 이미 13세기 초에 나타났다), 이에 국왕은 그 직속에 재판소를 개장하여 커먼로의 재판관이 아니라 자신의 직속 신하인 宰相Chancellor에게 재판을 맡겼다. 재상(초기에는 성직자였으나, 1529년 이후 법률가로 대체)은 국왕 다음의 위치에 있는 국왕의 최측근자로서 이 재판소의 수장(대법관)이면서 아울러 행정부의 수장이었다(국무총리). 여기에서의 재판은 커먼로에 구속되지 않고 형평을 고려해서 행해졌는데, 이런 점 때문에 이를 형평법재판소(court of equity)라고도 칭한다. 또 구체적 타당성을 고려해서 양심에 따라서 재판하는 점에서, 양심재판소(court of conscience)라고도 불린다. 그런데 여기에서의 재판도 점차 동일한 사건은 동일하게 구제해주게 되면서 선례에 따르는 경향이 생겼으며(이런 경향은 대법관이 법률가로 대체되면서 강화되었다), 그리하여 여기에서의 판결이 쌓이면서 형평법(Equity)이라는 커먼로와는 별개의 법체계가 형성되었다. 이와 같이 해서 커먼로를 적용하는 통상의 재판소(커먼로재판소)와 형평법을 적용하는 형평법재판소가 별개의 재판소로 공존하였다(2원적 구조). 그런데 이에 의하면 어떤 사안에 관해서 완전한 구제를 받기 위해서는 보통법재판소와 형평법재판소의 양자를 거쳐야 했으며, 이로 인한 낭비와 불편이 컸다. 마침내 영국재판기구의 대개혁에 의해서 1873년에 최고사법재판소법(Supreme Court of Judicature)(1875년 발효)에 의해서 양 재판소를 통합하였다. 그러나 이 법은 양 법체계의 실체법에 변경을 가하는 것은 아니다. 따라서 어떤 법률문제에 관하여 양자 간에 충돌이나 차이가 있을 때에는 보통법상으로는 어떻게 되고, 이것이 형평법에 의해서 보충 내지 변경되지는 않는가, 또 제정법에 의해서 이것이 변경되지는 않았는가 또 제정법에 의하면 어떠한가 (왜냐하면 위의 재판소법은 형평법이 보통법에 우선하고 제정법이 두 판례법에 우선한다고 규정하므로) 하는 사유과정을 밟아야 한다. 그후 위 법은 여러 차례 개정되거나 대체되었다(1925년, 1981년)

[77] 베어본스 의회(Barebones' Parliament)는 1653년 7월 4일에 올리버

한 대법관재판소의 폐지, 그리고 공화국 시대의 대법관에 대한 반대논문들은 대부분 그 때문이었다. 매사추세츠주가 재판소에 대하여 형평법을 적용하는 권한을 부여하기를 꺼린 것 그리고 독립혁명 이후에 뉴햄프셔주에서 형평법을 반대하는 인민투표가 있었던 것은 그 때문이다. 또 미국에서 권리구제에서의 자유재량에 관한 형평법의 자유로운 원리를 단단하고 빠른 재판상의 규칙으로 전환시키는 일반적인 경향도 여기에서 온 것이다. 포메로이[78]는 "미국 재판소는 형평법의 적용범위를 확장하는 것을 극도로 내키지 않아 한다. 그 확장이 단지 숙지된 원칙을 새로운 사실관계에 적용하는데 지나지 않는 경우에 조차도" 라고 지적한다. 형평법을 적용하는 권한을 점차 버리고 형평법상의 권리를 커먼로화*legalize*하는 것도 또한 적지 않게 주목할 만한 일이다. 나는 다른 기회에 감히 이것을 미국에서의 형평법의 후퇴라고 불렀다. 실로 형평법의 방법과 원리는 우리 재판소에게는 마음에 맞지 않는 것이었으며, 만약 우리 재판소가 청교도들로 구성되어 왔다는 사실을 상기한다면, 그 이유는 명백하다.

크롬웰에 의해서 지명된 자들로 구성된 의회이다. 그러므로 지명의회(Nominated Assembly)라고도 칭해지고, 소의회(Little Parliament)라고도 칭해진다.

78 포메로이(Pomeroy, John Norton, 1828-1885)는 19세기 미국의 법률가이며 교수이다.

법에서의 신교의 전통은 처음부터 국가주의적인 것이었다. 16세기와 17세기의 신교의 법학자 = 신학자들은 교회법의 보편적 권위와 반동개혁인 예수회Jesuit 법학자들의 보편적 이론에 대해서 국가주의적 개념을 대립시켰다. 그들은 보편적 권위 대신에 각 국민의 시민법을 대치하려고 했다. 시민법은 신이 만든 국가로부터 나온 것이기 때문에 신성한 것이었다. 청교도는 국가를 정치적 연합으로 보는 관념 때문에 이러한 법에서의 지방분립주의를 극단적으로 전개시켰다. 개개의 기독교도에 의해서 해석된 십계와 성서가 충분한 일반적 원칙을 제공했다. 그 나머지에 관해서는 이의 적용을 받을 주민이 자유로이 동의한 지방법이 필요할 따름이다. 이러한 정신의 많은 것이 오늘날 미국에서 법에서의 지방적 특색을 자랑으로 생각하고, 실체법과 소송절차의 지방적 변칙을 촉진하는 점에서 우리에게 남아 있다. 그러한 변칙은 스스로 불편을 야기시켰음에도 마치 그것이 사법상 어떤 내재적 중요성을 가지고 있는 것처럼 촉진되었다. 유통증권법Negotiable Instruments Law이 일반적으로 채택되기 전에 미국 서부에서는 시카고로 가는 금전지급지시서가 오마하Omaha에서 발행되어 통상의 회수collection 과정에 놓이면 3개의 상이한 법의 적용을 받는다는 말이 있었다. 법률가들에게는 이것이 부적당한 것이라고 생각되지 않았다. 실업가로부터의 압박 이래 통일유통증권법이 시행된 오늘날에도, 커먼로 법률가들이 통일성을 너무 경시하기 때문에, 몇몇 주에서는 이전의 다양한 지방법 상태로의 복귀를 의미하는 지방적 해석의 불안한 징조가 보인다.

그러나 청교주의가 오늘날의 법체계에 가장 중대한 결과를 가져온 것은 법의 적용과 집행에서 이다. 청교도의 특징인 고관*magistrate*에 대한 시기심은 극단의 형태로 발전하여 재판관에 대한 시기심으로 되었다. 브라이스[79]는 "[헌법 속에] 널리 퍼져 있는 인간 본성에 관한 견해에는 열렬한 청교주의가 가득 차 있다. 그것은 원죄를 믿으며 죄인들에게 그들이 닫을 수 있을지도 모르는 문을 열어두지 않기로 결심한 사람들의 사업이다"라고 말했다. 청교도의 이상국가는 개인이 다수의 규칙의 교시를 받으나 강제를 받는 일이 없이 자신의 이성과 양심이 명하는 바에 따라서 자유활동을 하는 영원한 교착*deadlock*이었다고 해도 과언은 아닐 것이다. 왜냐하면 우리 입법은 청교도의 특징의 일부인 모순성을 나타내고 있기 때문이다. 청교도는 자기의 의사가 국가나 주권자에 의해서 통제되는 것을 반대했으나,

---

79 브라이스(Bryce, James Biscount, 1838-1922)는 아일랜드 태생의 법률가이고 역사가이며, 자유주의 정치가이다.

그럼에도 규칙을 설정하는 것을 좋아했다. 그것은 인간 본성의 내재적인 사악함을 인식하고 있었기 때문이다. 그 결과 우리는 많은 법규를 가지고 있으면서 그것을 실현하기 위한 적절한 규정을 가지지 않는다. 우리가 최근의 행정부의 여러 위원회의 발달에 의해서 방책을 발견하기 시작했을 때까지는 법이 행정을 마비시켰다. 19세기에는 금지명령,[80] 침해소송,[81] 직무집행영장[82] 등이 모든 측면으로부터 행정관리들을 둘러싸고 있다. 그러나 사법부가 앞으로 나와서 법을 집행하게 되었을 때, 지방배심과 대배심,[83] 지방

---

80 금지명령(injunction)은 피고에게 일정한 행위를 하는 것을 금지하거나 이미 생긴 위법상태를 배제하기 위해 일정한 작위를 하라는 법원의 명령으로서, 보통법상의 구제방법(손해배상)으로는 채권자에게 충분한 구제가 될 수 없다고 생각되는 경우에 형평법재판소가 보충적으로 인정해준 구제방법이다.

81 침해소송(action of trespass)은 13세기 중엽의 중죄소송(appeal of felony)으로부터 전개된 소송으로서, 중죄라고 하기에는 미흡하나 폭력으로 국왕의 평화를 침해하였다고 생각되는 행위에 대한 소송이다. 오늘날의 영국의 민사보통법은 대부분이 이로부터 발전한 것이다.

82 직무집행영장(mandamus)은 재판소가 공무원·하급재판소·법인·개인 등에 대해서 그의 의무에 속하는 특정 사항의 이행을 명하는 제도이다. 이는 주로 공적 목적을 위해서 공적 직무의 집행을 명하는 것이지만, 사권의 보호를 위해서도 이용된다. mandamus라는 말은 "우리들은 명령한다(we command)"라는 뜻의 라틴어이다.

83 배심제도(jury)는 무작위로 차출된 일반 국민으로 구성된 배심원단이 피의사건에 대한 기소 또는 재판에 참여하여 평결하는 제도이다. 배심제는 '대배심(grand juries)'과 '소배심(petit jury)'(본문의 '지방배심(local

검사[84] 및 지방보안관[85]들은 법을 주장할 권한뿐만 아니라 법을 가로막을 권한까지 부여받게 되었으며, 그들은 이 권한을 그들의 개인적 양심이 명하는 바에 따라 휘둘렀다. 그러므로 행정이 법을 마비시켰다는 것도 또한 마찬가지로 사실이다. 견제와 균형의 제도는 완전한 균형을 낳았다. 실제 결과에서는 법은 거의 아무 것도 또는 전혀 아무 것도 성취하지 못하는 일이 너무 많았다. 우리는 책 속에서는 많은 법을 가지고 있지만, 실제로 작용하는 법은 매우 적다.

---

juries)'은 소배심으로 이해된다)으로 나뉘는데, 대배심은 23명의 배심원단으로 구성되며 피의자의 구속 및 기소 여부를 결정하며(검사 역할) '기소배심', '수사배심'이라고도 부른다. 소배심은 12명의 배심원단으로 구성되며, 배심원단이 사건에 대해 유·무죄 결정, 원고 및 피고의 승소·패소에 대한 평결 등을 한다(판사 역할). '심리배심', '공판배심'이라고도 한다.

84 지방검사(local prosecuting officers)는 미국에서 州 법을 어긴 피의자를 기소하는 郡(카운티) 공무원으로서, 대부분의 주에서는 선출직이나 몇몇 주에서는 임명직이다. 지방검사는 보통 많은 보조검사들을 고용하며, 이들이 대부분의 실제 심리업무를 수행한다. 보조검사는 대부분 최근에 로스쿨을 졸업한 사람들로서, 이 일을 통해 경험을 쌓고 그들 중 상당수가 나중에 형사소송을 전문으로 하는 변호사가 되며, 일부는 몇 년 뒤에는 지방검사나 판사가 된다.

85 sheriff(집행관)은 오래 전부터 영국에도 있었던 제도인데, 여기에서의 지방보안관(local sheriffs)은 미국의 제도로서, 일반적으로 선거에서 임명된 郡의 법 집행관(치안관직)이다. 자치의식이 강한 미국에서는 전국적으로 통일된 치안제도는 없고, 임명제도나 임무내용에 상당한 차이가 있다. 지방보안관 이외에 연방보안관이 있는데, 이는 미국 법무성의 법집행기관으로서 일종의 사법경찰이다.

이러한 상태는 19세기 말에 우리의 복잡한 도시사회에서 참을 수 없는 것이 되었으며, 이에 대한 반감은 행정부의 여러 위원회에 광범한 권한을 부여했는데, 이들 위원회는 최소의 규칙을 가지고 가장 신속하게 문제를 처리할 것으로 기대되었다. 그리하여 이러한 반감은 동양식 재판제도를 초래할 뻔 했다.

고관에 대한 청교도의 시기심은 미국의 재판절차에서 더욱 두드러진다. 이것은 개척자 정신 및 19세기 전반기에서의 농촌사회의 관념과 합류해서 사법에서도 행정에서 초래되었던 것과 매우 흡사한 상태를 초래했다. 여러 주의 법전과 소송법이 재판관이 법정에 들어오는 시각부터 그의 모든 행동을 규제할 것을 목적으로 하고 있다. 이상적인 재판관은 순수한 기계로 생각되었다는 점은 아무리 말해도 지나치지 않다. 재판관은 인간기계이고 따라서 원죄에 의하여 타락되어 있기 때문에, 그에게는 어떤 자유행동의 여지도 허용해서는 안된다. 견고하고 고정된 증거법규 그리고 일련의 재심리재판소에 의한 소송절차에 대한 엄격한 재심리가 그를 견제하기 위해서 필요하다. 많은 주에서 재판관은 배심에 대해서 효과적인 방법으로 지시하지 못했다. 그는 학술적 용어로 된 추상적인 법의 제의가 적혀있는 서면을 심사해서 이것을 인정하거나 거부해야 한다. 그는 사건의 한 당사자에게 불이익 — 사실상으로는 불이익이 되든지 아니든지 간에 — 이 될지도 모를 어떤 오류도 범해서는 안된다. 근래 20년은 꾸준히 이러한 유형의 소송절차로부터 멀어지는 움직임을 보였다. 그러나 뉴잉글랜드로부터 이주한 그리고 낡은 신앙을 그대로 가지고 있는 서부의 몇 개의 주에서는 그것이 용이하게 사라지지 않고 있다. 더닝[86]은 미국에서 청교도는, 영국에서는 단순히 추상적인 의견에 그칠 수 밖에 없는 것을 실제로 실현할 수 있었다고 지적했다. 그리하여 미국에서는 경계선에 금레이스의 붉은 옷을 씌우는 과거의 형식주의 시대에 속하는 재판의식에 보태어, 어떤 의미로는 재판의 개성을 억제하기 위해서 고안되었고 그 안에 재판절차 자체를 담는 것을 목적으로 하는 재판기구를 가지고 있다.

20세기 초에 우리 법체계가 개인주의를 완화하지 않으면 안된다는 것, 즉 커먼로가 현대 세계를 프로크루스테스[87]의 청교도적 침대 속에 강제로 넣으려는 시도에 성공하지 못했다는 것이 명백하게 되었다. 우리는 우리의 전통에

---

86 더닝(Dunning, William Archibald, 1857-1922)은 미국 컬럼비아대학의 역사 및 정치학자이며, 미국 재건 시기에 관한 연구를 전개했다.
87 프로크루스테스(Procrustes)는 그리스신화에 나오는 그리스의 강도로서, 잡은 사람을 쇠침대에 눕혀 키큰 사람은 다리를 자르고 작은 사람은 잡아 늘렸다고 한다.

대하여 청교도가 공헌한 요소를 오로지 완화하기만 할 것이고 버려서는 안된다는 점은 시인한다. 나는 다른 기회에 이러한 요소를 장래의 법발전에서 우리가 어떻게 이용할 수 있느냐를 보여드리려고 한다. 그러나 지금 당장에는 그것을 일정 범위 내로 제한할 것을 주장한다. 만약 미국의 입법부가 다투고 있는 상대가 법학의 기본적 원칙이 아니라 자기 영역을 벗어나서 작용하고 있는 청교주의의 전통적 원칙이라는 것을 인정한다면, 우리는 우리의 입법에 대한 적대감을 누그러뜨리고, 입법자가 우리의 전통법을 해치는 일이 있을지라도 사회생활에 포함된 요청을 고려하고 번잡한 도시공업사회의 요청을 법으로 형식화하는 것을 기꺼이 허용할 것이다. 우리는 사람들을 사람들 자신으로부터 보호해줄 대법원재판관 직에 앉은 善人vir bonus에게 기꺼이 무엇을 양보할 용의가 있을 것이다. 우리는 고관에게 구체적 사건에서 재판의 긴급한 필요성에 대응할 어떤 권한을 부여할 용의가 있을 것이다. 자유재량 없이는 공판이 항시 지연되고 비용이 많이 들고 불만족스럽게 되는 바, 우리는 공판재판관이 자유재량을 정직하게 그리고 공정하게 사용하도록 이를 흔쾌히 맡길 것이다. 왜냐하면 재판은 개별적 사건에 대해서 행해진다는 것을 항시 명심해야 하기 때문이다. 만약 사법기구가 그 기구를 통하는 실제 사건에서 신속하고 비용이 적게 들고 공정한 결과를 낳지 못한다면, 아무리 기구나 이론이 완비되더라도 잘못에 대한 대가를 치르지 못할 것이다. 특히 우리는 소송절차를 우리 법체계에서 그 적당한 위치에 자리하게 하는데 주저하지 않을 것이다.

발라클라바 전투[88]에서 적의 접근을 전우들에게 경고하기 위해서 배치되었던 영국군 초병들이 기습을 당했는데, 영국군 주력부대에 대한 러시아군의 공격은 초병들이 적이 가까이에 있음을 알아채기 전에 진행되고 있었다. 이러한 사실을 평하여 **戰史家**들은 그러한 기습은 초병들의 고도의 훈련과 기율로부터 나온 결과이며, 그러한 훈련과 기율은 모든 선제적 독창력을 불허하고 초병들로 하여금 그들의 병사나 연병장에서 보초를 섰을 때 훈련받은 규칙에 준거해서 행동하면 자신의 모든 임무를 다한 것이라고 믿게 했던 것이라고 말했다. 역사가는 이에 덧붙여 규칙은 병사들의 기지를 둔화시키기는 할지라도 이를 예리하게 할 수는 거의 없다고 했다.

---

[88] 발라클라바(Balaclava) 전투는 영국과 러시아 간의 크림전쟁(1853-1856) 당시의 전투로서, 결과는 영국의 승리였지만 전투과정에서 초병이 기습받는 사건이 일어나 훗날 '영국군 역사상 가장 졸렬한 전투'로 기록되었다.

법의 공식은 재판소의 위엄을 유지하기 위해서, 그의 업무를 진전시키기 위해서, 집권자를 적절한 제한 내에 머무르게 하기 위해서, 그리고 또 재판관에게 과거의 경험의 혜택을 주기 위해서 필요한 것이다. 그러나 그것은 수단이고 목적은 아니다. 그것을 목적으로 삼으려는 청교도의 성향이 개인의 자기 주장을 최대한으로 확보하고 집권자의 활동을 최소한으로 제한하기 위해서 아무리 적합했었다 할지라도, 이러한 태도를 지속하는 것은 시대사조와 현대 공업사회의 이익에 배치되는 것이다.

제3강
재판소와 국왕

1612년 11월 10일 잊을 수 없는 일요일 아침에 영국의 재판관들은 캔터베리 대승정의 항변에 의해서 국왕 제임스 1세의 면전에 소집되었다. 교회를 규율하기 위해서 설치된 행정재판소인 고등종무관재판소[89]가 세속적인 문제의 심리 및 속인범죄자들의 처결을 시작한 것으로 보였다. 이 재판소는 커먼로를 전혀 알지 않았을 뿐만 아니라, 아무런 고정된 법규에도 의거하지 않고 판결했으며, 그 판결에 대해서는 상소의 길도 없었다. 따라서 위 재판소가 어느 속인의 집에 집행관을 파견해서 전적으로 세속적인 성질의 고소로 그를 체포하려고 하자, 민사소송재판소(커먼로재판소의 하나 — 주 19 참조)는 금지영장을 발하여 그 절차를 중지시켰다. 이 재판소가 법 우위의 원칙을 주장한

---

[89] 고등종무관재판소(Court of High Commission)는 1559년에 설립된 행정재판소이다. 이의 설립배경에 관해서는 주 10에서 설명했다. 이 재판소는 교회의 평화유지를 목적으로 설치되었으나, 후에 와서 일반사건에 대한 재판권도 행사하였으며, 전제정치의 도구로 되었다. 1641년에 황실재판소와 함께 폐지되었다.

데 대응하기 위해서, 국왕은 자기가 원하는 어떤 소송사건이든지 재판관으로부터 빼앗아 그것을 친히 판결할 수 있다고 하는 것이 제안되었다. 일요일 아침의 재판관들과의 회의의 직접적인 용건은 이러한 제안을 설명하고 그에 대한 재판관들의 의견을 듣고자 하는 것이었다. 대승정은 제안된 국왕대권에 대한 설명을 시작했는데, 그는 재판관들은 국왕의 수임자에 불과하며 따라서 국왕은 적당하다고 생각할 때에는, 보통은 수임자에게 맡겨지는 것을 스스로 행할 수 있는 것이라고 말했다. 대승정은 "이것은 명백하다. 비록 법에서는 그렇지 않을른지 모르나, 신학에서는 의심할 여지가 없다. 왜냐하면 그것은 성경에 있는 하나님의 말씀에 나타나 있기 때문이다"라고 부언했다. 이에 대해서 코크는 재판관들을 대변해서, 영국법에 의하면 국왕은 어떠한 소송사건도 친히 판결할 수 없으며, 민사 형사의 모든 사건은 사법재판소에서 나라의 법과 관습에 의거해서 판결되어야 한다고 답변했다. 이에 대해서 국왕은 "그러나 나는 법이 이성에 입각하고 있는 것으로 생각하며, 나와 다른 사람들은 재판관과 마찬가지로 이성을 가지고 있다"고 했다. 이에 코크는 "신이 폐하에게 탁월한 지성과 위대한 천부의 재능을 부여하신 것은 사실입니다. 그러나 폐하는 영국 왕토 내의 법에는 정통하지 못하십니다. 신민의 생명과 상속과 재물과 재산에 관계되는 소송은 자연적 이성에 의해서가 아니라 인위적인 이성과 법의 판단에 의해서 판결되어야 하는 것이며, 이러한 법은 사람이 그것을 알게 되기까지 장기간의 연구와 경험을 필요로 하는 기술입니다"라고 답했다. 이에 국왕은 크게 노하여, 만약 그렇다면 국왕이 법 밑에 서게 되는 것이니, 그런 말을 하는 것은 반역죄에 해당한다고 했다. 코크는 국왕은 어떤 인간에도 종속하지 않으나 신과 법에는 종속되는 것이라고 하는, 브랙톤[90]의 말이라고 전해지는 말로써 답변했다. 그러나 회의는 이로써 그치지 않았으며, 코크는 재판관이 해야 하는 바 대로 법을 집행하는 이외에 달리 어떻게 하겠다는 서약을 하려고 하지 않아서, 결국 면직되고 말았다.

1787년에 로드아일랜드주의 입법부는 액면 10만 파운드의 지폐를 발행하고, 판매를 위해서 내놓은 물건에 대한 대금을 지급함에 있어서 이 지폐의 수령을 거부하거나 또는 이와 금 또는 은화에 차별을 두는 것을 벌하기로 했으며, 더욱이 누구든 이러한 가증할 범죄로 고소된 경우에

---

90 브랙톤(Henry de Bracton, 1210-1268)은 원래 神父였으나, 중앙재판소 재판관이 되었다. 로마법·교회법의 전문가로 "국왕이라 해도 신과 법 밑에 있다"라고 말한 것으로 유명하다. 대표적 저서는 《잉글랜드의 법과 관습에 관하여》De Legibus et Consuetudinibus Angliae("On the Laws and Customs of England")이다.

는 그 자는 즉시 약식고소에 따라 하급재판소에서 배심없이 재판관에 의해 심판될 것이며, 공판의 속행과 상소가 허용되지 않을 것을 규정했다. 위든Weeden이라는 사람이 이 법의 위반으로 고소당하자, 그는 최고재판소에 의해서 통제되지 않고 배심의 참여없는 그러한 특별재판소에서의 공판은 주의 헌법으로 되어 있는 헌장에 저촉되며, 따라서 무효라고 이의를 제출했다. 재판관들은 이러한 이의를 승인했다. 그리하여 1787년 9월의 최종 일요일에 재판관들은, 코크와 그의 동료들이 제임스 1세의 면전에 출두했던 것과 매우 흡사하게 입법부에 출두하도록 소환되었다. 재판관들은 입법부에 출두했으며, 이중 2인이, 배심에 의한 재판이 국가의 최고법이며 입법부 자체의 설립의 기초인 헌법에 의해서 보장되어 있는 이상에는, 자신들은 의회제정법에 의해서 배심재판도 하지 않고 시민을 감옥에 보내도록 강요될 수는 없다는 학식있고 설득력있는 이론을 주장했다. 그러나 입법부는 이러한 재판관의 이론에 찬성할 수 없다고 표결하고, 뒤이어 위 재판관들을 관직으로부터 해직하자는 발의가 제기되었다. 만약 불행히도 헌법이 탄핵에 신중한 절차를 요구하지 않았다면 그 발의는 틀림없이 가결되었을 것이다. 이와 같은 모양의 사건이 그 당시에 다수의 주에서 일어났었다.

또 20세기에 들어와서도 소환을 위한 운동*movement for recall*에서, 재판관들은 주권자에게 자신들의 견해를 석명하도록 소환될 수 있었다. 우리의 주 및 연방의 헌법에서의 권리장전*bill of rights*[91]은 재판소에 의해서 그것 자체가 의도하고 있는 바와 같이 최고법으로서 적용되어 왔다. 그러므로 국민들은 재판관을 소환해서 재판이유가 만족스럽지 못하다는 것을 결정하고 그들을 해임할 수 있어야 한다고 주장되고 있었다. 이러한 주장에 대한 대안으로 제기된 것은, 제임스 1세가 하려고 했던 것과 같이 국민들이 나아가서 직접 사건을 판결한다는 것이었다.

여기에는 여러 가지 의미에서 그와 극히 유사한 것이 있다. 17세기에서는 국왕대권을 주장하는 것은 진보적인 것이었다. 국왕을 사회적 이익의 수호자로 생각하고, 일반의 이익을 위해서 그가 자비롭게 사용할 수 있도록 국왕에게 전단적인 권력을 부여하기를 원했던 사람들은, 주권자가

---

91 권리장전은 넓게는 인민의 권리의 선언을 뜻하는 것으로서(인권선언), 영국과 미국에서 여러 차례 행해졌다. 영국에서의 마그나 카르타(1215, 주 35 참조), 청교도혁명과 관련해서 나온 권리청원(Petition of Right)(1628, 주 65 참조), 명예혁명(이는 주 107에서 설명한다) 이후 선언된 권리장전(Bill of Rights, 1689), 미국에서의 버지니아권리장전(1776), 독립선언(1776), 연방헌법(1787년 채택, 1788년 발효) 등이 이의 대표적인 것이다. 본문에서의 권리장전은 마지막의 미국의 연방헌법뿐만 아니라 미국의 여러 주 헌법에 담겨진 인권선언을 가리키는 것이다.

마그나 카르타와 같은 녹슬고 먼지 속에 파묻혀 있는 양피지 문서와 같이 법률가들에 의해서 발견된 낡은 법적 속박에 얽매어 있는 것을 보고 분노했다. 그들에게는 국왕의 의사는 법의 기준이었으며, 재판관은 재판을 위임받은 국왕의 수임자에 불과하므로 그때 그때의 계속(繫屬)중에 있는 소송사건에 대한 국왕의 의사가 확인될 때에는 언제든지 그에 따라 좌우되는 것이 재판소의 의무였다. 18세기 말에는 정치적 비중의 중심이 입법부로 옮겨졌다. 입법기관이 이제는 자신을 주권자로 생각했으며, 자신이 근거하고 있는 기본법의 조항이 어떻든지 간에 재판소는 오직 입법부의 의사를 확인하고 그에게 효과를 부여해야 하는 것이라고 생각했다. 19세기 말에 정치적 비중의 중심이 일정한 선거에서 투표하는 선거민의 대다수 또는 더욱 빈번하게는 다수득표자로 옮겨졌으며, 다수득표자나 호전적인 소수파를 사회이익의 수호자로 생각하고 그들이 일반 이익을 위해서 자비롭게 사용하도록 그들에게 전단적인 권리를 부여하고자 했던 사람들은, 법률가들이 18세기의 권리장전 속에서 발견한, 그러나 그들에게는 사문화된 선례로 보일 뿐인 낡아빠진 법적 속박에 주권자가 얽매어 있는 것을 보고 분노했다. 재판관들은 재판을 위임받은 국민의 수임자에 불과했다. 따라서 이들은 전체를 대신해서 전반적인 정치권력을 휘두르는 대다수나 다수득표자의 수임자로 생각되었다. 다시 한번 국가의 지배력을 가진 기관의 의사는 그때 그때 계류 중에 있는 사건에 대해서까지도 재판관들이 의거해야 할 궁극적인 지침이고 또 직접적인 근원이어야 한다고 주장되었다.

커먼로는 국왕에 대해서나 입법부에 대해서나 선거민의 다수에 대해서나 동일한 태도를 취해왔다. 법보다 우위에 있다고 법이 인정하는 한도 내에서는 법은 그들에게 복종해야 한다. 그러나 커먼로는 그들에게 그들은 신과 법 밑에서 지배력을 가진다는 것을 상기시킨다. 그리고 기본법이 그들의 권위에 제한을 가하거나 그들에게 지정된 길을 따르도록 명할 때에는, 커먼로재판소는 수미일관하게 그러한 제한을 넘는 그들의 행동에 효과를 부여하기를 거부해 왔다. 우리가 법 우위의 원리라고 부르는 커먼로재판소의 이러한 태도는 학리적으로는 국왕과 신민과의 관계 그리고 그러한 관계에 내재되어 있는 상호적인 권리와 의무에 관한 봉건적인 관념에 그 기초를 가지고 있다. 역사적으로는 그것은 게르만법의 기본적인 개념에 소급된다. 철학적으로는 그것은 주권자와 그의 모든 대리기관은 전단적인 의사에 따라서가 아니라 원칙에 입각해서 행동해야 하며, 마음내키는 대로가 아니라 이성에 합치되도록 해야 한다는 원리이다. 이러한 법 우위의 원칙은 선결례주의 및 배심재판의 원칙과 함께 영미법 체계의 독특한 3개의 특징적인 제도이다. 이 원칙은 16세기와 17세기에서의 재판소와 국왕 간의 항쟁의 결과로 영미법 체계에 확립되어 들어오게 되었다. 그러므로 우리는 다음의 세 가지 문제를 물을 수 있다. (1) 무엇이 그러한 항쟁을 초래했느냐, (2) 그 항쟁은 커먼로의 전통에 대하여 어떠한 영향을 주었으며, 특히 19세기에서의 그 전통의 과장된 개인주의에 대하여 어떻게 기여했느냐, (3) 그 결과로 생긴 법 우위의 원칙이 장래의 법에 대하여 어떠한 의의를 가지느냐.

호이슬러[92]는 중세의 게르만법의 모든 법률서에는 온통 법은 "조물주의 정의와 진리에 대한 인간의 탐구"라는 사상이 흐르고 있다고 말했다. 전단적 의사라는 개념은 게르만법에는 전혀 생소한 것이었다. 주권자의 의사가 법의 힘을 가진다는 개념은 로마로부터, 만약 그렇지 않다면 비잔틴으로부터 유래한 것이다. 게르만법의 개념은 그와 반대로 브랙톤의 말이라고 전해지는 "국왕은 신과 법의 밑에 있다"고 하는 구절에서 표현되고 있다. 게르만의 정치형태는 항상 단순한 의사를 넘어서 그 위에 어떤 기본적인 법

---

92 호이슬러(Heusler, Andreas, 1865-1940)는 스위스의 역사학자로서, 중세 특히 게르만족 및 스칸디나비아족의 연구가이다.

이 있다는 것을 자명한 것으로 생각했다. 더욱이 게르만법은 권력을 장악한 자는 자기의 행동이 그러한 법에 합치된다는 것을 증명할 책임이 있다고 생각했다. 아마 그 극단의 예는 살리카법 *Salic law*[93]에서 발견될 것이다. 이 법에 의하면 채권자가 백작(count, 이는 중세 독일에서의 봉건영주인 그라프를 가리킨다 — 역자)에게 정당하게 재판을 청구했는데 백작이 상당한 이유 없이 재판해 주지 않을 때에는, 백작은 자기의 생명으로써 보상하거나 생명금 *wergeld*을 지급하고서 자기의 생명을 건져야 한다. 그러나 그가 이 재판청구에 따라서 재판을 하는 경우에도, 그가 적당한 집행의 정도를 넘은 때에는 역시 생명으로써 보상하거나 생명금을 지급하고서 자기의 생명을 건져야 한다고 규정되어 있다. 그러나 이러한 관념이 공법의 기초로서 발전한 것은 오로지 영국에서 뿐이다. 영국에서는 전 왕토의 공통관습을 적용하기 위해서 설립된 강력한 중앙재판소, 국왕의 강력한 중앙행정권력, 그리고 국왕의 직속수봉자에 대한 봉건적 의무가 일찍이 공식화되었다는 점 등이 정부의 권력

---

[93] 살리카법전은 프랑크왕국(5-9세기 말)을 구성하였던 프랑크족의 主族인 살리족의 법전으로서, 서게르만인의 부족법 중에서 가장 오래 된 법전이다. 이의 원본은 전해지지 않고 있지만, 8세기 및 9세기의 사본이 전해지고 있다. 로마법의 영향을 별로 받지 않은 게르만법을 담고 있으며, 이후의 부족법에 영향을 미쳤다.

을 장악하고 있는 자의 법적 의무와 책임에 관한 법이론을 발전시키는데 특수한 기회를 제공했다.

에드워드 3세[94] 치세 때의 2개의 사건이 법이론의 첫 단계를 보여준다. 1338년에 王稅의 징수인에 의해서 압류된 동산의 회복소송에서 징수인이 봉인영장[95]을 가지지 않았다는 것이 나타났다. 원고는 징수인의 정당점유 항변[96]에 대해서 불충분항변[97]을 신청해서, 재판소는 원고승소의 판결을 내렸다. 사람들은 특별한 영장없이는 왕토 내에 돌아다니면서 신민의 재산을 압류하거나 왕세를 징수하려 하지 못한다는 것이었다. 다음 해에 왕좌재판소(커먼로재판소의 하나 — 주 19)는 레지놀드 드 너포드 *Reginald de Nerford* 등에 대해서 폭력에 의한 부동산점유침탈 *forcible disseisin*을 이유로 법상실선고 영장*writ of exegi facias*(outlawry)을 발부했다.[98] 이 영장은 집행관*sheriff*

---

94 에드워드 3세(Edward III, 1327-1377)는 플랜타넷왕조의 국왕.
95 봉인영장(warrant under seal)에서의 영장(warrant)은 권한(Authority)을 부여하는 영장이며, 봉인(seal)은 문서에 印章을 눌러서 붙여진 印影이다.
96 정당점유 항변(avowry)은 형평법에서의 pleading(訴答)으로 피고가 자신의 점유가 정당하다고 주장하는 항변이다.
97 불충분항변(demur)은 소답이 불충분하다는 항변을 신청하는 것이다. 이는 일반적으로는 주장된 사실의 법적효과에 이의를 제기하는 것이다.
98 법상실선고란 법의 보호 밖의 상태에 둔다는 뜻의 선고이다.

으로부터 반환되어 왔는데, 집행관은 국왕으로부터 국왕이 피고인들을 특사했으니 그들에게 손해를 입히지 말라고 명하는 왕의 사적 도장이 찍힌 편지를 받았으며, 그래서 그 영장을 집행하지 않았다고 보고했다. 재판소는 이것을 들어주려고 하지 않았다. 재판소는 집행관에게, 국왕으로부터의 단순한 사적 편지를 제시함으로써 왕좌재판소의 영장집행 거절을 정당화할 수 없다고 말했다. 그리고 재판소는 그 집행관에게 벌금을 과한 후 피고인들에게 다시 법익박탈 영장을 발부했다. 환언하면 영국왕 에드워드 3세는 범법자를 특사할 수 있지만, 그러나 그는 집행관에게 법의 명령에 복종하지 않을 것을 가르치지는 못한다. 만약 국왕이 그렇게 하였다 하더라도 집행관은 왕의 지시에 따른 법에 대한 불복종을 정당화하지 못한다. 그가 국왕으로서 행동했을 때에는 그의 행동은 법의 행동이다. 그러나 그가 에드워드 플랜타넷*Edward Plantagenet*으로서 개인적 서한에 의해서 행동했을 때에는, 그는 전 왕토를 구속하는 법의 정당한 절차에 대하여 간섭하지 못한다. 이 모든 사건에서 요점은 대체로는 형식 문제라는 것을 적어둔다. 만약 징수인이 정식의 영장을 가졌었더라면, 만약 국왕이 레지놀드 드 너포드와 그의 동료들을 법이 인정하는 방법에 따라 특사했었더라면, 아무 문제도 없었을 것이다. 그렇지만 여기에는 단순한 형식 이상의 무엇이 있다. 국왕과 그의 대리인들에 대해서 만약 그들의 행동이 법적 효과를 가지려면 정당한 형식을 밟아서 행동할 것을 요구하는 것은, 형식법의 시대에서는 그들에게 법이 그들의 권한에 대하여 설정한 한계 내에서 행동할 것을 요구하는 방향으로의 첫걸음이었다. 1세기 후에 포테스큐[99]가 영국법을 찬양하는 글을 썼을 때 다음과 같은 점을 이론적으로 설명할 수 있었다 ; 영국왕의 권력은 법에 대하여 그가 원하는 혁신과 변경을 가할 수 있고 그 신민에 대해서는 그가 택하는 부담을 부과할 수 있다는 의미에서 특권*regal*인 것이 아니며, 그보다는 영국왕의 권력은 정치적인 것이며 그것은 에드워드나 헨리의 개인의 정부가 아니라 왕토 내의 법과 관습이 확립해 놓은 한계 내에서 행사되는 영국왕의 정치적 정부라는 점(을 이론적으로 설명할 수 있었다). 이 이론은 얼마 안 되서 보다 넓은 형태로, 재판소에 대하여 매우 다른 성격을 가진 왕의 행동들의 유효성을 심사 판정할 것을 요구했다.

커먼로에서 국왕은 조국의 아버지*parens patriae*라고 하는데, 이것은 오늘날 우리가 국가는 사회이익의 수호자라고 하는 말의 중세적 표현에 불과하다. 국왕에 대한 중세적

---

[99] 포테스큐(John Fortescue Aland, 1670-1746)는 영국의 법률가로서, 영국의 법사 및 헌법사에 관한 저술을 남겼으며, 토마스 제퍼슨에 영향을 주었다고 말해진다.

관념에 의하면 국왕과 신민과의 관계는 충성을 요구하는 권리와 함께 보호의 의무를 포함했다. 이 당시에는 국왕은 공공과 사회의 이익을 보호할 의무를 지고 있었으며, 그는 현대의 경찰권과 매우 흡사한 권력을 가지고 있었다. 그러나 이 권력은 모든 면에서 커먼로의 여러 법언과 나라의 법이 설정한 한계에 의해서 제한받고 있었다. 예컨대 법은 국왕의 특권이 어떤 사람의 상속재산을 박탈하거나 상속재산에 대하여 불이익을 가해서는 안되도록 그 특권을 배분해 놓았다는 법언이 있었다. 사회이익을 보호하는 왕의 권력이 얼마 안가서 이러한 법언과 충돌하게 되었다는 것은 당연한 일이다. 여기에서 몇 가지 예를 상기해 볼 가치가 있다. 헨리 4세[100]는 외국인이나 귀화인이 런던으로 가져오는 모직물이나 범포를 계량해서, 계량의 대가로 계량된 물품마다 구매자와 판매자로부터 각기 1펜스를 받을 것을 허가했다. 재판관들은 이것은 공공의 이익이 되는 허가가 아니라고 여겼다. 이는 왕의 신민들에게 부담을 과하고 그들을 억압하고 빈궁화시키는 경향을 가진 것이지 그들에게 이익이 되는 것은 아니라고 생각하고, "그러므로 앞서 말한 특허장은 무효이다"라고 판정했다. 또 헨리 6세[101]는 런

---

[100] 헨리 4세(Henry Ⅳ, 1399-1413)는 랭카스터(Lancaster) 왕조의 첫 번째 국왕.

[101] 헨리 6세(Henry Ⅵ, 1422-1461)는 랭카스터 왕조의 마지막 국왕.

던의 염색업자 조합에게 유독한 물감으로 염색한 직물을 수색하고 만약 발견될 때에는 그것을 압수하며 몰수할 권한을 부여했다. 재판관들은 어떤 사람의 재산이 판결도 받지 않고 또 심리를 받을 기회도 주지 않고 특허장만으로 박탈될 수 없다는 이유로, 이를 또한 나라의 법에 반한다고 판정했다. 헨리 4세의 치세로부터 엘리자베스의 치세에 이르기까지 사이에는, 국왕은 사회를 보호하는 왕권을 세입의 원천으로 또는 총신들을 부유케 하는 수단으로 삼으려고 공공연하게 노력했고, 타방으로 재판소는 왕권이 확정된 이성의 원칙에 따라서 그리고 법에서 정해진 한계 내에서 행사되어야 한다고 주장했던 수많은 이러한 사건의 연속이 있었다. 이 점에서 커먼로는 커먼로가 오늘날 대다수와 다수득표수의 특권과 투쟁하고 있는 것과 똑같이, 국왕의 특권과 투쟁하고 있었다. 그러나 그 사이에는 중요한 차이점이 있다. 스튜어트왕조 이전의 재판소와 국왕 사이의 항쟁에서는, 재판소는 정당하게도 오로지 공공의 또는 사회의 이익을 증진시키기 위해서만 사용될 수 있는 권한을 전혀 다른 목적을 위해서 악용하는 것을 방지함으로써 사회의 이익을 지키고 있었다. 19세기에서 우리는 커먼로재판소가 이 정도를 훨씬 넘어서, 커먼로재판소 자신이 개인의 이익을 위해서 사회이익을 위한 사회통제에 제한을 가할 의무가 있다고 생각하고 있음을 볼 수 있다. 커먼로의 정신에서의 이러한 변화는 튜더왕조와 스튜어트왕조 시대의 재판소와 국왕 사이의 항쟁의 정치적 국면 그리고 18세기에서의 정치적 및 법학적 이론으로부터 결과한 것이다.

법 우위의 원칙의 그 이상의 확대가 그 법리적 원천을 세속적 관할권과 종교적 관할권을 구별하고 세속적 권력은 종교적 영역에서는 전혀 무력하다고 하는 중세의 관념에 있다고 하는 것은 아마 옳은 말일 것이다. 이러한 명제는 극히 기본적인 것이었기 때문에, 중세의 재판관들은 교회를 위해서 별도로 획정된 영역을 침범하려고 하는 세속적인 행정적 또는 입법적 행위를 생각하기를, 마치 오늘날의 재판관이 어떤 영국의 양도증서작성 공증인에 의해서 풍자적으로, "매년 4월 중에는 국왕의 충성스런 신민들은 어떤 그리고 모든 공공의 가로와 도로와 공도 위에서 우산없이도 비에 젖지 않고 걸어다닐 자유가 있으며, 이에 그러한 권한을 부여하노라 라고 제정하여 주소서"라고 제안된 성문법을 보는 것과 같다고 했다. 따라서 헨리 7세[102]의 치세 때 대다수의 민사소송재판소는, 외국인수도원의 토지를 압류해서 국왕의 소유로 만드는 의회제정법이 국왕을 목사로 만들 수는 없는 것이라고 서슴치 않고 확언했다. 그들

---

102 헨리 7세(Henry Ⅶ, 1485-1509)는 튜더왕조의 첫 번째 국왕

은 어떠한 세속적인 입법도 교회의 장의 동의없이는 국왕을 목사로 만들 수 없다고 말했다. 다른 말로 하면 세속적 권력을 교회권력으로부터 구별시키는 기본법이 존재하며, 이는 모든 국가와 모든 인간적 권위의 배후를 흐르고 있으며, 의회제정법이라 할지라도 만약 이 기본법에 반하는 것이라면 무시되어야 하는 것이다. 종교개혁으로 세속의 권력이 우위에 서게 되었을 때에도, 세속권력의 결정은, 주권자(그것이 국왕이건 국회이건 국민이건 간에)는 입법자의 권력으로는 변경할 수 없는 권리와 이성의 기본적인 원칙에 의해서 모든 정부에게 부과되는 일정한 제한 내에서 행동해야 한다고 하는 이론을 용인한 것 같다. 이러한 것이 영국 정치에서의 새로운 운동이 커먼로에 대해서 자신의 생존을 위해서 투쟁하도록 요구했으며, 그 운동이 국왕의 행동의 유효성을 판단하고 그러한 행동이 진실로 주권자의 행동인가를 결정하는 커먼로의 권한에 정치적 의의를 부여했던 때에 있어서의 법적 사태이었다.

커먼로재판소는 16세기 중엽에 봉건적 재산법과 형법 — 이것은 주로 자력구제가 주요한 구제책이었던 시대에 분개한 이웃 사람들에 의해서 행해진 즉석에서의 조잡한 재판에 대신하기 위해서 안출된 것이었다 — 을 가지고 종교개혁 시대의 영국의 수요에 대응하려고 노력했었는데,

이러한 상태는 19세기 전반기의 개척자 사회 혹은 농업 사회에서 그러한 사회를 위해서 발전된 미국재판소가 그러한 사회를 위해서 안출된 규칙과 기구를 가지고 오늘날의 수요에 대응하려고 노력하고 있는 것과 매우 흡사하다. 더구나 자유주의화의 시대가 바로 목전에 있었다. 선행했던 시대 즉 엄격법의 시대는 오직 법의 문구와의 합치 그리고 규정된 형식에의 순응만을 문제삼았다. 형평법과 자연법의 단계가 목전에 있었으니, 이 단계는 도덕의 주입 즉 법체계의 밖에서 발전된 순연히 도덕적인 관념의 주입을 의미하는 것이었다. 법이 외부로부터의 관념을 받아들임으로써 변용을 받는 이러한 자유주의화의 시대는 항상 한때 법으로부터 떠나는 운동 즉 법없는 재판으로의 일시적인 역행을 포함한다. 이러한 시기에서는 정의에 도달하기 위해서 주로 의존할 곳은 우선 집권자의 권한인 것으로 생각되었다. 그리고 전단적인 권력은 엄격법에 의해서 과해진 구속으로부터 벗어나기 위한 유일한 방법으로 생각되었기 때문에 만족스럽게 생각되었다. 그리하여 오늘날 미국에서도 우리가 고찰하고 있는 시기 즉 자유주의화를 위한 운동의 시기와 많은 공통점을 가지고 있는 법적 발전의 시기에 처하여, 사회과학에서 발전된 사상의 법으로의 주입은 재판소와 법을 멀리하는 경향 그리고 법없는 재판으로의 역행을 초래했다. 이러한 경향과 역행은 행정부 심지어는 입법부의 재판의 부활 및 전단적인 정부권력에의 의존의 형식으로 행해졌다.

그러므로 16세기 중엽에 법률가들은 커먼로가 배척되고 있다고 불평하기 시작했다. 이제는 국왕의 사법재판소에서는 중요한 일이 거의 없게 되었다. 300년 동안 법을 형성하고 국왕에게까지도 법이 규정한 제한을 지키게 했던 재판소가 발붙일 곳을 잃고 있는 것처럼 보였다. 법은 전혀 다른 유형의 재판소에서 커먼로 법률가 이외의 다른 사람들의 손으로 형성되고 있는 것으로 보였다. 매이트란드(주 6 참조)는 "다소라도 정치적인 중요성이 있는 형사사건에서는 2인 내지 3인의 대륙법 박사들에 의한 심사가 우리 소송절차의 정상적인 일부가 되려고 하고 있었다"고 말했다. 살아 있는 법은 왕회(주 5), 황실재판소(주 71), 청원재판소*Court of Requests*[103] 및 대법관재판소(주 76)에서 형성되고 적용되는 것으로 보였다. 이들은 모두 로마식이었고, 더욱 중요한 것은 약식절차의 재판소였다. 재판소에서 행해지는 사법재판이 행정재판소에서 행해지는 또는

---

103 청원재판소는 1484년 리차드 3세(1483-1485, 튜더왕조 직전의 요크왕조(York)의 마지막 국왕)에 의해서 설치된 잉글란드(및 웨일즈)의 중소(minor) 형평법재판소로서, 통상의 재판소를 이용할 수 없는 극빈자·약자를 위한 특별 민사재판소이다. 사실상 1643년 이후 쇠멸하였다.

행정관리들에 의해서 행해지는 행정재판으로 대체되어 가는 것같이 생각되었다. 환언하면 법에 의거한 재판으로부터 법에 의하지 않은 재판으로의 반동이 있었으며, 이 점에서는 현재 미국에서 커먼로재판소로부터 멀어지는 동향과 전적으로 동일한 것이다. 사람들은 법에 의해서 제한받고 왕토 내의 관습에 의해서 정해진 길을 엄격하게 따라서 걸어가지 않으면 안되는 집권자 대신에, 사회이익의 자비로운 수호자 즉 자신의 판단으로 사회이익의 보호를 위해서 필요하다고 생각하는 것이면 무엇이든지 자유로이 할 수 있는 권력을 가지는 자를 원했다. 사람들은 형식적 절차에 의해서 제한되고 확정된 원칙에 의거해서 판결하는 신중한 사법재판소 대신에, 즉결적인 행정재판소 즉 개인 상호간의 관계와 개인과 국가 간의 관계가 다수의 규칙의 방해를 받지 않고 일반이익이나 양식이 요구하는 것이 무엇인가에 관한 그때 그때의 행정관리들의 견해에 따라 즉석에서 조정되는 행정재판소를 지향했다.

이러한 행정 절대주의 운동에 대한 과감한 투쟁이 커먼로재판소에 의해서 전개되어, 결국에는 고래의 법이 우선하게 되었다. 대법관재판소는 튜더왕조 시대와 스튜어트왕조 시대의 로마식 재판소 중에서 후대에까지 존속한 유일한 것이며, 이 재판소도 점차 커먼로 식으로 변용되어 드디어 한 개의 통상적인 영국재판소가 되어 버렸다. 더욱이 그러한 재판소들에 의한 사법재판을 통해서 발전된 원리들이 법으로 만들어지고 커먼로의 체계 속으로 받아들여졌다. 법은 자유주의화되었으나 이는 여전히 커먼로였다. 커먼로가 이러한 투쟁에서 사용했던 무기였으며, 그 투쟁을 더욱 격화시켰던 것은 법 우위의 원칙이었다. 따라서 이 원칙은 승리의 결과로서 우리 법전통의 기본원칙으로 확립되었다. 그러나 이의 승리는 이 원칙에 대해서 새로운 시야와 새로운 정신을 가져다 주었다. 이의 시야는 확대되어, 그로부터 모든 주권자의 권력에 부과되는 제한의 원칙을 만들어냈다. 이 제한의 원칙은 실정법과는 독립해 있었고, 기껏해야 실정법에 의해서 선언될 뿐이었다. 이의 정신은 개인주의로 되었다. 개인과 국가의 억압적 행동과의 중간에 서는 것이 커먼로와 커먼로재판소의 임무이며, 국가와 사회의 침해로부터 개인의 이익을 보호하기 위해서 재판소가 설치되고 법이 존재한다는 것이 하나의 원리가 되었다. 그리하여 우리 법률사에서의 영광인 제임스국왕과 재판관들 간의 일요일 아침 회의는 19세기에 헌법상의 원리, 일시적으로 확고한 독점으로 하여금 인민들 앞에서 주먹을 휘두르게 하고 조사나 규율에 항거할 수 있게 한 헌법상의 원리를 낳았다. 그것은 너무나 자주 19세기에 법으로 하여금 아무런 방비를 필요로 하지 않고 법의 비호로부터 사회를 해치고자 튀어나온 개인(자연인 및 법인)들 앞에 완전무장을 하고 나서게 했다.

이러한 시야의 확대와 정신의 변화는 모두 주목을 요한다.

헨리 7세 치세 때 재판소가 의회제정법에 반대해서 세속과 교회의 관할권 간의 구별에 관한 중세의 교리를 강행했다는 것은 이미 설명한 바이다. 스튜어트왕조와의 항쟁에서 커먼로의 투사였던 코크에게는 이러한 결정은 재판소의 권한에 관한 일반원칙, 즉 재판소는 법을 적용하는 것이며 법은 이성이기 때문에, 모든 사인과 모든 정부기관뿐만 아니라 이성의 한계를 이탈한 주권자의 행위나 율령에 대해서 법률효과를 승인 내지 부여하기를 거부함으로써 바로 주권자 자신까지도 이성의 한계 내에 머무르도록 강요한다는 일반원칙을 확립한 것이라고 생각되었다. 그는 대담하게도 "의회제정법이 공통의 권리와 이성에 배치될 때에는 … 커먼로가 그것을 통제하고 그러한 법령이 무효라고 판결할 수 있다"라고 말했다. 1688년의 영국에서의 사건들[104]은 의회의 우위를 확립했으며, 코크의 주장은 유지

---

104 이는 명예혁명(Glorious Revolution)이라고 칭해지는 사건들이다. 명예혁명은 제임스 2세(1685-1688)의 전제정치와 가톨릭 신앙에 반대하여 일어난 것으로서, 국왕이 프랑스로 도망가고 국민협의회가 제임

될 수 없게 되었다. 그러나 식민지 입법이 성문의 헌법과 권리장전에 적용된 헌장과 합치하는지 여부에 관한 심사의 경험은, 미국에서 우리로 하여금 법의 우위를 그 논리적 한계까지 추진케 했으며, 아니 이러한 한계를 넘어서 실제로는 권리와 이성의 기본적 원칙에 관한 입법을 통제한다는 코크의 관념을 채택케 했다. 18세기의 자연법의 이념 그리고 17세기의 영국인의 법적 권리는 18세기의 법사상과 정치사상의 주성분이었던 인간의 자연적 권리와 같은 것이라는 가정이 법의 우위에 관한 코크의 이론을 많이 전파시키는데 기여했다. 우리 재판소가 최초로 헌법적 문제를 판결하게 되었을 때 그들이 코크의 영법제요 제2권 *Second Institute*과 그의 본함사건*Bonham's Case*[105]에 관한

스 2세의 딸 메리 그리고 그와 결혼한 윌리암 3세를 공동국왕으로 추대함으로써 무혈혁명으로 끝난 사건인데, 流血사태가 없었기 때문에 이런 명칭이 붙여졌다. 윌리암과 메리는 국왕에 취임함에 있어서 국회의 요구조건을 모두 수락하고 승인하였는데, 이것을 문서로 한 것이 1689년의 권리장전이다. 이에 의해서 국왕신수설은 완전히 파기되고, 국회주권과 법의 지배라는 대원칙(비록 대법관재판소의 우위를 주장했던 코크의 주장은 유지되지 못했지만)이 확립되었다.

105 본함(의사)사건은 1610년 민사소송재판소에서 행해진 것으로서, 헨리 8세의 법률에서 왕립의사회에 가입하지 않은 자가 의료행위를 한 경우에 벌금을 부과할 수 있을 뿐만 아니라 부과되는 벌금의 일부를 왕립의사회의 수입으로 할 수 있다고 한 규정에 대해서, 코크대법관은 이는 왕립의사회를 재판관·당사자·집행관의 3가지 지위를 겸비하도록 한 것으로 이성에 반하는 것으로서 무효라고 하였다. 코크대법관은 나아

그의 보고에서 읽었던 것은, 영구불변의 자연법에 관한 프랑스와 네델란드의 공법학자들의 저작에서 읽은 것, 즉 이러한 자연법은 인간이 만든 모든 법의 측정의 기준이며 인간의 법이 효력을 가지기 위해서는 인간의 법은 이러한 자연법을 선언한 것이어야 한다는 것의 커먼로적 표현이었다. 따라서 사람들은 자주 헌법과 권리장전을 뒷받침하고 이들에 의해서 단지 선언된데 불과한 자유정부의 개념 자체 속에 담겨져 있는 제한을 말하였다. 권리장전의 자구가 아니라 단지 여기에서 선언된 것임에 불과한 이러한 가정적인 기본원칙을 생각하는 것이 보통으로 되었다. 그리하여 19세기 말에는 재판소들은 무의식 중에 권리장전이 아니라 이 세기의 역사법학과 철학적 법학 그리고 고전적 경제학에서의 개인주의 이론을 주장하고 있는 자신을 발견하는 경우가 자주 있었다.

더구나 한편으로는 17세기에서의 재판소와 국왕 사이의 항쟁으로부터 오는 이유 때문에, 다른 한편으로는 앞서 말한 바와 같은 18세기의 정치이론에서 오는 이유 때문에, 주권자까지도 구속하는 이 기본법의 원리는 개인을 국가와 사회로부터 보호함으로써 개인을 위해서 존재하는 무

가 "많은 사건에서 커먼로는 의회제정법을 컨트롤한다"고 하고, 그 이유를 설명했다. 이 판결을 위헌입법심사권의 선구라고 보기도 한다.

엇이라고 생각했다. 추상적 개인이 모든 것의 중심이며 국가는 오로지 개인의 이익을 확보하기 위해서 존재한다고 가정함으로써, 재판소와 법의 임무는 개인을 보호하고 그의 권리를 확보하기 위해서 설정된 이 기구가 개인을 억압하고 그로부터 그의 권리를 박탈하는 수단으로 사용하는 것을 막는데 있다고 생각되었다. 이러한 사상이 영미법학의 전통 속에서 어떻게 발전했느냐를 이해하기 위해서 우리는 잠시 주권이란 관념의 역사를 고찰해야 한다.

로마의 제도에서는 법을 제정하는 권력은 로마 국민 *populus Romanus*이 가졌었다. 집정관*magistrate*은 명령권 *imperium* 즉 시민에게 명령하는 권력을 가졌는데, 이 명칭과 관념은 고대 도시국가의 집정관의 민사적 임무와 군사적 임무와의 결합에서 온 것이다. 전시에 기율을 유지하고 평시에 질서를 유지함으로써 사회를 보호하기 위해서 집정관은 명령권을 가졌던 것이다. 후에는 황제*emperor*는 그에게 이 두 가지 권력을 함께 위임했다. 인민은 그에게 종신의 입법권을 부여했고 그를 종신 집정관으로 삼았다. 그리하여 비잔틴 시기에 들어가서는 조직화된 정치적 사회의 모든 입법권과 모든 강제권이 그 안에 집중된 주권이란 개념이 발생했고, 이 개념이 유스티니아누스의 법전을 통해서 근대 세계에 전해졌다.

중세에서는 지배권imperium과 소유권dominium 즉 집정관의 권력과 소유자의 권리가 혼동되었다. 대지주는 또한 그 지역에서의 지배자였으며, 장원의 소유자는 또한 그 영역 내에서의 집정관이며 재판관이었다. 국왕은 토지의 궁극적 소유자인 동시에 재판권의 근원이었다. 이러한 관계에 포함된 상호적 권리의무에 관한 게르만적 관념이 지배하고 있는 곳에서는 국왕의 소유권은 비잔틴법전에서 주권보다 지배권에 더 가까운 것이었다. 그러나 봉건제도의 붕괴, 지방적 봉건영주 대신에 중앙집권적 국가권력의 성장, 지배자에 대한 피동적 복종의 의무라는 관념을 수반한 종교개혁에서의 국가주의 관념의 발흥 등은, 문예부흥과 인문주의 운동의 결과로 로마법의 과학적 연구가 진행됨에 따라서 비잔틴법전에 대하여 중요성을 부여했다. 가장 큰 영향력을 가진 논문들이 저술된 프랑스에서는 비잔틴의 황제princeps와 매우 흡사한 것이 출현하고 있었으며, 영국에서도 튜더왕조와 스튜어트왕조가 그들의 뜻을 이루었다면 마찬가지 결과로 되었을 것이다. 전 서부유럽을 통해서 외부로부터의 지배로서의 주권, 사회 밖에 그리고 사회 위에 있는 무엇으로서의 주권, 사회를 구성하는 여러 개인들이 자신을 복종에 얽매이도록 약정을 체결하도록 했던 그 무엇 또는 신성한 권리처럼 피동적으로 복종하는 것이 정당한 그 무엇으로서의 주권이란 개념, 이러한 개념이 서부유럽 전체를 통해서 토지보유에 유래하며 상호적 권리의무를 포함하는 보호와 봉사의 관계라는 게르만적이고 봉건적인 개념을 대체했다. 이러한 개념이 보급되었을 때의 주권자란 비잔틴의 황제였다. 그의 의사는 법의 효력을 가졌었다. 법은 모든 국가의 배후에 흐르고 있는 기본적이고 영구적인 무엇이 아니라, 이 국가 혹은 저 국가의 의사이며, 이 주권자 또는 저 주권자의 명령이었다. 주권자의 도덕적인 의무가 어떠한 것이든, 그런 의무가 법적 제한을 가할 수는 없었다. 주권자는 신 밑에서 지배하고 있을지는 모르나, 법 밑에서 지배하지는 않으며 또 그럴 수 없다고 함은 분명하다. 왜냐하면 주권자 자신이 법을 만들었기 때문이다. 이러한 의사로서의 법의 개념이 종래의 이성으로서의 법의 개념과 항쟁해온 것이다.

커먼로가 국왕과 신민과의 관계에 관한 봉건적 이론 그리고 법의 우위에 관한 게르만적 이론을 가지고 프랑스에서 비잔틴식으로 발전한 새로운 주권 개념과 충돌하게 되었을 때, 커먼로는 실제로는 다음과 같은 것을 주장하는 것으로 보여지는 지위를 강요당했다. 즉 주권자는 신민에게 대해서 법적 의무를 지고 있다는 점, 법은 모든 주권자의 위에 그리고 배후에 있기 때문에 주권자는 법을 변경할 수 없으며 주권자의 행동은 법에 의해서 판단된다는 점, 그리고 법은 개개의 신민 또는 시민과 이 리바이어던[106] 간에 위치하며 리바이어던으로 하여금 이 영구불변의 법에 의해서 개인에게 부여된 자연권을 승인하도록 강요하거나 또는 개인이 리바이어던에게 자신의 주권을 부여하고 그 대신에 리바이어던은 개인의 자연권을 보장할 책임을 맡기로 하는 사회계약 조항을 승인하도록 강요한다고 주장하는 것(과 같은 지위를 강요당했다). 미국의 독립혁명에서 몇 개 주의 인민들은 의회주권을 계승했다. 그들은 이것을 봉건적 주장이라고 생각하지 않고 비잔틴적 주장으로 생각했다. 그러나 그들은 그들의 제왕이 그들 자신의 대다수 또는 다수득표자에 의해서 구성되는 유동적인 기구였음에도 불구하고, 그들이 그들 자신의 상위에 설정해 놓은 이 제왕을 두려워했으며, 이러한 두려움은 실로 정당한 것이었다. 그리하여 그들은 한편으로는 주권은 무제한적이고 통제될 수 없는 권력이라는 주권 자체에 관한 정치적 이론을 고집하면서도, 권리장전에 의해서 주권이란 권력을 잡고 있는 자들의 행동에 대해서 법적 제한을 과하려고 했다. 이 양립할 수 없는 두 이론 사이의 타협이 조만간 재판소와

---

[106] 리바이어던(leviathan)은 거대한 물체(동물)를 뜻하는 말로서, 여기에서는 주권자를 뜻한다.

인민 간의 충돌을 야기시킬 것은 불가피한 일이었다. 20세기 최초의 10년 간에 첨예화된 이 충돌에서 재판소와 인민은 각각 어느 정도는 정당하고 어느 정도는 부당했다.

크로터스박사[107]는 "굽힐 수 없는 사실을 가지고 이야기한다면, 그것은 굽히지 않는 이론에 비하면 갓난 아이에 불과하다"라고 말했다. 재판소와 인민들 사이의 충돌은 이론과 사실과의 싸움이 아니었다. 그것은 두 개의 완고한 이론 사이의 충돌이었다. 그것은 무엇이 법이며, 법은 어디에서 오며, 법의 효력은 어디에서 오느냐에 관한 법학적 이론과 정치적 이론의 충돌이었다. 이 양 이론은 모두 17, 18세기의 법과 정치의 소산이었다. 이 충돌에 관해서는 다음 장에서 좀더 설명하겠다. 여기에서는 다만 후에 다시 설명하려는 바와 같이, 코크에 의해서 수립되어 18세기에 발전한 고전적 법학이론은 유지 불가능하며 법학자들이 포기하지 않으면 안된다면, 16, 17세기의 학자들에 의해서 수립되어 18세기에 절대적 정부의 시대에 발전한 고전적 정치이론도 또한 포기되지 않으면 안된다는 말만 해 두겠다. 사실

---

107 크로터스(Crothers, Samuel McChord, 1857-1927)는 미국 유니테리언(Unitarian, 삼위일체 교리를 거부하고 예수 그리스도의 神性을 부인하는 기독교 교파. 오직 하나님 한 분만 신이라고 하여 유일신론을 주장하기 때문에 이런 이름이 붙여졌다) 성직자로서, 캠브리지시(매사추세츠주)의 주교였다.

에 있어서 그러한 정치이론을 가장 열렬하게 옹호하고 그것을 최대한 논리적으로 발전시켰던 프랑스인들이 지금에 와서는 그 이론을 버리고 주권은 외부로부터의 힘이 아니라 내부로부터의 공공봉사라고 주장하고 있다. 정당하게 이해되고 또 그것이 17, 18세기의 자연법이론 때문에 부가된 불필요한 사치품을 베어낸다면, 법 우위의 이론은 완전히 이러한 개념과 일치하는 것이다. 공공봉사는 철도회사에 의한 것이거나 지방자치단체에 의한 것이거나 또는 국가에 의한 것이거나, 그 자신이 목적이 아니라 하나의 수단에 불과한 것이다. 어느 경우에 있어서나 그것은 그것을 운영하는 사람들의 자의적 의사에 맡겨져서는 안된다. 어떤 경우에도 전체의 안전이라는 사회적 이익은, 그것이 이성에 의해서 인도되고 규제될 것을 요구한다. 그리고 영향받는 이익들 간의 교량에 관해서 다툼이 생기기 전에 일이 공정무사하게 공식화된 원칙과 기준에 합치될 것을 요구한다. 법의 우위를 주장함에 있어서 커먼로는 반드시 추상적 개인의 이익을 위한 일반의사와 대립할 필요성에 얽매이지는 않는다. 오히려 커먼로의 진정한 입장은 더욱 직접적으로 급박하기는 하나 비교적 중요성이 적은 순간적 이익 ― 이성에 의하여 통제되지 않는 단순한 의사는 이러한 이익에 의하여 동요될 가능성이 매우 크다 ― 으로부터 궁극적이며 보다 더 중요한 사회적 이익을 옹호하는데 있다.

나는 재판소와 국왕 사이의 항쟁이 법의 우위에 관한 우리 이론을 형성한 튜더왕조 및 스튜어트왕조 시대와, 재판소와 대다수 또는 다수득표수 사이의 항쟁이 그 이론을 뒤집어 엎으려고 한 지금의 시대와의 비교를 여러 번 했다. 그런데 결코 적지 않은 중요성을 가진 또 하나의 비교가 남아 있다. 주권에 관한 절대적 이론이 대두하고 황제의 의사가 법의 효력을 가진다는 비잔틴의 이론이 수입됨으로써 입법에 관한 절대적 관념이 지배적으로 되었던 바로 그때에, 극단적으로 상이한 관념을 가졌던 법학적 이상주의의 시기가 목전에 있었다. 우리 법과 유럽 대륙의 법이 17, 18세기에 자유주의화되고 근대화된 것은, 입법에 의해서도 아니고 어느 주권자의 의사의 행사에 의해서도 아니며, 모든 법적 제도와 모든 법적 규칙이 이성에 의해서 측정되어야 하고 이성 속에서 유지될 수 없는 것은 어느 것도 법 속에서 존립할 수 없다는 법학이론에 의해서 이다. 그래서 오늘날에도 한편으로 법은 일반의사의 단순한 표현이라는 법의 절대적 이론이 정치사상 속에 보급되고 있는 반면에, 법학적 이상주의로의 복귀가 진행되고 있다. 유럽 대륙의 법학자들이 다시 한번 자연법에 관한 정교한 논문을 쓰고 있다. 미국에서도 철학적 법학의 부흥이 결정적으로 시작되었고, 법을 이상에 합치시키려고 하는 의식적 시도가 다시 한번 법학의 신조가 되고 있다.

이것은 법학자들이 모든 사람에 대해서 모든 곳에서 그리고 모든 시대에서 보편적 타당성을 가지며 그로부터 순수히 논리적인 과정을 밟아서 모든 규칙들이 도출될 수 있다는 일련의 기본적 법원칙에 관한 18세기의 개념으로 돌아가고 있다는 것을 의미하는 것은 아니다. 그들은 그 시대의 이상을 탐구하고 그것을 지침으로 내세우는데 만족한다. 그들은 코올러[108]가 말한 그 시대의 문명의 법적 공리를 탐구하는데 만족한다. 그러나 그들은 모든 기능을 포기하는 데에는 만족하지 않으며, 재판소와 법률가는 그때 그때의 대다수 또는 다수득표수의 의사를 확인하고 해석하는 이외에 아무 것도 할 것이 없다고 양보하는데에는 만족하지 않는다. 이러한 이론에 포함된 법학불필요론의 사상은 오늘날의 복잡한 공업사회에서는 역사법학이 지배적 세력을 가지고 있었을 때 일반적으로 취해졌던 입법무용론의 사상이나 실증주의자에 의해서 거기에다 보태진 법학무용론의 사상과 마찬가지로 불가능한 것이다. 사람은 그것에 의해서 분쟁을 공적으로 조정함으로써 정의에 도달할 수

---

108 코올러(Kohler, Josef, 1849-1919)는 독일의 법학자로서, 법철학·비교법사학 등 법학 전반에 걸쳐 많은 업적을 남겼다.

있는 원칙들에 대해서 직관력을 가지고 태어난 것이 아니다. 사법이란 누구나가 다 할 수 있는 그런 쉬운 일이 아니다. 일반인이 직접 재판을 하거나 또는 재판의 항로를 직접 제어할 수 없는 것은, 일반인이 약제를 처방하거나 의학의 항로를 제어할 수 없는 것이나 또는 군대를 지휘하고 군사학의 항로를 제어할 수 없는 것과 같다. 어느 경우에서나 그러한 목적에 도달하기 위해서는 과거의 경험을 연구하고 거기에 포함된 문제를 과학적으로 이해해야 하며, (이를 통해서) 오로지 특별한 연구와 훈련을 통해서만 체득될 수 있는 기술적인 지식의 체계가 필연적으로 나오게 된다. 이것이 코크가 그의 군주에 대해서 답변한 진리의 요점이었다. 사실 법의 역사에서 법없는 재판으로 역행하려고 했던 모든 시도는 영국의 재판관들이 일요일 회의에서 제임스 왕에게 새겨주려고 했던 교훈을 떠올리게 한다. 우리나라에서도 독립혁명에 뒤이은 시기에 법률가에 대한 맹렬한 적의와 직업적인 전통을 여지없이 파괴하고 변호사 직업에 대한 훈련도 없고 능력도 없는 자를 재판에 참여시키려고 하고 재판관의 지위를 떨어뜨리려고 했던 시도가 있었으나, 결국에는 법률가는 이 사회의 지도자로 자리잡고 커먼로의 기본적인 교리를 우리 헌법 속에 깊이 새겨 넣는 결과를 가져왔으며, 우리는 이러한 과정을 봄으로써 위와 같은 교훈을 배울 것이다.

그러므로 우리는 커먼로에 의해서 튜더왕조와 스튜어트 왕조에 항거하여 확립된 법의 우위가 소멸하지 않을 것이라는 것을 확신할 수 있다. 우리는 그때 그때의 인민의 의사의 표현으로서의 법뿐만 아니라, 사람과 사람 및 사람과 국가와의 관계에 적용되는 이성의 표현으로서의 법을 가지리라는 것을 확신할 수 있다. 우리는 또한 법의 역사에서와 마찬가지로 목전에 있는 법발전의 새로운 시기에서도 과거의 법적 자료를 철저히 연구하고 여기에 외부로부터의 새로운 이념을 도입하리라는 것을 확신할 수 있다. 우리는 이러한 연구와 변용이 올바름과 재판에 관한 철학적인 이론 그리고 법을 이상에 합치시키려고 하는 의식적인 시도 등을 통해서 성취될 것이라고 확실히 예언할 수 있다. 그러한 시대는 재판관에 의해서가 아니더라도 대학에서 훈련받은 법률가에 의해서 만들어진 과학적인 법의 시대일 것이며, 그 시대는 어떤 주권자 — 그가 아무리 히드라hydra의 머리[109]를 가졌다 할지라도 — 의 명령에 기초를 둔 자의적인 법의 시대가 아닐 것이다. 왜냐하면 인민의 의사로서의 법의 개념은 확실성과 안전성만을 목표로 삼

---

109 히드라는 아주 작은(5-15mm) 원통형의 동물. 입 주위에 6-8개의 촉수가 있는데, 이 부분을 머리라고 칭하는 듯하다.

앉던 과거의 완전하고 안정된 체제의 시대에 속하는 것이기 때문이다. 법의 모든 역사를 통해서 명령적인 법개념이 지배적이었던 때에는 언제나 법은 침체했었다. 법은 법학적 활동을 통해서 생존하고 성장해 왔다. 법은 원칙과 규칙과 표준이 그에 비추어서 시험될 수 있는 기준으로 인도하는 자연법, 정의, 합리성, 또는 효용의 개념에 의해서 자유화되어온 것이지, 신이나 명령 혹은 권력의 궁극적 근원으로서의 주권자의 의사에 의해서 자유화된 것이 아니다. 미국에서 재판관의 지위를 외부로부터 가해진 규칙을 적용하는, 그리고 그때 그때의 인민의 의사의 대변자(mouthpiece)로 봉사하는 순전히 기계적인 임무로 떨어뜨리려고 하는 시도는 결코 진보의 방향에 맞지 않는다.

제4강
영국인의 권리와 인권

　원시법에서는 그 목적이 단순히 평화를 유지하는데 있었다. 법적 질서는 그 대가가 어떤 것이든 간에 유지되어야 할 평화적인 질서이며, 따라서 사적인 복수와 전쟁을 방지하는데 도움이 되는 것이면 무엇이든지 재판의 수단이 되었다. 처음에 법은 분쟁을 평화적으로 조정하는 한 무리의 규칙 그 이상의 아무 것도 아니었다. 그러므로 처음에는 법은 피해자에게 복수에 대신하는 대체물을 공여해 주는 이외에는 아무 것도 시도하지 않았다. 현대법은 손해에 대한 보상을 생각하지만, 원시법은 복수하려는 욕구에 대한 화해금을 생각했다. 그래서 원시 로마법은 신체에 대한 상해를 모욕의 부분에서 취급했다. 또 가장 최초의 앵글로·색슨법은 상처가 의복으로 덮히지 않음으로써 피해자에게 모욕을 당하게 하고 보복의 욕구를 증가시킨 경우에는 2배의 속죄금을 규정했으며, 살리카법은 자신의 잘못을 보정하기로 되어 있는 프랑크인에 대하여, 수세대에 걸쳐 그 분쟁을 법정에서 조정하도록 훈련되어 있는 로마인에 비하여 2배의 화해금을 부과했다.

그리스철학과 로마법은 얼마 안되어 원시법의 소박한 개념을 극복하고, 우리에게 그 대신에 사회현상status quo의 유지를 위한 방책으로서의 법질서의 개념을 가르쳐 주었다. 즉 오직 동료들과의 마찰을 진정시키는 것이 아니라, 각자에게 자기의 지정된 常軌를 벗어나지 않게 하고 그럼으로써 동료들과의 마찰을 방지한다는 법질서 개념을 가르쳐 주었다. 그리하여 플라톤의 이상국가에서는 사회의 모든 구성원은 각자에게 가장 적합하다고 증명된 계급에 배정되어야 하고, 법은 각 구성원을 그 계급에 머무르게 해서 "완전한 조화와 통일이 국가와 그 속에 있는 모든 개인의 특징을 성격지을 것"이라고 생각되었다. 아리스토텔레스에서도 권리 즉 법에 의해서 보호되어야 할 이익은 자유롭고 평등한 자들 간에서만 존재했다. 법은 무엇보다 우선적으로 개인이 각자의 가치에 따라 취급되는 불평등한 관계를 참작해야 했다. 다음으로 각자가 자기에게 적합한 위치에 놓이게 되면, 법은 그들에게 제자리를 지키게 하고 동등한 자들 간에서 상호 간에 권리의 침범이 없는 전원일치의 합의를 유지하는 것이었다. 성 바울이 모든 사람에게 자기가 소속된 계급 안에서 자기의 의무를 다하도록 노력하라고 요구한 유명한 훈계도 같은 사상을 나타낸 것이다.

로마의 법의 천재는 그 총합이 개인의 법적 인격을 구성하는 이익과 행동의 권한을 규정하고 보호하는 것을 국가의 직분으로 생각함으로써, 사회현상의 유지라는 정의의 개념에 대하여 실효성을 부여했다. 유스티니아누스의 법학제요에서 확언된 바와 같이 법의 가르침은, 명예롭게 살고, 다른 사람을 해하지 말고, 각자에게 그의 몫을 주는 것의 세 가지이다. 사람이 해쳐서는 안되는 타인의 이익이 무엇이며, 무엇이 어떤 자에게 돌아가야 할 정당한 몫이냐 하는 것은 전통적이고 권위적인 사회조직에게 맡겨진 문제이다. 환언하면 우리는 여기에서 법체계의 목적에 관한 그리스의 관념, 즉 법은 현존의 사회질서를 조화적으로 유지하기 위해서 존재한다는 관념을 가지고 있다.

중세에 게르만법은 일시 단순히 평화를 유지한다는 원시적인 개념 그리고 복수권의 매수, 화해세 및 私戰 등과 같은 원시적인 제도를 재생시켰다. 그러나 법에서의 유스티니아누스와 철학에서의 아리스토텔레스의 권위를 받아들이게 되어, 이러한 정의의 개념은 사회현상의 유지라는 고전적 개념 — 이 고전적 개념은 실로 그 배후에 아리스토텔레스와 로마법뿐만 아니라 여러 개의 聖典의 논란의 여지 없는 권위를 가지고 있었다 — 에 길을 열어주었다. 따라서 중세에서도 고대에서와 같이 평화를 유지하기 위한 방책이라는 (법의) 개념의 뒤를 이은 것은 사회현상을 유지하기 위한 방책이라는 개념이었다. 법의 목적에 관한 이러한 개념은 종교개혁 때까지 문제되지 않았다. 다음에 권위에 대항해서 이성에의 호소가 철학·신학·정치학 그리고 마침내는 법이론에서 새로운 개념을 낳았으며, 그 결과로서 법질서는 개인의 자기 주장을 최대한으로 보장하기 위한 방책으로 생각되게 되었다. 변화의 발단은 철학 즉 권위를 이성에 의해서 떠받치려는 시도에 있었다. 그러나 중세는 법의 목적에 관한 법이론에 아무것도 보태지 못했으며, 다만 철학을 통해서 17세기에 발전된 새로운 개념을 위한 길을 준비했을 뿐이다.

우리는 보통 그로티우스의 위대한 저작[110]이 출현한 1625년으로 법학의 신기원을 긋고 있다. 그로티우스와 그의 추종자들이 새로운 원리를 제시했을 때, 그것은 두 개의 면을 가지고 있었다. 한 면에는 인간 본성에 비추어 이성에 의해서 과해지는 인간활동에 대한 제한의 이론이 있었으며, 다른 면에는 인간에게 선천적으로 갖추어진 도덕성 혹은 인간본성으로부터의 연역으로서 이성에 의해서 보여지는 자연권의 이론이 있었다. 전자는 그로티우스 이전의 사람들 특히 스페인의 법학자 = 신학자들에 의해서 만들어졌

---

110 그로티우스의 《전쟁과 평화의 법》(De Jure Belli ac Pacis)를 가리킨다.

다. 그들은 정치적 질서에 관한 새로운 개념을, 국가의 법 제정보다 영구적인 진리로서의 법의 일체성에 관한 고래의 개념과 결합하려고 노력했다. 따라서 그들은 원칙의 보편적이고 영구적인 체계로서의 법의 일체성에 관한 개념을 발전시킴에 있어서 국가에 가해지는 억제와 국가활동이 넘어설 수 없는 일정한 제한을 생각했다. 그리하여 국제법에서는 어느 국가와 다른 국가들 간의 관계에서 국가활동의 한계가 있었으며, 정치 이론에서는 국가의 신민에 대한 관계에서 국가활동의 한계가 있었으며, 법이론에서는 개인 상호간의 관계에서 개인활동의 한계가 있었다. 그로티우스와 그를 따른 17세기의 법학은 이성을 모든 의무의 척도로 삼았다. 그리하여 커먼로가 법 우위의 원칙을 확립하고 최고의 영주의 영신에 대한 봉건적 의무를 국왕의 신민에 대한 법적 의무로 변환시켰던 바로 그때에, 영구적인 이성에 의해서 명해진 국가활동과 지배자의 활동과 개인의 활동에 대한 기본적인 제한에 관한 법학이론이, 그와 따로이 대두하여 과학적인 설명을 마련해 주었다.

전술한 바와 같이 그로티우스와 그의 추종자들은 이성을 모든 의무의 척도로 삼았다. 그들은 법이 존재하는 목적은 이성적 피조물의 본성과 합치하도록 만드는 것이라고 생각했다. 그들은 권위로서의 권위와는 결별했으나, 로마법을 체현된 이성으로 받아들였으며, 배후에 권위를 가지지 않는 것은 거의 신뢰하지 않았다. 그리하여 그들은 로마법의 **格率**(격률) — 타인을 침해하지 않고 각자에게 그의 몫을 주는 것, 즉 인격의 존중과 취득된 권리의 존중 — 을 이성적 피조물의 본성에 합치하는 것으로 받아들였다. 그것은 다음과 같은 몇 개의 명백한 문제를 제기했다. 즉 무엇이 타인에 대한 침해인가? 인격 속에 무엇이 있어서 이에 대한 공격을 침해로 만드는 것인가? 무엇이 어떤 것을 어떤 사람의 것으로 삼는가? 그로티우스와 그의 후계자들은 자연권의 이론으로 그에 답하려 했다. 그것은 전과 같이 단순한 자연법이 아니고, 또 단순히 영구적 타당성을 가진 원칙이 아니며, 인간의 고유한 어떤 성질로서 이성에 의해서 논증되고_demonstrate_ 자연법에 의해서 인지되며_recognize_, 따라서 국가법이 그에 대해서 효과를 부여해야 하는 것이었다. 그리하여 다시금 커먼로재판소와 스튜어트왕조 간의 항쟁에서 재판소의 승리가 영국인은 커먼로상의 권리를 재판소에서 주장할 수 있고 재판소는 이러한 권리를 국왕에 대항해서라도 보장해 주어야 한다고 하는 영국인의 기본적인 커먼로상의 권리를 확인했던 바로 그때에, 모든 국가로부터 독립해 있고 모든 국가의 배후에 흐르는, 국가는 이를 보장할 수 있고 또 보장해야 할 것이나 이를 변경하거나 박탈할 수는 없다는 기본적 자연권에 관한 법이론이 독립적으로 대두했다. 그리고 다음 세기가 이에 대한 설명을 요구했을 때 곧 과학적인 설명을 제시했다. 자연적인 변천에 따라 국왕의 권력에 대한 커먼로의 제한은 모든 권력에 대한 자연법상의 제한이 되었으며, 영국인의 커먼로상의 권리는 인간의 자연권이 되었다. 이들은 각각 그 명칭의 변화에 따라 그 실질에서도 다소의 변화를 겪었다.

이러한 변화 그리고 우리가 18세기 말에 그것을 받아들여 19세기 초에 그것을 변용시켰을 때 그것이 우리 법에 미친 효과를 이해하기 위해서, 우리는 자연권 이론, 법의 자연권에 대한 관계에 관한 이론, 자연법의 이론과 이의 원칙들로부터 고정되고 완결된 실정법의 체계를 연역할 수 있는 가능성의 이론을 검토해야 한다. 우리 권리장전[111]들이 형성되고 우리 헌법이 형성기에 있었을 때 이러한 이론들이 행해졌기 때문이다.

---

111 미국의 권리장전(bills of rights) 중 가장 중요한 것은 1776년의 버지니아권리장전이다. 이는 조지 메이슨이 기초한 것이며, 미국의 헌법의 일부가 되었다. 이 권리장전은 이후 많은 인권문서에 영향을 미쳤다. 이의 제1조는 "모든 인간은 태어날 때부터 자유롭고 독립적이며 일정한 천부의 권리를 가진다. 이러한 권리는 인민이 사회를 조직함에 있어서 어떠한 계약에 의해서도 박탈할 수 없다. 이 권리는 재산을 취득·향유하고, 행복과 안녕을 추구·획득하는 수단을 수반해서 생명과 자유를 향유하는 권리이다"고 규정한다.

그로티우스의 정의에 의하면 권리는 "사람이 어떤 물건을 소유하거나 어떤 행동을 하는 것을 정당한 것으로 만드는, 그 사람에게 具有된 성질"이라고 한다. 중세의 관념은 법은 사회체제가 각인에게 수여하거나 귀속시킨 물건을 지배하는 권능과 행동의 권능을 유지하기 위해서 존재하는 것이라고 했다. 그로티우스의 관념은 법은 모든 사람에게 있는 어떤 내재적인 도덕적 성질을 유지하고 그 성질에 대해서 효과를 부여하기 위해서 존재하는 것이며, 그러한 도덕적 성질은 이성이 우리를 위해서 발견해 주었으며, 사람은 도덕적 성질이 있기 때문에 물건을 지배하는 권능과 행동할 권능을 가져야 하는 것이라고 했다. 그러나 자유주의화 단계 — 이는 형평법의 단계 또는 자연법의 단계라고 불리울 수도 있다 — 의 특색의 하나는, 법적인 것과 도덕적인 것은 필연적으로 동의어라고 생각하는 것, 만약 어떤 것이 법률적으로 존재해야 한다면 그 이유만으로 그것은 합법적으로 존재하는 것이라고 생각하는 경향이다. 그러므로 법이 보장해야 하는 자연권의 체계는 곧 법이 보장하고 있는 기본적 권리의 체계가 된다. 법적 권리는 단순히 그것의 선언이라고 생각되기 때문이다.

이 모든 것에는 좋은 면이 있었다. 당위를 존재의 척도로 생각하는 주장은 곧 국제법을 탄생케 했으며, 그것은 모든 원리와 모든 범주를 그 이성적 기초에 비추어서 법학적으로 검토함으로써 유럽 각국의 실제의 법을 자유화하고 근대화하였다. 그러나 그것은 또 나쁜 면을 가지고 있었다. 그것은 법이 승인해야 한다고 생각되는 이익과 승인된 이익을 법이 보장함에 있어서 의거하는 권리와의 사이에 혼동을 일으켰다. 그것은 그 이후 법학에 해를 끼쳐왔다. 또 그것은 그들의 법적 이념은 자연의 법적 질서로서 이상적으로 발전된 것이라는 절대적 사상으로 이끌었으며, 이는 후에 법사상과 일반적인 정치사상과를 제어할 수 없이 강하게 충돌시켰다.

법체계는 개인, 공공 및 사회의 일정한 이익을 승인함으로써, 그리고 이러한 이익이 법적으로 승인되고 국가의 힘을 통해서 효과가 부여될 한계를 규정함으로써, 그리고 또 그렇게 규정된 한계 내에서 승인된 이익을 보장하려고 노력함으로써 그의 목적을 달하는 것이다. 법체계가 이러한 이익을 창설하는 것이 아니다. 18세기의 자연권 이론에는 많은 진리가 포함되어 있다. 사회의 진보와 정부의 발전이 이러한 이익의 숫자와 다양성을 증가시키는 것은 확실하다. 그러나 그 숫자와 다양성은 법과는 관계없이 개인 상호간의 경쟁, 집단 또는 사회 상호간의 경쟁 그리고 개인과 이러한 집단 또는 사회와의 경쟁을 통해서 증대된다. 법은 그러한 것을 창설하는 것이 아니라 승인할 따름이다. 그렇지만 법은 독자적으로 존재하는 이익을 승인하는 것을 그의 유일한 임무로 삼는 것은 아니다. 법은 어느 이익을 승인할 것인가를 결정해야 하며, 개인적 공공적 또는 사회적인 다른 이익들을 고려해서 이익에 대해서 어느 정도까지 효과를 부여할 것인가, 그리고 어느 정도까지 법에 의해서 효과적으로 간섭할 수 있는가를 결정해야 한다. 그리고 법은 그러한 이익을 보장하기 위한 수단을 안출해야 한다. 이러한 것이 오늘날의 이론이다. 그러나 17, 18세기의 이론은 법과는 독립해서 존재하는 이익과 법의 창조물인 법적 권리와를 혼동했다. 그것은 법이 전체적으로 또는 부분적으로 승인하며 보장하려고 하는 이익을, 법이 그 승인된 이익에 대해서 승인된 정도까지 효과를 부여함에 있어서 의거하는 권리와 혼동했다. 자연권은 단순히 우리가 보장되어야 한다고 생각하는 이익, 즉 인간이 가지는 요구 중에서 우리가 마땅히 만족되어야 한다고 생각하는 것을 의미할 따름이다. 그러한 이익을 법이나 국가가 창조하는 것이 아니라는 것은 전적으로 진실이다. 그러나 그러한 이익을 법적 개념으로 취급한다는 것은 모든 건전한 사고에 대하여 치명적인 것이다. 왜냐하면 법적 권리, 즉 법이 그것을 승인하는 것이 적당하기 때문에 그러한 이익을 보장함에 있어서 사용하는 방책은 법의 산물이며, 이러한 의미에서 국가의 산물이기 때문이다. 자연권 이론으로부터 나온 개인의 이익의 고양 그리고 이 이론 속에 담겨 있는 이익과 법적 권리와의 혼동을 통해서, 인간의 자연권은 얼마 안되어 국가와 지배자의 **神授權**과 마찬가지로 신성한 것으로 됨으로써 폭군적인 것이 되었다.

내재적인 도덕적 성질의 이론은, 한편으로 인격적 이익을 위해서는 봉사하겠지만, 즉 사람의 신체와 생명에 관해서 보장되어야 할 권리 그리고 그것들과 직접 관계되는 이익을 위해서는 봉사하겠지만, 우리가 오늘날 재산권이라고 부르는 것을 위한 기초로는 봉사하는 바가 없다는 것, 즉 정의에서의 '각자에게 그의 것을' suum cuique이라는 요소 내지는 우리가 재산권에 포함시키는 재산적 이익을 위해서는 봉사하는 바가 없다는 것이 얼마 안가서 명백해졌다. 그 당시의 법학자들은 아무도 현존의 사회질서를 문제삼지 않았다. 오히려 그와 반대로 그들은 재산에 대한 자연권을 의심의 여지가 없는 것으로 가정했다. 그들은 사람이 현존의 사회질서를 통하여 취득한 것을 포함해서, 취득물의 보장이 주목적이라고 생각했다. 그러나 동시에 그들은 이 (재산에 대한) 자연권과 신체의 안전, 자유로운 운동과 이동, 자유로운 언론 등과 같은 권리 사이에 어떤 차이가 있다는 것을 보지 않을 수 없었다. 그러므로 법학자들은 그것을 설명하기 위해서 계약이라는 관념을 사용했다.

여기에서 계약이라고 하는 것은 로마법상의 법률행위의 개념 즉 법률효과를 의욕하고 그에 대해서 법이 의욕된 결과를 부여하는 행위라는 개념과 연관을 가지고 있다는 것을 주의해야 한다. 17, 18세기에서는 이것이 중요한 법적 유추였다. 법률행위 관념은 법에 대한 로마법의 가장 중요한 공헌이었으며, 무역과 상업이 거래에 관한 법을 확장시키고 있었던 시대에 그것은 법체계의 살아있는 부분이 되었다. 당시의 법학적 문제는 사업의 필요성 그리고 도덕을 법 안으로 주입시킴으로써 수반된 선의라는 윤리적 관념을 로마법상의 계약의 전통적인 범주와 타협시키는데 있었다. 두 세기 동안 계약관념이 법학사상에서 확대되어서 보인 것은 당연하다. 더욱이 법률행위 이론에서의 중심점은 의사, 즉 가능하고 법적으로 허용될 수 있는 결과를 산출하려는 의사이다. 그러나 자연법과 자연권의 이론에서의 중심개념은 의사를 가진 이성적 피조물의 본성에 부합하는 것이다. 이러한 피조물이 다른 피조물에 대해서 권리를 어떻게 취득하느냐 하는 문제는 용이하게 대답할 수 있을 것으로 보였다. 그것은 실로 계약 즉 법률행위에 의해서가 아니고 무엇이겠는가? 법은 자연권을 유지하기 위해서 존재하는 것인 바, 따라서 자연권의 기초는 법률행위, 즉 권리와 그에 부응하는 의무를 창설하는 모든 사람의 모든 사람과의 계약이라고 생각되었다. 따라서 정의는 계약의 조항을 존중하고 준수하는 것이었으며, 법학자와 입법자가 할 일은 이의 조항을 찾아내고 그것을 해석하는 것이었다. 법의 유일한 목적은 개인들 속에 내재하고 있는 도덕적 성질에 대하여 효과를 부여하고 그럼으로써 물건이 그들의 것으로 되도록 만드는 것, 혹은 개인들에게 사회계약의 조항에 의해서 그들이 받을 권리가 있는 물건을 받도록 보장해 주는 것이라고 생각되었다.

18세기의 자연권 체계는 그 당시의 법학자들이 사회계약의 모든 조항과 인류에 내재하는 모든 도덕적 성질을 추상적인 인간의 본성으로부터 연역할 수 있다고 확신했다는 의미에서 폐쇄적이고 공고한 체계였을 뿐만 아니라, 18세기의 법이론도 그에 못지 않게 절대적이었다. 18세기의 법이론은 법의 제1의 원리는 자연에 내재하며, 이 원리는 인간의 본성의 필연적 결과로서 연역에 의해서 발견될 수 있다고 생각했다. 그러므로 모든 사람들 사이에서 그리고 어느 곳에서나 그리고 어느 시대에서나 보편적 타당성을 가진 원리가 발견될 수 있으며, 또 법학자들은 실제로 그것을 발견했다고 생각되었다. 그리고 그로부터 입법자를 위해서는 완전한 법전이, 정치가를 위해서는 완전한 헌법이, 그리고 개인을 위해서는 양심에 대한 확실한 지침이 연역될 수 있다고 생각되었다. 또 정교한 권리장전을 통해서 언제나 입법을 안내할 수 있는 보편적 원칙을 지시할 수 있다고 생각되었다.

영국인의 커먼로상의 권리를 인간의 자연권과 동일시하는 것 그리고 코크가 지키기 위해서 투쟁했던 기본권을 영구불변의 자연법과 동일시하는 것은 우리 커먼로의 전통에 대해서 두 가지 결과를 가져왔다. 첫째는 커먼로는 궁극적인 것이라는 관념을 보급시킨 것이다. 왜냐하면 사람들이 그와 같은 절대적 이론을 신봉했을 때에는 언제나 그랬던 것과 같이, 자연의 명령이라고 생각된 원칙은 실제로는 두 가지 근원 중 하나로부터 나온 것이었기 때문이다. 사회적·경제적 및 윤리적 문제에 관해서는 자연이 언제나 개개의 법률가의 개인적 견해가 교육·사교 그리고 아마 또 계급이익에 의해서 결정되고 자리잡도록 지시한 것으로 보인다. 법적 문제에 관해서는 대개 개개의 법률가가 친근하고 그가 그 밑에서 자라난 법원칙을 자연이 지시해 준 것으로 보인다. 17, 18세기의 대륙 법학자에게는 10중 8, 9의 자연법은 그가 알고 있고 그가 연구했던 로마법 원칙의 이상적 발전을 의미했던 것과 마찬가지로, 커먼로 법률가에게는 그것은 커먼로의 이상적 발전을 의미하게 되었다. 블랙스톤에 따라서 양성된 지난 세대의 법률가들은 이런 식의 사고를 법교육의 기초의 한 부분으로 배웠다. 더욱 가깝게는 역사법학파에 속하는 우리 학자들은 우리 법체계의 전부가 판례연보집(주 38 참조) 속에는 아니더라도 16, 17세기의 판례집 속에 적어도 암암리에 포함되어 있다고 가정함으로써, 우리들에게 역사적 전제 위에 있는 자연법을 주었다. 그러므로 학자와 법률가는 19세기의 철저한 신념이 된 것, 즉 커먼로의 적어도 중요한 교리는 보편적 타당성을 가지는 것이며 자연에 의해서 확립된 것이라는 확신에 있어서는 일치했다. 법률가가 법이라고 할 때에는 그는 이러한 원리들을 생각했다. 그는 헌법과 권리장전은 단순히 그러한 원리들을 선언한 것이라고 생각했다. 그는 성문법규를 그러한 원리들에 합치하도록 해석했다. 그는 그러한 원리들을 근대사회의 입법에 강요했다. 그가 주권을 가진 인민들에게 주권자는 신과 법 밑에서 지배하는 것이라는 것을 상기시켰을 때, 그는 모든 헌법의 배후에 흐르며 입법이 도달할 수 없는 곳에 있다고 생각하는 이러한 원리들이 국가활동의 척도가 되어야 한다는 것을 의미했다. 이것은 진정한 커먼로가 아니었다. 커먼로는 자의적인 의사가 아니라 이성이 행동과 결정의 척도가 되어야 한다는 관념에 입각하고 있었다. 그러나 18세기가 이성에 대한 하나의 열쇠를 가지고 있었으며, 언제나 사람들을 인도할 철학적·정치적·법률적 지도를 그리기를 좋아했다는 것은 확실했다.

커먼로를 궁극적인 것으로 생각하는 이러한 관념의 예와 커먼로의 원칙을 자연법의 원칙과 동일시하는 관념의 예는 19세기의 판결집 전체를 통해서 발견될 수 있다. 그 예로서 사기로 취득되었다는 이유로 토지양여를 취소케 한 조지아주의 성문법이 문제가 된 플레쳐 대 베크의 대사건[112]에서, 그 토지가 통지없이 유상매수자의 손에 넘어갔다는 것이었다. 그러므로 마샬 대법원장은 연방헌법의 특별한 조항을 들지 않더라도 '우리의 자유제도에 공통되는 일반원칙'에 의해서 조지아주는 이러한 입법을 하지 못하는 것이라고 말했다. 여기에서 일반원칙이라고 하는 것은, 점유를 상실한 물건에 대한 소유권이 통지없이 유상매수자에게 넘어갔을 때에는 형평법은 그 거래를 사기를 이유로 취소하지 않는다는 잘 알려진 원칙을 말한다. 이 원칙은 우리의 형평법재판소의 역사와 우리 법체계에서의 형평법의 커먼로에 대한 관계로부터 온 것이다. 이 역사를 떠나서 생

---

[112] 플레쳐 대 베크 사건(Fletcher v. Peck, 10 U.S. (6 Cranch) 87)(1810)은 미연방대법원이 최초로 주의 법을 헌법에 반한다고 한 판결이다.

각한다면, 그 원칙은 최근의 사람에게는 그렇게 본질적으로 자명한 것으로는 생각되지 않았다. 이와 같은 정신에서 나온 것으로, 19세기 말에 피용자에게 일정한 계약의 체결을 금지하는 입법이 법정에서 문제되었을 때, 입법자가 단지 현대산업에서의 고용이라는 사실만을 기초로 해서 새로운 것을 보탤 수 없는 자연적 무능력의 이론을 주장한 사람이 한 두 사람이 아니었음을 볼 수 있다. 이 사건에서 이러한 '자연적 무능력'은 모두 커먼로에서 승인된 무능력임을 알 수 있다. 또 그와 동일한 정신을 가진 것으로 20세기에 들어와서 우리는 한 유능한 재판소가 동료피용자원칙[113]을 '권리와 정의의 고려에 입각한 일반적 미국 커먼로의 한 부분'이라고 말한 것을 발견할 수 있다. 우리의 전통적인 판례법의 기본적 개념들이 법학의 기본적 개념으로 생각된 것이다. 법학자뿐만 아니라 입법자·사회학자·형사학자·노동계층 지도자 등도, 그리고 또 우리의 법인에 관한 법과 무역제한에 관한 법에서는 사업가도 또한 그들과 함께 고려에 넣지 않으면 안된다. 전체주의적 사고와 사회입법의 시기가 도래하면서 충돌은 불가피하게 되었다.

그러한 충돌은 절대주의적 법이론이 똑같이 절대주의적

---

113 동료피용자원칙(fellow-servant rule)이란 노동자는 동료노동자에 의한 상해의 위험을 묵시적으로 인수했다고 하는 영국 불법행위법상의 원리이다.

인 정치이론과 접촉했을 때 나왔다. 일방에서 법의 본질에 관한 법이론이 18세기의 개념을 일반적으로 받아들임으로써 절대적인 것으로 되었는데, 타방에서 법과 법 정립에 관한 커먼로 이론의 전체에 반대되는 정치이론이 확립되게 되었다. 왜냐하면 우리가 미국의 고전적인 정치이론이라고 부를 수 있는 주권에 관한 보급된 이론이, 18세기의 법이론이 법률가의 마음 속에 뿌리박혔던 만큼이나 확고하게, 공중의 마음 속에 뿌리박혀 있었기 때문이다. 일반인은 학교에서 이러한 정치이론을 배우고, 신문에서 그것을 읽고, 7월 4일의 독립기념일에 그리고 선거연설에서나 문화강습회에서 그것을 경청하며, 그것이 문제시되는 것을 거의 내지 전혀 들어본 일이 없다. 그 결과 법률가가 그의 법이론을 확신하고 있듯이, 일반인은 그것을 전적으로 믿고 있다. 만약 법률가가 격분해서 그의 원리에 부합하지 않는 것을 모두 법이 아니라고 비난한다면, 일반대중은 격분해서 그들의 이론에 적합하지 않는 것을 모두 강탈이라고 비난할 것이다.

법률가는 아직도 일반적으로 법의 원칙들은 절대이고 영구적이고 보편적 타당성을 가진 것이며, 법은 만들어지는 것이 아니고 발견되는 것이라고 믿는 반면, 인민들은 그에 못지않게 확고하게 법은 만들어질 수 있고 그들 자신이 법을 만들 권한을 가진다고 믿는다. 법률가에게는 국가가 법을 강행하는 것은 그것이 법이기 때문이지만, 인민에게는 법이 법인 것은 국가가 인민의 의욕을 반영해서 그렇게 만들었기 때문이다. 법률가에게는 법은 모든 의사 위에 있는, 모든 의사를 초월하는 것이지만, 인민들에게는 법은 일반의사의 공식화에 불과한 것이다. 따라서 법률가는 자신들이 법을 집행하고 있다고 생각하는데, 인민들은 법률가들이 법을 顚倒*overturn*시키고 있다고 생각하는 일이 종종 생긴다. 예컨대 법률가는 인민의 행동은 배후에 있는 헌법에 의한 법적 제한을 받으며 이러한 제한은 인민에 의해서 창설되는 것이 아니라 재확인되는데 불과하다고 생각하는데 대해서, 인민들은 그들 자신이 모든 헌법과 제한의 창설자이며 이의 의미와 효과에 관한 최종의 심판관이라고 생각한다. 법률가의 이론과 정치이론과 사이의 이러한 충돌은 법의 힘을 약화시킨다. 법률가의 이론은 법률가로 하여금 입법에 대해서 극히 사소한 주의밖에 하지 않게 하거나, 그가 진실한 법으로 생각하고 있는 것을 위해서 긴박히 필요할 때에는 입법을 변형시키거나 왜곡시킨다. 그러나 법률가의 이론을 공유하지 않는 사람들에게는 이것은 오만한 법의 유린으로 보이며, 이러한 인상에 빠져있는 일반인은 왜 법률가만이 그러한 편리한 권력을 독점하는가를 이해하지 못한다. 타방에 있어서 법은 전적으로 인간사의 의식적인 산물이라는 인민의 이론은 실제의 쟁송에 제대로 적용될 수 없는 자의적이고 무분별한 입법을 낳기 쉬울 것이다. 이 양쪽의 절대적인 이론은 모두 포기되어야 한다.

커먼로의 전통에 대한 18세기 이론의 둘째 효과는 다른 이유로 아주 충분히 가지고 있었던 개인주의를 강화시킨 것이다. 자연권에 관한 법이론은 이의 양 면에서 전적으로 개인주의적인 것이었다. 이것은 인간의 고유한 도덕적 성질의 이론으로서, 추상적이고 고립적인 개인의 본성으로부터의 연역에 기초하고 있었다. 이것은 사회계약에 근거를 둔 이론으로서, 자연권을 계약에 참가한 개인의 권리로 생각하고, 사회계약을 떠나서는 법은 존재하지도 않고 존재할 수도 없으며 법이 유지할 아무 것도 없을 것이고 또한 있을 수 없었다. 그 어느 견해에서나 법은 개인의 이익을 유지하고 보호하기 위해서 존재한다. 이것은 영국인의 커먼로상의 권리에 관한 법이론에 완전히 적합했기 때문에, 한편에서는 코크와 블랙스톤을 다른 편에서는 프랑스와 네델란드의 공법학자들을 연구했던 우리의 정치적·법률적·사법적 제도의 창설자들이 그들은 같은 것을 읽고 있었다고 생각한 것은 조금도 이상한 일이 아니다. 따라서 18세기 말의 미국인들은 어느 한 쪽이나 두 가지 모두를 주장했다. 1774년의 대륙회의[114]의 권리선언은 영국인의 법적 권리를 주장했다. 1776년의 독립선언은 인간의 자연권을 주장했다. 그러나 그들은 각각 기본적으로는 동일한 것을 주장했던 것이다. 그 결과 커먼로는 개인의 자연권에 효과를 부여하는 체계라고 생각되었다. 커먼로는 다른 개인의 공격에 대해서 뿐만 아니라 그 이상으로 국가나 사회에 의한 전횡적인 침해로부터 개인의 이익을 보장하기 위해서 존재한다고 생각되었다. 또 그 결과로 자연권을 선언한 권리장전은 동시에 커먼로를 선언한 것이었다. 이러한 관념은 19세기의 계약자유에 관한 司法상의 논의에서 매우 뚜렷하게 나타났다. 예컨대 방직공장의 화해양도[115]를 금지하는 입법을 심사함에 있어서, 어떤 재판소는 '기본권'을 침해하는 성문법은 비록 그것의 제정이 명시적으로 금지되지 않았더라도 위헌이며 무효라고 선언했다. 또 다른 재판소는 자연인은 계약을 체결할 권리를 법으로부터 얻은 것이 아니라고 했다. 그러므로 법인은 그 능력을 국가로부터 얻은 것이기 때문에 국가는 법인이 일정한 계약을 체

---

114 대륙회의(Continental Congress)는 아메리카의 13개 식민지(독립 이후의 州)가 영국의회의 압제에 대항하기 위하여 열린 회의로서, 영국의 압제로부터 식민지의 권리와 자유를 수호할 것을 결의하였다. 그리고 1776년에 독립선언을 채택 공포하였다.

115 화해양도(fines)란 의제적 소송을 이용하여 행하는(당사자가 소송을 제기하여 화해를 통한) 토지양도의 한 방식이다.

결할 능력을 제한하는 것은 얼마든지 할 수 있으나, 국가는 자연인의 계약체결능력을 제한하지 못한다. 자연인은 계약체결능력을 자연으로부터 얻은 것이므로 자연만이 그것을 박탈할 수 있다. 다른 재판소는 회사의 매점을 금지하는 입법을 무효로 선언함에 있어서, 어떠한 등급화도 '계약을 체결할 인간의 자연적 능력'을 무시하는 한 자의적인 것이며 위헌이라고 말했다. 다른 재판소는 유사한 성문법을 심사함에 있어서 신체적 또는 정신적 결함 때문에가 아닌 이상 계약체결능력이 제한될 수 있다는 것을 부인했다. 다른 재판소는 입법부는 어떤 공장에서 고용계약을 체결함에 있어서 한 부류의 사람들이 다른 부류의 사람들에 사실상 복종하고 있음을 고려할 수 없으며, 모든 사람은 이론적인 법적 평등에 의해서 규제되어야 한다고 판시했다. 이 모든 예는 커먼로상의 무능력의 범주는 최종적인 것이고 입법이 새 것을 첨가할 수 없다는 명제에 귀착한다. 권리장전과 수정헌법 제14조[116]는 자연적 자유, 따라서 동시에 커먼로상의 자유를 선언한데 불과한 것이라고 취급되었다. 따

---

116 수정헌법 제14조는 1868년에 발효된 것으로서, 5개항으로 되어 있다. 이중 제1항에는 미합중국의 시민이 되는 자의 범위를 규정하고, 이어서 "어떤 州도 적법절차에 의하지 않고는 어떤 사람으로부터도 생명·자유 또는 재산을 박탈할 수 없으며, 그 통치권 내에 있는 어떤 사람에 대해서도 법률에 의한 평등한 보호를 거부하지 못한다"고 규정한다.

라서 커먼로에 알려지지 않은 제한은 그 자구에는 반하지 않더라도 정당한 해석에 반한다고 생각되었다.

19세기 말과 20세기 초에 가장 심했던 재판소와 법과 헌법에 대한 적의를 가장 크게 촉발하고 조장한 것은, 아마도 이와 같이 재판소를 국가와 사회에 대한 개인의 보호자로 보는 관념, 법을 이러한 개인의 자유권을 선언하는 원리의 궁극적이고 절대적인 체계로 보는 관념, 그리고 헌법을 동시에 커먼로의 원칙들의 선언 — 커먼로는 국가에 선행하고 국가의 권위에 의한 법제정에 우월하는 효력을 가지며, 개인의 자연권을 사회와 사회의 모든 기관으로부터 보장하고 유지함을 그 목적으로 삼는 자연법의 원칙들이다 — 이라고 보는 관념일 것이다. 주택이 부족하고 지주가 탐욕스러운 때에는, 공공의 이익은 본질적으로 개인의 사적인 권리의 보호라는 이익에 다름아니라는 블랙스톤의 명제는 일반적 견해가 되지 못한다. 수많은 군중이 밀집되고 도시화되고 공업화된 공동체는 약탈적인 개인(자연인이건 법인이건)으로부터 사회를 보호할 것을 요구하며, 사회가 이러한 개인을 억압하는 것을 두려워 해서 사회로부터 이러한 개인을 보호한다는 이론에 대해서 분개한다. 그러나 개인의 권리에 대한 커먼로적인 보장은 우리의 각 주와 연방의 헌법 안에 정립되어 있다. 그러므로 영국에서는 이러한 커먼로의 교리는 현대적 입법에 양보하여 길을 열어주지만, 미국에서는 그들은 언제나 계속해서 인민 또는 인민의 다수파와 그들이 원하는 입법과 사이에 가로 막혀 있다. 그 결과로 재판소는 오랫동안 아무 것도 하지 않고 아무 것이나 방해만 하는 그릇된 지위에 놓였었으며, 문외한은 이러한 사태를 정당하게 해석할 수 없었다.

인간의 권리로 번역되고 헌법에 새겨진 영국인의 커먼로상의 권리가 법에 대한 인민의 분개의 근원이 된 것은 헌법에서 뿐만이 아니었다. 미국의 형사소송절차가 그에 못지 않게 사법재판에 대한 불만을 일으키게 했다. 그러나 응보적 정의의 사법재판은 모든 면에서 피고인의 소위 자연권을 지켜주는 헌법적 보장에 의해서 둘러싸여졌다. 어떤 결과라도 발생시킨 모든 범죄는 한때는 중죄로서 사형으로 처형될 것이었다. 완화된 형의 선고와 보다 더 인도적 처벌로의 개혁이 앞서 말한 원칙들에 따라서 이루어졌으며, 형사소송절차에 관한 상세한 규칙도 잘 정비되었다. 다소 중대한 결과를 발생시킨 모든 범죄는 사형범죄였는데, "사형범죄에서 생명을 아끼는" 판사는 "극도로 경미한 기술적 결함을 이용해서 피고인을 석방했으며, 형식이 최고도로 본질적인 것이 되었다." 소추당한 영국인의 커먼로상의 권리가 피고인의 자연권이 되고, 이러한 권리가 주와 연방의 헌법에 새겨졌을 때, 이러한 규칙들과 이러한 규칙들 안에 담겨진 정신은 이들이 단지 적용될 수 없을 뿐만 아니라 명백히 유해한 시대 안으로 투영되었다. 벤담은 오래 전에 복잡하고 비용이 많이 들고 시간을 낭비하는 커먼로의 형사소추기구의 결함을 지적했었다. 그러나 많은 주는 피고인에게 이 낭비많은 기구 전체를, 입법이 신성한 것으로 인정해야 하는 자연권으로 주장하는 권리로 보장한다. 또 우리 형사소송절차의 또 하나의 중대한 결함은 피고인을 심문하는 아무런 법적 방법이 없다는 것이다. 실제로 부유한 피고인은 변호사의 충고를 들어 입을 다물고 소추자로 하여금 증명을 하도록 남겨 둔다. 경찰은 하는 수 없이 자백할 때까지 불친절한 피고인 때문에 고생을 한다. 심문을 배척하는 피고인의 특권과 자백에 관한 증거법칙이 어떻게 하여 발생하였는가를 보자. 이러한 제도가 성장했을 때에는 재산에 대한 경미한 범죄도 중죄였고, 범죄인들은 여러 세대에 걸쳐 권위에 대한 과도한 — 우둔한 이라고 해도 좋을 것이다 — 복종 밑에 서는 것이 습성화된 농민들과 노동자들이었다. 위그모어 학장[117]이 자백에 관한 법칙을 논평해서 말한 바와 같이 "그 지주로부터 밀렵을 했다는 소

---

117 위그모어(Wigmore, John Henry, 1863-1943)는 미국의 법률가로서, 증명법으로 유명하다.

추를 받아 자백을 강요당하는 농민의 입장이나, 주부로부터 사소한 절도를 자백하라고 강요와 협박을 받는 하녀의 입장은, 우리가 거기에다가 평가의 표준이나 합리적 원칙을 적용하기를 누구나 주저할 만한 정신적 조건을 포함하고 있다. 우리는 다소의 유도나 무의미한 협박이 있었다고 해서 정상적인 사람이 허위의 자백을 한다는 것은 합리적인 것으로 이해할 수 없다고 믿을 것이다. 그러나 아마 정상적인 또는 합리적인 표준을 가지고는 시험할 수 없는 사람이 있을 것이다." 150년 내지 100년 전의 재판관들이 자백을 배제하고 피고인의 심문을 막으려고 갖은 노력을 다하였다는 것은 이상한 일이 아닐 것이다. 그러나 자기의 권리를 충분히 자각하고 있고 권위에 대한 존경심이 희박한 해방된 무산자의 오늘날의 조건 하에서는 이러한 판단의 모든 기초는 상실되었고, 오늘날에는 심문의 면제와 자백에 관한 엄격한 법칙은 가난한 자에게 아무런 이익을 주지 않고 검사에게 불필요한 부담을 줄 뿐이다. 피고인에 대한 심문의 면제는, 만약 피고인이 단호하고 변호인의 충고를 잘 받아서 보석을 받을 수 있게 해 준다면, 그것은 범죄인을 위한 가장 효과적인 방패이다. 경찰이나 형사나 검사는 이것을 알고 있기 때문에, 가난한 자나 무방위자(변호인이 안 붙은 자)를 다룰 때에는 합법적으로는 얻을 수 없는 것을 알아내기 위해서 무법한 방법을 쓰고 싶어진다. 심문의 법적 형식을 채용함으로써 야기될 남용의 폐해에 관해서 사람들이 말할지도 모르는 바를 모두 시인한다 할지라도, 아직 현재의 법 상태는 불평등하게 운영되고 있으며, 강압과 무법을 초래하고 있다는 사실은 그대로 남는다. 부유한 자가 트러스트금지 또는 할인금지 입법 위반의 증거를 얻기 위해서 엄중한 심문을 받았다는 일이 없고, 또 세력있는 정객이 뇌물 또는 매직을 했다는 증거를 얻기 위해서 그와 같이 취급된 일이 없다. 소추당한 밀렵자의 커먼로상의 권리는, 그것이 소추당한 세력가의 자연권이 되어 권리장전의 요새로 둘러싸임으로써, 한 시대가 궁극적인 진리를 발견했다고 생각하고 장래를 위해서 불가변의 법칙을 정립해 주었다고 가정할 때, 법적 기구가 얼마나 그 본래의 목적을 배반할 수 있는가를 보여준다. 19세기의 법률가들은 자연권의 이론과 법은 개인에 대해서 이러한 자연권을 국가와 사회로부터 보장해 주기 위해서 존재한다는 사상을 기본적 이론으로 삼는 입장에서 양성되었었다. 그들은 최고의 사회이익은 각 개인에게 이러한 자연권을 보장해 주는 것이라고 믿도록 양성되었었다. 그들이 피고인의 권리라고 생각되는 것을 보호해 주는 것, 이미 진부해진 조건으로부터 발생한 풍습에 의해서 그에게 부여된 소송상의 이익의 모든 세목에 이르기까지 보호해 주는 것을 무법으로부터의 보호보다도 더 우월하는 그의 의무라고 생각한 것은 불가피한 일이다. 공공의 제1의 이익은 바로 그 권리를 유지하는데 있기 때문이다.

커먼로상의 권리를 자연권의 선언이라고 생각하고 커먼로상의 이론을 자연법을 선언하는 것이라고 생각하는 사상은 또 재판소의 입법에 대한 태도에서도 나쁜 결과를 가져왔다. 재판소는 사회입법의 합헌성을 심사함에 있어서 그들의 경제관념을 그것을 싫어하는 사회에 대해서 강요했을 뿐만이 아니다. 그들은 그들의 해석의 권한을 통해서 성문법의 입법의사를 무시하고 성문법을 그들의 법학적 관념에 따르도록 만들었다. 그들이 그렇게 한 것은 대체로 커먼로상의 원리와 커먼로상의 제도는 영구불변의 성격을 가진다는 신념으로부터 나왔다. 그들은 커먼로상의 어떤 원리들을 입법의 권한 밖에 있는 것으로 생각함으로써, 성문법은 단지 이러한 원리들을 재확인하고 선언할 따름이지 아무 새로운 것도 도입해서는 안된다고 생각했다. 그들은 판례법이 일반적인 것이고 입법부에 의해서 만들어진 법은 오로지 특별한 경우와 특별한 이유가 있을 때 한해서 적용될 수 있는 예외적인 것이라고 생각함으로써, 입법부는 커먼로에 대한 변혁을 의도한 것이 아니라고 가정해야 하며, 그로부터 벗어난 것은 모두 엄격하게 해석해야 하며, 변경된 것의 적용은 그 성문법이 명백하고 명시적으로 정한 특수한 사항에 국한되어야 한다고 주장했다. 이와 같이 그렇게도 정성껏 모든 수정으로부터 보호되는 커먼로가 본질적으로 재판관에 의해서 만들어진 것이란 것을 생각한다면, 이러한 이론은 확실히 司法官이 통상의 법적 관계를 다루는 입법의 권한을 주장하는 것과 별로 다름이 없게 된다. 또 다른 예를 가지고 생각해 본다. 만약 주 입법부가 불합리하게 그리고 자의적으로 억압적 성문법을 제정한다면, 재판소는 수정헌법 제14조에서 보장된 자유 또는 재산의 박탈이 있다고 생각하고, 필요할 때에는 연방재판소는 그에 대해서 효력을 부여하는 것을 거절하거나 또는 그 시행을 억제할 것이다. 만약 주 행정부가 불합리하게 그리고 자의적으로 행동해서 개인에게 손해를 가한다면, 역시 같은 상태에 놓여질 것이며, 그 행동이 효력이 없다고 판정될 것이 확실하다. 그렇지만 주 사법부가 그와 마찬가지로 행동한다 하더라도, 재판소의 주위를 둘러싸고 있는 신성한 기운이 그와는 다른 결과를 요구한다. 만약 주의 최고재판소가 자의적으로 그리고 불합리하게 모든 법적 원칙을 무시해버린다 해도, 그에 대해서는 아무런 구제가 없다. 자유와 재산이 입법부나 행정부에 의해서 위협당할 때 수정헌법 제14조가 자유와 재산을 위해서 던져주는 보호는 여기에서는 탈락된다. 이런 경우에는 우리의 최고연방재판소도 발동하지 않는다. 사람들은 이러한 가정을 불평할 필요는 없다. 그런 것을 사실과 같이 말함으로써 족하다. 이러한 이론들이 좋은 것이든 나쁜 것이든 간에, 그 이론들은 재판관들이 절대적 이론에 따라서 행동할 때에는 왕이나 인민들과 마찬가지로 자신들이 설정했던 제한 속에 스스로를 가두어두기 쉽지 않으며, 절대적 권력을 자의적으로 내휘두를지도 모른다는 것을 보여준다. 이 3자 중 재판관들이 그렇게 할 우려가 가장 적다는 것은 사실일지 모른다. 왜냐하면 재판관들이 받은 훈련과 그들의 성벽은 모든 것을 법칙과 일반적 원칙에 종속시키려고 하기 때문이다. 그들은 법적 한계를 넘어설 때에도 원칙에 따라서 그리고 체계에 맞도록 한다. 그들의 이론은 어떤 법칙이나 원칙은 법을 보다 잘 표현한다는 것이다. 그러나 이론은 그 결과에 의해서 판단되어야 한다. 19세기에 매우 다수의 우리 주 재판소들이 이 이론을 적용함으로써 헌법에 대한 저촉이 의심할 여지없이 명백한 경우가 아니면 성문법이 위헌으로 판정되지 않는다는 가정으로부터 '단순히 예의있는 그리고 매끄럽게 표현된 평범함'을 만들어 내게 한 이론은 무정부주의보다도 더 나쁜 것이다.

그러나 우리는 18세기 이론의 우리 법전통에 대한 공헌이 전적으로 내던져져야 할 것이라고 생각해서는 안된다. 왜냐하면 법이 그와 합치되어야 하는 기본적 원칙에 관한 이론과 법이 어느 경우에나 보장해야 하는 기본적 이익에 관한 이론은 다른 일면을 가지고 있기 때문이다. 그러한 이론을 마음에 품었던 사람들은 기꺼이 정의를 행하려고 했고, 또 그들의 직접적인 이익에 반해서 행해지는 정의를 바로 그 정의를 위해서 기꺼이 감수하려고 했으며, 그들은 어떤 대가를 치르고라도 정의를 지키는데 열성을 다했다. 18세기와 19세기에 미국인들은 희생을 무릅쓰고라도 권리를 주장함으로써 기꺼이 사법에 협력하려고 했다. 그러나 오늘날에서는 권리와 정의의 주장은 보편적으로는 아닐지라도 일반적으로 그에 포함되는 노고와 비용에 비해서 2차적인 것이 되어가고 있다. 커먼로는 개인적 창의에 의존했는데 대해서, 우리는 더욱 더 행정적 간섭에 의존하고 있다. 우리 사법제도에 포함된 소송에서의 지연과 비용은 전자의 현상과 관련이 많았던 것임에 대해서, 개인의 행동에 대한 우리의 과도한 의존, 그리고 대도시, 공장에서의 고용주와 피용자의 관계, 고도로 전문화한 사회에서의 분배 등으로부터 생기는 요청이 후자의 현상과 많은 관련을 가졌음은 의심할 여지가 없다. 그러나 이러한 원인들로 돌릴 수 있는 것 이외에 뚜렷한 변화가 있었다. 다니엘 웹스터[118]는 "정의는 인류사회의 위대한 목적이다"라고 말하고, 법질서의 목적을 의미하는 정의를 "지상 인류의 최대의 관심사"라고 선언했다. 19세기의 주류를 이루고 있었던 이런 말과는 대조적으로, 오늘날에서는 사람들은 물질적인 복지가 모든 제도가 지향해야 할 위대한 목적이며, 모든 제도는 이러한 목적에 따라서 측정되어야 한다고 말하고 있다. 사람들은 단순히 복지를 성취하기 위해서 노력하는 것을 허용해줄 것을 요구하는 것이 아니다. 그들은 조직적인 사회가 그들을 위해서 복지를 성취해 줄 것을 요구한다. 자신을 사회적이라고 광고하는 것 중의 많은 것은 사실은 개인주의적이다. 개인주의는 개인의 자력구제에 의하기 보다도 오히려 사회를 통해서 도달된다. 우리는 법을 통해서 사회적 목적을 찾지만, 법은 스스로를 강행하지 않는다. 한때 강력한 폭군이 규칙을 자신의 주먹의 힘으로 강행하는 경우가 있었을른지 모르나, 그 이외에는 강행은 궁극적으로 일반의사에 의존한다. 그리고 일반의사는 하나의 규칙 혹은 일련의 규칙의 체계에 부착되어 있는 추상적인 욕망을 의미하지 않는다. 그것은 개개의 시민 측에서 실제 작용하고 있

---

118 웹스터(Webster, Daniel, 1782-1852)는 미국의 법률가이며 정치가로서, 1814년 이후의 미연방대법원의 200여 개 사건에 대해서 논했다.

는 규칙에 복종하고, 다른 자들도 그 규칙에 복종하는가를 관찰하는 확고한 의사를 의미한다. 재판에서 인민이 인정하는 적극적인 개인의 이익, 각자에게 그의 몫을 보장하려는 고정되고 지속적인 인민들의 결심이 효과적인 법체계의 전제조건이다. 법은 이 결심에 대해서 효과를 부여할 수 있다. 그러나 법은 그것을 창설하지는 못한다. 정치에 대한 안이한 태도가 정부와 정치를 위해서 흉조인 것과 마찬가지로, 권리와 정의에 대한 안이한 태도는 법을 위해서 흉조이다. 근대국가의 기구가 효과적이려면 개개의 시민은 후자에 관해서 뿐만 아니라 전자에 관해서도 그 의무를 다하지 않으면 안된다.

더욱이 궁극적으로 모든 이익 즉 개인의 이익과 공공의 이익은 사회적 이익이 보장되고 유지되어야 역시 보장되고 유지된다는 것을 시인한다 할지라도, 이것이 지난 두 세기 동안 그 세목이 매우 구체화되었던 개인의 이익이 무시될 것이라는 것을 의미하지는 않는다. 그와 반대로 사회적 이익 중에서 가장 중요한 것은 개인의 도덕적 및 사회적 생활이다. 그러므로 개인의 이익은 대체로 사회의 이익과 일치하게 된다. 17세기에 주권자의 이익으로 생각되었던 공공의 이익에 대한 부당한 주장이 개인의 도덕적·사회적 생활을 깨뜨렸고, 그래서 권리장전과 권리선언에서 개인의 이익을 주장할 것을 요구했었던 것과 똑같이, 오늘날에도 어떤 사회적 이익이 부당하게 강조되고 정부의 어버이로서의 역할이 수단이라기보다 오히려 목적이 되어 법질서의 진정한 목적을 깨뜨릴 위험이 있다. 우리가 사회적으로 생각한다 하더라도, 우리는 아직도 개인의 이익, 인간이 주장할 수 있는 모든 권리 중에서 가장 큰 것, 즉 자신의 개성을 주장하고 신이 그에게 부여한 의사와 이성을 자유로이 행사하는 권리를 생각하지 않으면 안된다. 우리는 개인의 도덕적 및 사회적 생활에 대한 사회적 이익을 강조하지 않으면 안된다. 그러나 우리는 이러한 사회적 이익은 자유의사를 가진 존재의 생활이라는 것을 잊어서는 안된다.

제5강
개척자와 법

 오늘날의 고도로 조직화된 도시생활에서는 우리는 흔히 우리가 얼마나 개척자들에게 가까이 있는가를 잊어버리고 있는 수가 많다. 한 세기도 채 되기 전에 《가죽스타킹 이야기》의 저자[119]는 황무지가 새로 매립된 당시의 중앙부 뉴욕의 이야기를 쓸 수 있었다. 오늘날 살고 있는 사람들의 할아버지들은 노스웨스트 準州[120]에서부터 형성된 주들에서의 개척자들이었다. 미시시피강에 인접한 서부 주들의 현재의 주민의 아버지들은 그 지방에서의 개척자들이었으며, 현 세대 사람들 중에서도 많은 사람들이 개척지의 조건 하에서 자랐났다. 태평양 해안의 개척자들이었던 사람

---

119 《가죽스타킹 이야기》(Leatherstocking Tales)는 18세기의 개발시대에 뉴욕의 예전의 최초의 지역(Iroquois areas)에 관한 이야기를 소재로 한 소설로서, 이의 저자는 쿠퍼(주 125)이다.
120 노스웨스트 準州(Northwest Territory)는 미국 오하이오강 이북 지역에 형성된 영지(領地)로서, 1787년에 연방의회에 의해서 설립되었으며, 식민지 이후에 조직된 최초의 합병 영토이다. 이 지역은 정치·문화·인종적으로 미국에서도 가장 미국다운 곳이라고 한다.

들은 아직도 살고 있으며, 캘리포니아주가 생긴 지 한 세대 밖에 되지 않았다. 남서부의 거대하고 인구 많은 주는 19세기의 최후의 10년 간에 백인의 정주를 위해서 개방되었고 20세기에 들어와서 발전되었다. 대서양 연안의 원 정주지의 좁은 邊境을 넘어서자 얼마 안 가서 금방 개척지를 발견할 수 있다.

섬너교수[121]는 "개척지 사회를 이해하지 않으면 설명될 수 없는 미국 민주주의의 특징이 있다. 우리의 최대의 정치적 폐습의 어떤 것은 후진적인 시골 마을에서 편리하고 무해했던 격언과 관례를 오늘날의 거대하고 수많은 군중이 살아가는 도시에 옮겨놓은 데서 유래했다"고 말했다. 이 말은 우리의 그보다 더 중대한 법적 폐습의 많은 것에도 그대로 들어맞는다. 특히 사법제도와 소송절차에서의 많은 조잡함은 분명히 개척자의 유물이다. 더욱이 19세기의 미국법의 정신은 개척자의 정신으로부터 민감하게 영향받았다.

가장 실제적인 목적을 위해서는 미국의 司法史는 독립혁명 이후로부터 시작된다. 식민지 아메리카에서의 재판은 처음에는 행정부와 입법부에 의한 재판이었으며, 사법부

---

121 섬너(Sumner, William Graham, 1840-1910)는 예일대학의 사회학 교수로서, 미국의 역사·경제사·정치학 등에 관한 수많은 저술을 남겼다.

에 의하지 않는 이러한 재판은 19세기까지도 존속했다. 또 소수의 현저한 예외를 제외하고는 독립혁명 이전과 그 이후 한때의 재판소는 대체로 법률교양이 없는 행정장관들 *magistrates*로 구성되었으며, 이들은 상식과 조리에 따라서 그리고 입법으로부터 어느 정도의 인도를 받으면서 재판했다. 독립혁명에 이르기까지는 식민지의 대부분에서는 법률을 공부한 재판관을 가지는 것이 필요하다고, 아니 편리하다고도 생각되지 않았다. 독립 이후의 뉴햄프셔주의 최고재판소의 3인의 최고재판소 재판관 중에서 한 사람은 목사였고 다른 한 사람은 의사였다. 1814년부터 1818년까지의 로드아일랜드주의 최고재판소의 어느 재판관은 대장장이였고, 1819년부터 1826년까지의 이 주의 최고재판소장은 농부였다. 제임스 켄트[122]가 1791년에 뉴욕의 재판관이 되었을 때 그는 다음과 같이 전적으로 옳은 말을 할 수 있었다 : "판례집도 없고 주의 선결례도 없다. 재판소의 의견은 구두*ore tenus*로 발표되었다. 우리는 우리 자신의 법을 가지지 않았고, 아무도 (법이) 무엇인가를 아는 사람

---

122 켄트(Kent, James, 1763-1847)는 미국의 법률가이고 학자로서, 《미국법주석서Commentaries on American Law》(1826)의 저자이다.

이 없었다."

우리의 사법제도와 미국 커먼로의 대부분은 18세기의 최후 4반기와 19세기의 전반기의 소산이다. 그와 반대로 우리의 대도시들과 그 대도시들이 야기시킨 사회적 법적 문제들은 19세기의 후반에 속하는 것이며, 긴박한 문제들이 현저하게 나타난 것은 실로 19세기의 최후 4반기에 들어가서였다. 현재 우리나라의 최대의 도시는 326평방 마일 속에, 연방헌법이 채택되었던 당시에 13개 주 전체가 가지고 있었던 것보다 더 많은 그리고 한없이 다양한 인구를 가지고 있다. 그러나 뉴욕시의 인구가 100만에 달한 것은 1880년 경이다. 그리고 위생문제와 주택문제가 처음으로 주장된 것은 남북전쟁 이후의 일이었다. 한 주의 인구가 100만을 넘지 않는 미주리강 서부의 주들은 잉글랜드와 웨일즈를 합한 것보다도 상당히 더 큰 지역을 차지하고 있으며, 미국의 사법제도가 개발되기 위한 조건들 그리고 영국의 커먼로가 미국을 위해서 변용되어 들어오기 위한 조건들을 보다 더 가깝게 보여주고 있다.

19세기 말의 미국 여러 도시의 사법을 이해하기 위해서는 19세기 초반의 동질적인 개척자 또는 농촌사회에서의 사법에 관한 문제들과, 이러한 문제들에 대처함에 있어서 법률가들과 법학자들이 씨름해야 했던 어려움을 이해해야 한다, 그리고 법적 절차에 대한 이러한 사회의 태도와 재판의 본질과 기능에 관한 사회의 관념을 이해해야 한다. 또 정부와 정치에 대한 사회의 태도 그리고 감독과 제한에 대한 사회의 뿌리깊은 반대를 이해해야 한다.

19세기 초반의 동질적인 개척자 또는 농촌사회에서는 사법은 세 가지 문제를 포함하고 있었다. 즉 (1) 영국 커먼로를 계수하거나 또는 다른 어떤 곳에서 법발전을 위한 기초를 발견하는 것, 그리고 계수된 기초 위에서 미국에 적합한 원칙과 법칙을 만들어내는 것, (2) 사법을 각자의 집에 가깝게 하기 위해서 이를 분산시키는 것, (3) 동질적인 공동체 내에 있는 활기에 찬 개척자 자손들이고 대부분 깊은 종교적 신앙과 엄격한 도덕적 훈련에 의해서 억제되어왔던 우발범이나 격정범을 처리하기에 충분한 형법과 형사소송절차를 마련하는 것이었다.

이들 문제 중에서 중요한 것은 첫째로 든 것, 즉 미국에 적합할 수 있는 법칙과 원칙의 체계를 만들어내는 것이었다. 식민지인들은 커먼로를 자신들과 함께 가지고 왔다는 것 그리고 영국법은 이 나라에서 처음부터 통용되었다는 것이 오랫동안 정통한 견해였다. 그러나 이것은 법이론에 한한 이야기이다. 사실은 식민지는 모든 양식의 실험으로서 법없는 재판으로부터 출발했고, 18세기 중엽에 이르러서야 비로소 재판소제도가 수립되었으며, 영국에 가서 법률을 연구하는 풍습이 생기면서 일반적으로 영국법에 따라서 재판하는 것을 조장하기 시작했다. 독립혁명 직전인 1765년에 제1권이 나온 블랙스톤의 연구가 보급되어 커먼로의 계수에 큰 자극을 주었다. 그러나 1791년까지도 뉴욕에서 법이 전혀 정형이 없어서, 켄트와 같은 천재가 커먼로를 그 주의 법으로 삼지 않으면 안되었다.

독립혁명 후에는 대중이 영국과 모든 영국적인 것에 대해서 극도로 적의를 가졌었기 때문에, 커먼로도 영국에 기원하는 것이라는 비난을 면하지 못했다. 재판관들과 입법자들도 대체로 이 일반적 감정에 영향받았으며, 그에 대해서 항거할 만큼 잘 훈련된 변호사들이 없었다. 필라델피아에는 다수의 위대한 법률가들이 있었고, 전국의 여기 저기에도 좋은 법률가들이 있었다. 그러나 그러한 직업을 가진 자들은 대부분 독립전쟁의 군대나 또는 대륙회의 의사당에서 온 사람들이었으며, 그들은 자신들의 경험으로부터 쓰디쓴 감정을 가지고 왔었고 법률지식은 매우 희박한 일이 많았다. 그들은 영국 당국의 어떤 중대한 조사에 대해서든 격분했으며, 아마도 그들의 지식의 부족을 애국심의 발로라고 변명하고자 노력했다는 것은 당연하다. 더구나 크고 세력있는 정당이 열성적으로 프랑스에 대해서 호의를 가졌으며, 영국법을 영국의 것이라고 해서 비난했을 뿐만 아니라 프랑스법의 계수를 요구하는 편으로 기울어졌었다. 로이드*Loyd*는 "재판소의 의견 중에서 영국 판결의 인용은 급진분자들을 격분시켰다. 이의 선결례라는 것들은 전제주의의 걸레조각에 불과하고, 그 판결을 내린 재판관이라는 자들은 폭군이고 아부자들이며 인민의 압제자요 자유의 적이었다"고 말했다. 오늘날 신문에 비위를 들추어내는 법률가는 19세기 초반에서의 그의 선배와 비교한다면 나약한 펜이나 내휘두르는 것이다. 이러한 사상의 영향 밑에서 뉴저지, 펜실베니아 및 켄터키는 재판소에서의 영국판례의 인용을 금지하는 입법을 제정했다. 뉴햄프셔에도 그러한 인용을 금지하는 규칙이 있었고, 그 이외의 곳에서도 자기 이전에 인용된 영국판례에 대해서 격노하는 판사가 하나 둘이 아니었다.

커먼로의 계수에 대한 이런 반대는 부분적으로는 정치적이었다. 그러나 대부분은 개척자의 학문적 법에 대한 반대를 보여주는 현상이었다. 오웬 위스터[123]는 "미국 쑥나무*sagebrush* 속에서 자라난 사려없는 자식들은 규율・질

---

[123] 위스터(Wister, Owen, 1860-1938)는 미국의 작가이며 역사가로서, 서양의 픽션(fiction)의 아버지로 여겨진다.

서·복종을 의미하는 어떤 것에 대해서도 참지 못한다. 타인으로 하여금 자기에게 명령을 내리게 하는 사람을 혐오한다"고 말한다. 이 말에서 그들은 어느 곳이든 문명의 **邊境**에 주둔하는 전초부대의 감정을 보여준다. 인구가 늘어남에 따라 일반적 안전에 대한 이익이 커진다. 그러나 이때에도 거친 개척자 사회에서 주된 포인트는 평화의 유지였다. 판결을 강행할 수 있는 힘을 가진 재판소가 가장 절실히 필요했다. 무게를 재고 균형을 취하고 심사숙고하고 주장을 들어주는 세련되고 학문적인 법은 맞지 않았다. 누구나 이해할 수 있는 소수의 단순한 법칙과 신속하고 과단성 있는 재판소가 이런 사회에 가장 잘 봉사한다. 1849년부터 1866년까지의 광산지구의 관습법은 이 점에서 독립혁명에 이르기까지의 대서양 연안의 경험을 되풀이했었다. 다음 단계에 이르러 부가 증가하고 상업이 발달하고 사회가 더욱 복잡해짐에 따라 취득물의 보장과 거래의 안전에 대한 사회적 이익이 지상명령적으로 사법에서의 확실성과 통일성을 요청하였고, 따라서 법칙을 요구하였다. 그러나 위에서 본 바와 같이 19세기 초에는 미국법은 아직 미발달하였고 또 불확실한 상태에 있었다. 법률전문가 아닌 재판관에 의한 재판, 즉 행정관리나 입법부에 의한 재판은 조잡하고 불평등하고, 비록 부패된 것은 아니었을 지라도 종종 편파적이었다. 우선적으로 요구된 것은 그것에 의해서 통일성과 평등성과 확실성을 보장할 규칙과 체계였다. 그러나 규칙이 모든 사건을 위해서 미리 세워진다는 것은 사실상 불가능한 것이므로, 위와 같은 요구는 법의 학문적 발달이 불가피하다는 것을 의미했다.

미국법의 학문적 발달은 개척자 시대를 지난 후에도 존속한 개척자정신에 의해서 지연됐고 또 심지어는 왜곡됐다. 교육받고 잘 훈련된 변호사 그리고 독립적이고 경험있고 항구적인 사법부 등에 대한 반대의 효과들은, 미국 정치에서의 제퍼슨 브릭[124] 시대의 유물로서, 전자의 역할을 한 것으로 말해진다. 여기에서는 통일성에 대한 관심이 결여되어 있었고, 오히려 우리 법체계의 특색인 지방적 특수성을 조장시킨다는 점을 상기시킨다. 그 책임의 일부는 청교주의가 져야 한다. 그러나 미국법에서의 이런 정신은 대부분 개척자들이 학문적 법을 혐오하고, 그들의 재판관은 유럽의 군주국에서 또는 그보다 동쪽에 있는 문화가 쇠퇴한 사회에서 재판관들이 어떠한 일을 하였는지를 연구할 필

---

[124] 브릭(Brick, Jefferson)은 찰스 디킨스(Dickens, Charles John Huffam, 1812-1870)의 소설 《Martin Chuzzlewit》에 나오는 뉴욕의 한 잡지사의 종군기자로서, 디킨스가 1842년에 미국을 방문했을 때 경험했던 뉴욕헤럴드의 한 기자의 실제 생활을 희화한 것이다.

요없이 단지 즉석에서 결정할 것을 주장한데서 유래한다.

또 규칙들을 세밀히 만들고 모든 사법기구를 이러한 목적에 전념하도록 하자는 주장은 — 이것은 19세기 미국의 큰 특색이다 — 대부분 정부활동에 대한 개척자의 불신에 기인한 것이다. 개척자 또는 멀리 떨어져 정주하는 농촌사회는 필요한 최소한의 정부에 만족하고 또 그런 편을 좋아한다. 일반적 안전에 대한 사회이익은 어느 정도의 정부기구를 요구한다. 그것은 민사 및 형사재판소 그리고 거기서 적용될 규칙 및 판결의 표준을 요구한다. 그러나 모든 농장이 대체로 자족적이었던 때에는 중요한 관심은 이 사회이익을 보호하기 위해서 설립된 정부기구가 부당하게 개인의 이익에 간섭하지 않느냐 하는 점이었다. 정부 활동에 대한 이러한 개척자의 불신은 청교도의 연합 사상 및 18세기의 인간의 권리 사상과 합류해서, 개인의 이익을 높이고 조직된 사회통제에 대해서 모든 가능한 억제책을 마련하게 했다. 어떤 특권자의 또는 행정부의 또는 사법부의 자유재량도 있어서는 안된다. 사람들이 지배를 받아야 한다면, 그것은 반드시 법에 의해서 알려진 규칙에 의해서야 한다.

그리하여 우리 미국 법체계 형성기에서의 주요 문제는 규칙을 찾아내고 정립하는 것, 즉 확실하고 세밀한 규칙의 체계를 발전시키는 것이었다. 그리고 여기에서의 규칙은 한편으로는 미국의 생활수요에 맞으며, 다른 편으로는 집권자의 개인적 판단과 자유재량에 맡기는 것을 가급적 적게 해서 집권자를 견제하고 가능한 최대한 개인의 창의에 맡기는 것, 모든 정부와 관청의 활동을 개인과 전체의 조화로운 공존을 위해서 필요한 최소한에 국한시키는 것이었다. 이런 문제가 19세기의 최후 4반기에 이르기까지 우리 법발전의 모든 진로를 결정했다. 더 나아가 그것은 우리의 재판소체제와 사법기구를 결정했다. 특히 우리는 사법부의 판결에 의한 법의 발전을 위해서 유효한 기구를 확보하려고 노력했다. 한때는 이것이 우리 최고재판소의 중요 임무였다. 한때는 존 도우*John Doe*가 공동체를 위해서 참는 것이 적당했다. 개개의 사건을 올바르게 재판하는 것보다는 장래를 위해서 건전하고 정당한 규칙을 만들어내는 것이 더 중요한 경우가 종종 있었다. 그 결과 1세기 동안 우리 재판소의 정력은 주로 우리의 판례법의 발전을 위하여 경주되었고, 이 목적을 위해서 사법적 등급제가 수립되었다. 오늘날의 도시사회에서는 법의 제정을 입법부에게 기대하고, 사법부에 대해서는 분쟁의 처리를 기대하는데, 주로 위와 같은 목적을 위해서 구성된 재판소체제가 도시사회에서의 소송을 유효하게 처리할 수 있으리라고는 기대할 수 없었다.

미국법의 형성기에서의 두 번째 문제는 서로 멀리 떨어져 산재되어 정주하는 사회에서 각인에게 정의를 가져다 주기 위해서 사법을 분산시키는 것이었다. 독립혁명 당시의 영국의 제도는 이 나라에서 세밀한 점에 이르기까지 따르기 위한 모범으로서는 너무나 자의적이었고 너무나 복잡했다. 그러나 경합관할과 몇 개의 역사적 변칙을 제외하고는 일반적 윤곽은 이해될 수 있었으며, 그것이 미국의 사법제도의 모형이 되었다. 그것은 밑에서부터 시작해서 (1) 경미사건을 위한 지방의 치안판사 및 지방의 하급재판소, (2) 커먼로와 범죄에 관해서 일반적 관할권을 가지는 중앙재판소, 순회재판소 curcuit에서의 지방의 재판 local trial과 민사재판을 돌아서 중앙재판소에서 재심리, (3) 증언은 지방에서 청취되지만 소송은 한 곳에서 심리되는 중앙형평법재판소, (4) 유언검인의 관할권을 가지는 특별재판소, 그리고 (5) 재심리를 위한 최고재판소였다. 미국에서는 5, 6개를 제외한 모든 법역에서 (2)와 (3)이 합병되었다. 그러나 우리 법역들의 대부분은 이 유익한 합병 법률에서 정지되었다. 사실상 당분간은 합병의 필요성이 없었다. 미국의 사법기구의 형성기에 마음을 끌었던 앞서 말한 체제의 결점은 앞의 (2) 및 (3)의 종류의 재판소 즉 중앙커먼로재판소와 중앙형평법재판소에 있었다. 넓은 나라에서 교통이 느리고 여행에 비용이 많이 들었던 시기에는 이러한 중앙재판소는 소송당사자에게 참을 수 없는 곤란을 부과했다. 재판을 모든 사람의 집 뒷문까지 가져다 주는 것이 제일 필요했다. 그 결과 대부분의 주에서 커먼로와 형평법에 관해서 일반적 관할권을 가진 다수의 재판소가 설립되었으며, 그 이후로 재판소의 수를 늘리는 것이 방침이었다. 우리 재판소의 조직에서처럼 그렇게 많이 급진적인 변화가 필요한 곳은 없다. 우리나라의 대부분의 주에서는 19세기 초반에 개척자·시골·농업사회에 적합하게 만들어졌던 사법기구의 모든 설계가 오늘날의 공업과 도시의 사회에서의 소송을 유효하게 처리하는데 방해가 되고 있다.

100년 전에는 형법을 어떻게 사회이익을 보장하는 유효한 수단으로 만드느냐 보다도 어떻게 해서 응보적 재판을 억제하고 응보적 정의를 가장한 압제로부터 개인을 보호하느냐에 있었던 것으로 보였다. 영국 형법은 완력과 폭력의 시대에 폭력범에 대처하기 위한 사법상의 경험으로부터 발달했었다. 후에 더 문명화된 시대의 요청은 황실재판소에서 오늘날 경범죄*misdemeanors*에 관한 커먼로로 되어 있는 것을 발달케 하였다. 그리하여 범죄에 관한 영국법의 한 부분은 우리 부친들이 생각했던 것과 같이 난폭한 사회에서의 폭력에 의한 살인·강도·강간·가축절도를 억제하기 위해서 만들어진 법에 알맞게 가혹하고 잔인했다. 다른 부분은 마치 국왕의 특권에 관한 극단적 이론의 시대에 튜더와 스튜어트의 국왕의 고문회council에서 만들어진 법체계로부터나 예상될 수 있는 것과 같은 위험한 직권자의 자유재량을 포함하고 있는 것으로 보였다. 식민지인들은 형법과 정치의 밀접한 관련을 경험했었다. 이 경험의 기억을 계속해서 그대로 가지고 있었던 개척자들은 단지 중죄에 관한 고래의 법의 잔인성을 제거하려는 데에만 관심을 가졌던 것이 아니다. 그보다도 형법에 의한 정치적 압제에 대해서 가졌던 그들의 끊임없는 공포가 그들과 이들의 사상을 흡수한 다음 세대로 하여금 복잡하고 비용이 들고 시일을 끄는 커먼로의 소추방법상의 절차를 더 심하게 하고, 개인의 자유에 대한 보루가 간과되지 않도록 배심에 대해서 과도한 권한을 부여하고, 공판재판관의 공판지휘 권한을 제한 내지 박탈해서 그 자리에 배심을 놓게 했다. 이러한 응보적 재판의 약화는, 사회가 관대하게 보는 불화와 결투를 제외하고는, 범죄가 드물고 비정상적이었던 시대와 장소, 따라서 신속하게 움직이는 응보적 재판을 요구하지 않았던 시대와 장소, 따라서 사회가 오늘날 요구되는 바와 같이 다수의 범죄인에 대해서 방대한 형법전을 적용할 임무에 적합한 신속하게 움직이는 응보적 재판을 요구하지 않았던 시대와 장소에서는, 그다지 큰 해를 끼치지는 않았다.

페니모어 쿠퍼[125]의 개척자에서, 이야기는 1833년의 뉴욕 중앙부 즉 우리가 들은 바로는 그보다 40년 전에는 황무지였다고 하는 지역의 감명적인 그림으로부터 시작된다. 저자는 이 도시의 번영의 원인을 무엇보다도 온화한 법과 개척자정신에 돌리고 있다. 그는 다음과 같이 말한다. "전 지역은 바위투성이이고 험한 기후를 가지고 있으면서도, 온화한 법의 지배 밑에서 그리고 모든 사람이 그 자신이 속한 공동체의 번영에 대해서 직접적인 이해관계를 느끼고 있는 곳에서, 얼마나 많은 일이 성취될 수 있느냐를 시시각각으로 보여주고 있다." 이것이 우리 미국의 커먼로 제도의 정신이다. 그것은 자기의 권리를 아끼고 정부의 제도에 대해서 공감하는 동질적인 주민을 전제로 한다. 그것은 격분해서는 난폭한 방법으로 공공의 정의를 옹호하는 경향을 가지기는 했으나, 내면적으로 법을 잘 지키는 대중을 전제로 한다. 그것은 법의 규칙이 확인되고 알려진 때

---

125 쿠퍼(Cooper, James Fenimore, 1789-1851)는 앞서 소개된 《가죽스타킹 이야기》의 저자이다. 이 소설에서는 미국의 邊境을 배경으로 백인과 인디언의 관계를 다채롭게 묘사하였다.

에는 대체로 그 규칙에 잘 따르는, 따라서 재판소와 국가의 주요 관심사는 무엇이 법이냐를 정립함에 있다는 것을 아는 인민을 전제로 한다. 그것은 배심원석에 앉으면 현명하게 그리고 확고하게 법을 강행하고, 지혜롭고 단호하게 사람과 사람 사이의 정의를 옹호해 주리라는 것을 신뢰할 수 있는 대중을 전제로 한다. 환언하면 우리 커먼로 제도는 19세기 초반의 미국의 농업사회를 전제로 하는 것이다. 이때의 사정은 우리 법체계가 19세기 말과 20세기의 거대한 도시사회에서 정의를 행하려고 노력함에 있어서 당면해야 하는 사정과는 북극과 남극의 양 극단 만큼이나 거리가 먼 것이었다.

19세기에 사법부의 판결과 전문적 관행과 입법을 통해서 발전된 미국의 소송절차는 더욱 명백하게 개척자의 수법을 보여주고 있다. 우리 소송절차를 많이 연구하지 않더라도, 나라 전체를 통람컨대 그 특징 중의 많은 것은 75년 내지 100년 전의 농촌사회의 조건에 의해서 결정되었다는 것을 이해할 수 있다. 그 특징들 중의 많은 것은 시골의 농촌사회에 보다 더 적합한 것이다. 도시생활의 오락으로부터 멀리 떨어져 있는 시골의 농촌사회에서 농부들은 일을 쉬는 사이에 재판소의 청사에서 그들의 극장을 발견했고, 근대적 도시사회에서 보다 더 정치와 소송에서 오락을 기대했다. 예컨대 만약 내가 미국의 司法史 상의 전기를 옳게 읽었다면, 미국의 사법재판소에서의 변호사의 과장된 중요성, 즉 재판관은 가만히 앉아서 경쟁의 규칙을 관장해야 하는데 반해서 변호사에게는 자유로운 고삐(거의 특허라고 해도 좋을 것이다)가 주어지는 바, 그 원인의 적지 않은 부분은 개척지의 조건과 개척자들의 사고방식에 귀착될 수 있을 것이다. 시골의 농민들이 법정에서의 구경거리를 보기 위해서 모여들었을 때, 그들은 기대했던 유수와 같은 웅변을 막아버리는 법률적 사항에 관한 평결의 지휘에 대해서 분개한다. 그들은 재판소 및 소송당사자와 마찬가지로 방청객들도 고려되어야 한다고 생각했기 때문에, 변론시간에 대한 사법상의 제한에 대해서 분개한다. 그러므로 방해받지 않는 변론의 이익을 위해서 공판재판관을 억제하는 입법의 기원은 개척자에게 있다. 특히 개척자 사회에서 매우 좋아하는 타입이었던 능변의 변호사를 바라는 열망으로부터 재판소의 권한을 제한하는 입법이 생겨났는데, 이런 입법은 공판재판관뿐만 아니라 법에서 까지도 공판에 대한 모든 영향력을 박탈하고 처리되어야 할 모든 것을 변론에 일임하도록 성장했다. 더욱이 법정이란 경기장에 있는 개척지 관람자들은 야구경기를 관람하는 도시의 형제들과 별로 다르지 않았다. 그들은 얼마 안되어 경기의 요점을 배우고 경기를 할 수 있는 사람을 알고 평가하게 된다.

어떤 저명한 법률가의 회상록 속에 1861년 매사추세츠주 서부에서의 저자 자신의 경험을 기술한 〈시골의 재판〉이라는 장이 있다. 그는 부동산에 대한 악의의 가해 때문에 소추당한 사건 이야기를 하고 있는데, 사건은 목제의 흡수기가 단순한 장난으로 우물로부터 제거되었다는 것이었다. 변호사는 부동산에 대한 악의의 가해는 존재하지 않는다, 왜냐하면 토지는 가해를 받지 않았고 흡수기 자체는 동산이므로 고소는 동산에 대한 악의의 가해를 이유로 하는 것이어야 했다고 말했다. 이것을 증명하기 위해서 그는, 만약 흡수기가 부동산이라면 매도될 때마다 매도의 날인증서 deed of sale[126]에 의한 양도가 있어야 할 것이라고 주장했다. 치안판사는 정당하게도 이에 감명받아 피고인을 석방했다. 그러나 피고인은 양심있는 사람이었기 때문에 동산에 대한 악의의 가해를 이유로 하는 새로운 고소를 제기케 했고, 그에 따라 그는 다시 체포되어 공판에 회부되었다. 그랬더니 그 같은 변호사는 우물 속에 있고 영구적 용도를 위해서 그에 부착된 흡수기는 정착물이며 따라서 동

---

[126] 날인증서(deed of sale)란 종이(또는 양피지)에 서명하고 그 인영(seal)을 눌러 상대방 또는 제3자에게 교부한 문서이다

산이 아니라고 하는 모두가 동의하는 결정적인 선례를 인용했다. 재판소는 이 판례의 효력을 부인할 수 없었으며, 피고인을 이 고소로도 또한 석방하지 않을 수 없었다. 그래서 그들은 사라져 버렸다. 그러나 "그 치안판사는 다른 우리들과 마찬가지로 그 자신까지도 그 농담을 즐겼다"고 한다. 저자는 계속하기를, "사실상 이 당시의 재판 중에는 엉터리없는 농담으로 생각됐던 것이 많았다"고 했다. 다른 곳에서 그는 다음과 같이 말하고 있다. "경기 전체가 機智의 경기라고 생각됐으며, 만약 어떤 사람이 상대편보다도 좀더 앎으로써 우세하다면, 그가 그의 소송의뢰인의 이익에 가장 적합하도록 어떤 방법으로든지 그 지식을 쓰는 것이 그 사람의 인격을 떨어뜨리는 것이라고는 조금도 생각되지 않았다." 이러한 경기의 윤리는 직업적 야구시합의 윤리였다. 오늘날에는 직업적 윤리도 이 정도는 훨씬 넘어섰다는 것을 내가 새삼스럽게 말할 필요는 없다. 그러나 우리의 소송은 아직도 여전히 이 변호사의 이야기에서 극단적으로 표현된 정신 속에 많이 잠겨있다.

개척자는 미국의 사법절차에 대해서 또 다른 방법으로 영향을 주었다. 개척지에는 "곤궁에 빠져 있었던 모든 사람과, 빚을 지고 있었던 모든 사람과, 불만을 품고 있었던 모든 사람이 다시 생활을 시작하기 위해서 모여들었다."

따라서 개척자의 태도는 그의 청구권을 강행하려고 하는 채권자에 대해서 호의를 가지지 않았었고, 개척지의 법역에서의 입법은 종종 아둘람의 동굴[127]에서나 기대될 수 있는 것과 같은 것이었다. 배심의 과도한 권한, 공판재판관의 권한의 감축, 원고를 방해하는 소송상의 장애라는 철조망, 그리고 소송상의 오류가 있을 때 피고측에 대하여 부여된 권리 —— 미국의 소송절차에서의 이 모든 제도는 (이와 같이) 채권자의 강요에 못 이겨서 도망쳐온 사람들을 방호하려는 개척자 사회의 욕망으로부터 성장하였다. 후에 이 사회가 자연자원을 개발함에 있어서 그들의 옛날의 이웃들로부터 무거운 빚을 졌을 때에는, 이들 제도를 유지하는 데 고도의 지방적 이익이 있었다. 미국의 어떤 부분에서의 소송절차의 기본적인 정신은 채무자에게 호의를 가지는 개척자에 의해서 물들여져서, 사법기구에서의 실효성을 증가시키는 방향으로의 개선은 겨우 완만하게 밖에 나올 수 없었다. 그와 같은 것은 커먼로적 사고방식에는 전혀 알려지지 않은 것이다. 그러나 그것이 미국에서의 커먼로의 절차에 대해서 적지 않은 영향을 주었다.

위그모어 학장이 재판경기론이라고 부른 것, 즉 재판은

---

127 아둘람(Adullam)은 베들레헴에서 남서쪽 약 20km에 위치한 저지대 도시이며, 다윗이 이곳의 동굴에 은신했었다.

냉혹하게 최후까지 싸워져야 할 한 개의 경기라고 하는 사상은, 의심할 여지없이 그 기원을 앵글로 아메리카적 성격에 가지고 있으며, 또 커먼로의 개인주의와 밀접하게 연관되어 있다. 그렇지만 그것은 소송에 대한 개척자의 태도에 의해서 조장되었으며, 주로 근래에 와서 개척자의 기억이 아직도 생생한 텍사스의 형사상소재판소와 같은 재판소에서 번성했다. 더욱이 배심원들이 법에 따라서 자신들을 판단하는 것, 아니 도대체 자신들을 재판하는 것을 좋아하지 않기 때문에, 뒤로 물러 앉아서 소송절차의 정밀함을 따라야 하는 습관적인 피고인 계급의 발생과, 법보다도 오히려 동정과 선입견에 의존하고 법의 집행 또는 재판의 유지에 대한 사법상의 간섭에 분개하는 습관적인 원고변호인 계급의 발생이, 전혀 다른 환경 속에서도 개척지의 소송절차의 정신을 존속시키는데 이바지했다. 기술적 절차는 자유의 이익을 위해서 집권자를 견제하는데 필요한 것도 아니고 재판을 진행시키기 위한 방책도 아니었다. 이것은 우리 법의 초기의 기계적 재판방식의 유물이며, 18세기의 과도한 형식적 세련의 시대에 발달하여, 19세기의 개척자의 또는 농촌의 미국 사회에서 조장되고 더욱 발전된 것이다. 그리고 이것은 최근에 공업적 도시적 사회에서의 불법행위소송의 조건들로부터 생긴 직업적 원고변호사와 습관적 피고와의 사이의 끊임없는 다툼에서 새로운 용도를 위해서 사용된다.

19세기에서의 행정에 대한 커먼로의 태도의 악화는 다른 것과 관련해서 이미 언급했다. 이런 태도에는 재판소와 국왕과의 항쟁으로부터 성장한 17세기의 정치적 관념, 청교주의, 18세기의 정치적 관념 등도 기여했다. 그러나 19세기에서 이러한 태도를 지나치게 강조하는 것은, 상당한 정도 정부나 정치에 대한 개척자의 불신과 그의 감독과 억제에 대한 뿌리깊은 반감의 결과였다. 또 19세기의 최후 4반기에 발달한 사회입법에 대한 불신, 계약의 자유와 합법적 직업에 종사할 권리는 개인에게 보장된 것이며 입법의 권한 밖에 있는 것이라고 하는 주장 등은 부분적으로는 개척자들의 감정, 즉 개척자들은 혼자 하도록 내버려두어야 하며 가장 적게 지배를 받을 때 가장 잘 규율된다고 하는 감정으로부터 결과한다. 이 두 예에서 청교도와 개척자는 17세기에 재판소와 국왕과의 항쟁으로 형성된 재료를 사용함으로써, 영국의 법 정립이 결정적으로 전향적 방향으로 변경한 후 40년 동안 이 나라에서 사회입법의 제정과 강행을 억제할 수 있었다.

우리의 법적 및 사법적 제도가 그 형성기에 생긴 개척자의 각인에 의해서 얼마나 크게 왜곡되었느냐는, 오늘날의 미국 도시에서의 사법에 관한 주요 문제를 살핌으로써 그리고 우리 제도가 그런 문제들을 위해서 얼마나 부적합한가를 이해함으로써 알 수 있을 것이다.

미국에서의 법의 사회화의 요청은 완전히는 아니라 할지라도 거의 전적으로 도시로부터 온 것이다. 우리는 보호를 요구하는 농업노동자 계층은 가지고 있지 않다. 사람들을 사람들로부터 보호할 것, 주택문제를 규제할 것, 위생문제를 강행할 것, 우유의 보급을 검사할 것, 무지하고 속기 쉬운 이민들에 대해서 부담을 지우는 것을 방지할 것, 저축을 하는 소액 투자자를 일확천금적인 기업으로부터 보호할 것, 노동조건을 규제하고 최소한도의 임금을 얻게 해 줄 것 등과 같은 요청, 그리고 우리들로 하여금 이러한 요청에 대해서 주의할 것을 요구하는 여러 가지 조건 등은 도시로부터 온 것이다. 그러나 우리 법체계는 농촌사회 또는 조그만 마을을 위해서 — 즉 각자가 이해하고 있는 물건을 거래하는 평등자 간에서의 과욕과 침해에 대한 보호 이외에는 다른 보호를 필요로 하지 않는 자들을 위해서 — 발달된 원칙과 법칙의 기초 위에서 이러한 요청을 만족시켜 주어야 한다. 한 세대도 채 안되는 이전에 우리들은 정부 후견주의 *governmental paternalism*를 반대하는 우리 아버지들의 부르짖음을 반복하고 있었다. 오늘날에는 매일 매일 늘어가고 있는 위원회·평의원회·검사관 등의 기구가 증명하는 바와 같이 대규모로 이러한 상태로의 전환이 행해졌을 뿐만 아니라, 우리의 거대한 도시사회의 조건들에 순응하기 위해서 정부 모권주의*governmental maternalism*라고 불리워 온 것을 요청하기 시작하고 있다. 많은 것이 행해졌고 현재 비교적 급속한 진보가 이루어지고 있기는 하지만 아마 아직도 주요한 문제는, 주로 75년 전의 농촌사회에서의 일반적 안전에 대한 이익을 보호하기 위해서 안출된 규칙과 원칙의 기초 위에서, 현대도시의 환경 속에서 모든 개인의 도덕적·사회적 생활에 대한 사회적 이익을 확보해 줄 수 있는 법적 사법재판의 체제를 만들어 내는 것이다.

또 재판조직과 법적 절차의 개선에 대한 요청도 도시로부터 오고 있다. 과거 15년 동안의 연방과 각 주의 변호사협회에서의 이 문제에 관한 논쟁에서 도시의 법률가는 개혁이 지상명령적이라고 주장했음에 대해서, 시골의 변호사는 해악을 지나치게 강조했으며 커다란 변경은 전혀 불필요하다고 주장했다. 또 도시법률가가 야심적인 개혁의 계획을 주장했음에 대해서 시골의 법률가는 그 계획을 깨뜨려 왔다. 이러한 점은 의미있는 일이다. 현대적인 사법조직과 현대적인 소송절차는 실로 도시뿐만 아니라 시골에게도 진정으로 봉사할 것이다. 그러나 압력은 도시로부터 오고 있으며, 우리는 도시에 낡은 기구를 맞추려고 헛된 노력을 하고 있다. 현재 조직되어 있는 대도시에서의 재판소는 쌓여있는 다수의 소송사건 때문에 재판소가 거의 치여 넘어질 정도의 압력을 받고 있다. 재판소는 보통 거의 연중 열려있지만, 그래도 그들은 당사자들과 증인들을 장기의 지체로 인해서 지치게 만들고 있으며, 어떤 법역에서는 많은 일 처리가 경솔하고 불완전하다고 해서 판결파기와 재심이 계속해서 요구되고 있다. 이런 사태는 일반적 관할권을 가진 거의 모든 도시의 재판소에서 발견될 수 있을 것이다. 도시의 민사소송을 적절히 처리하기 위해서, 도시생활의 조건에 의해서 요구되는 대량의 경찰규칙을 집행하기 위해서, 그리고 형법으로 하여금 유효하게 사회이익을 보장케 하기 위해서, 우리는 사법권의 낭비를 제거하고 시간을 절약하고 정력을 아껴야 한다. 우리의 사법제도가 형성되었을 때에는 이러한 필요성은 없었다. 오늘날에도 시골에서는 종종 그 필요성이 대단히 적다. 도시에서는 전혀 불필요한 일을 하기 위한 시간과 금전의 낭비가 재판부인론을 낳게 한다.

현대 도시에서의 사법에 관한 셋째 문제는 사소한 소송을 위해서 적절한 규정을 만드는 것이다. 즉 가난한 자의 소송을 신속하고 저렴하고 정당하게 처리하기 위해서, 변화가 많은 주민들 간에서 채권의 만족을 위해서, 그리고 인종과 언어를 달리하는 다망하고 다양한 주민들 간에서 필연적으로 생기는 방대한 분량의 사소한 분규를 위해서 적절한 규정을 마련하는 것이다. 사법이 직접 최대 다수의 인민들과 접촉하는 것은 이런 사건에서 이다. 도시 주민의 대부분이 가지고 있는 과거의 법에 관한 경험은 너무나 잦은 경찰관의 자의적인 자유재량이었는 바, 이러한 도시 주민의 대부분으로 하여금 법은 전체의 이익뿐만 아니라 개인의 이익을 보장하기 위한 살아있는 힘이라는 것을 느끼게 해줄 수 있는 것도 이런 사건에서 이다. 왜냐하면 개인의 도덕적·사회적 생활 속에 강대한 사회적 이익이 있기 때문이다. 만약 일방이 타방으로부터 공격을 받고 있는데, 공격하는 타방은 공격받는 자의 반격을 이겨낼 수단과 성향을 가짐에도 공격받는 자를 위한 보호의 수단이 너무나 복잡하고 비용이 많이 들어서 공격하는 상대방에 대해서 그러한 수단이 이용될 수 없다면, 그 일방의 의사는 타방의 의사에 종속되게 된다. 이와 같이 한 개인의 의사가 자의적으로 타인의 의사에 종속되게 된다면, 그것은 사회 전체에 대한 가해이다. 인민의 대부분이 미국법에 대해서 가지는 가장 진실된 불평은 실체법상의 법칙에 관한 것이 아니라 집행기구에 관한 것, 즉 너무나 자주 최선의 법칙까지도 실제 운영에서 무력하게 만드는 집행기구에 관한 것이었다. 우리나라의 어떤 대도시의 시재판소 municipal court[128]는 이런 사태를 구제하기 시작하고 있다. 그러나 나라 전체를 통해서 본다면, 사소한 사건에서 즉 도시사회의 대다수의 사람들의 일상의 권리와 권리침해와 관련해서, 권리를 보장하는 기구가 권리를 침해당했을 때 그것을 주장하는 것을 비실제적인 것으로 만들고 있으며, 그럼으로써 실제로는 권리를 (보장하는 것이 아니라) 좌절시키고 있다. 그런데 이런 점이 너무나 명백하기 때문에 우리는 일일이 들어서 이를 언급하지 않게 되어 버렸다.

미국의 사법의 위신을 떨어뜨린 이런 사소한 사건에 대한 준비의 무시에는 많은 원인이 기여했다. 그 원인들 중에서 적어도 둘은 개척자 재판의 조건에 기인했다. 하나는 다른 것과 관련해서 이미 지적한 것으로서, 급속한 성장과 변화의 시대에서 큰 사건을 위해서나 작은 사건을 위해서나 마찬가지로 실체법의 체계를 만들어내야 했다는 점이다. 우리는 근면하게 법의 정립을 연구했다. 1세기 이상 동안이나 이 나라에서 우리들은 사법의 경험 속에서 일련의 원

---

128 시재판소는 州의 재판제도로서, 경미한 사건을 처리하기 위하여 지방의 도시에 설치된 제1심재판소이다.

칙과 그로부터의 연역으로 일련의 법칙을, 될 수 있는 대로 정의의 요구에 맞도록 발전시키는데 종사해 왔다. 이것은 진실로 우리 법의 가장 중요한 부분으로서, 이는 판결된 사건의 판례집 속에서 발견된다. 우리 사법제도의 거의 모든 정력은 수미일관하고 논리적이고, 세부에 이르기까지 정확한 한 덩어리의 선결례를 만들어 내는데 사용되어 왔다. 그러나 추상적 법칙은 정의에 도달하기 위한 수단에 불과하다. 우리의 눈이 추상적 법칙에 고정되어 있는 동안, 우리가 매일 실제 사건에서 얻는 결과는 우리의 주의로부터 벗어나 버렸다. 법을 강행하는 완만한 기구가 드디어 원칙을 사건에 적용하는데 성공한 경우에, 우리는 대다수의 사건에서 그 결과는 마땅히 그래야 할 결과라고 확신해도 좋을 것이다. 그렇지만 법의 적용과 법의 집행에 대해서 동등한 주의를 하지 않음으로써 너무나도 자주 법적 규칙에 효과를 부여하기 위해서 안출된 기구가 그 실제 운영에서는 법의 목적을 깨뜨리는 결과를 낳았다. 이미 언급된 원인의 다른 하나는 우리 소송절차가 위에서 보아온 바와 같이 주로 75년 내지 100년 전의 농촌사회의 조건에 의해서 결정되었다는 점이다. 그러므로 경미한 사건을 위한 더 나은 방법을 마련해야 한다고 주장하면, 많은 사람들은 소송을 많이 하는 것은 좋은 일이 아니라는 진부한 말을 되풀이한다.

현대 도시의 주민들에게 소송은 될 수 있는 대로 하지 않는 것이 좋다고 해서, 그로써 이론상 보통 사람들의 권리가 유지되는 소소한 소송을 실제상 제거해 버리는 것이 좋다고 말하는 것은 적당치 않을 것이다. 소송을 위한 소송을 못하게 하는 것은 마땅하다. 그러나 미국의 사법기구와 소송절차에 담겨져 있는 소송을 단념시키게 하는 요소에도 불구하고, 이러한 소소한 소송은 지금까지 잔존하고 있다. 소송은 하지 않는 것이 좋다고 하는 생각은, 마땅히 그렇게 조정되어야 할 것은 우호적 조정에 의해야 한다는 한에서는 타당하지만, 이러한 생각의 근원은 진실로는 가까운 과거에서의 소송절차의 조건 밑에서 생긴 소송의 명백한 무용성에 있다. 그것은 현대 도시사회에서 보다도, 소송이 경기이고 공판이 구경거리인 개척자사회와 농촌사회에서 훨씬 더 그러했다. 더 나아가 소송을 단념시키는 것은 권리침해를 장려할 위험이 있으며, 실제로 그러하다는 것은 우리가 도시에서 법적 조력을 받은 경험이 조금이라도 있으면 쉽게 알 수 있다. 우리는 세상의 모든 국민들 중에서 가난한 자의 권리를 위해서 가장 많이 배려했어야 하며, 이는 그 사건에서 주장되는 권리가 아무리 경미하더라도 마찬가지이다. 그런데 우리는 불행히도 근래의 도시재판소의 조직이 변화를 가져오고 있는 것을 제외하고는, 이런 종류의 분규에 대한 정당한 요구에 대해서 냉담했었다.

법의 적용과 집행이 현대 법학에서의 중심문제로 생각된다. 미국에서는 이 문제가 특히 크다. 왜냐하면 우리 제도가 다른 나라에서는 행정부나 입법부에 맡겨진 것을 많이 재판소에 부여했기 때문이다. 이 문제는 또 특히 미국의 도시에서 크다. 왜냐하면 도시에서는 재판소에 대한 요구가 계속해서 증가하고 있기 때문이다. 이런 사회에서는 법은 양심에 의해서 인도되는 것이라는 청교도적 법개념, 그리고 재판소는 주로 새로운 나라의 규칙을 만들기 위해서 존재하는 것이라는 개척자의 관념은 전혀 부적절하다. 법은 개인의 창의를 실현한다는 개척자적 관념은 더욱 부적당하다. 이러한 관념들에 의해서 형성된 법과 법운영 기관은 도시생활의 환경에 의해서 그들에게 부과된 것을 감당할 수 없다. 또한 법은 의식적이고 결정적인 인간사의 소산이라고 하는 현대의 견해에 의해서 그들에게 부과된 것을 감당할 수 없다. 이 점은 이질적인 사회에서의 법의 적용과 집행에서는 더욱 명백하다. 미국의 커먼로는 자연법이론과 개척자사회에서의 실제적 평등의 영향 하에, 계급은 존재치 않으며 사람들은 통상적으로 타인과 서로 평등한 조건으로 서로 적당한 거리를 두고 교제한다고 가정했다. 그러므로 19세기 말의 재판소는 공업사회에 사실상 존재하는 계급과 그들 간의 거래에서 존재할 수 있는 사실상의 불평등을 인정한 입법의 효력을 시인하기를 꺼렸다. 또 미국의 커먼로는 사회의 모든 통상적인 구성원은 자신의 권리를 주장함에 열심이고 또 그렇게 함에 있어서 솔선해서 나선다고 가정한다. 사회가 이론상으로 평등하다는 것에 기초해서 만들어진 법칙을 다양한 이해관계를 가지고 여러 계급으로 갈려져 있는 사회에 적용함으로써 적지 않은 마찰이 생겨났다. 비효율성의 대부분은 개척자사회에 적응시키기 위해서 극단적으로 발달된 커먼로의 원칙을 도시주민들 중 우리의 개인주의와 개인의 자유에 대한 우리의 성향을 이해하지 못하는 사람들에게 적용하는 것, 그리고 본능적으로 또 훈련에 의해서 권위와 집권자를 불신하는 사람들의 경우에는 개인의 창의에 의존하는 것으로부터 생겨났다. 트레인씨[129]의 저서 《범죄, 범인 및 카모라》[130]는 어떻게 다른 나라의 사정으로부터 양성된 재판소에 대한 공포가 이민자들로 하여금 구제를 받기 위해서 법에 호소하기 보다도 오히려 강력한 압제를 참고 견디게 만들 수

---

129 트레인(Train, Arthur Cheney, 1875-1945)은 미국의 법률가이고 범죄스릴러물의 저자이다.

130 카모라(Camorra)는 1820년 경 이탈리아에서 조직된 비밀결사단체이다.

있느냐를 생생하게 보여준다.

끝으로 도시에서의 사회사업가들은 행정을 19세기에 부과된 엄격한 제한으로부터 해방시키는 문제와 씨름해야 했다. 행정활동을 가능한 최소한의 한계 내로 국한시키려는 시도는 19세기 말에 다수의 법칙을 가져다 주었는데, 이러한 법칙들은 극소수는 도움을 주지만 대부분은 우리를 방해한다. 공익사업의 규제, 공장검사, 식품검사, 임차건물검사 및 건축법 등이 우리를 더욱 더욱 형법으로부터 개척자가 혐오했던 행정적 감독과 예방으로 향하게 했다. 개척자들이 매우 철저하게 행정을 가로막았기 때문에, 그 반동이 반대방향으로 지나치게 나아가서 그런 문제를 법의 영역에서 전적으로 빼버리는 중대한 위험을 낳게 했다. 개척자의 공법과 행정법은 그대로 존속할 수 없다. 우리는 그 전체를 새로운 노선에 따라서 개조해야 한다.

우리 법에 대한 개척자의 영향을 검토하건대, 우리는 영국의 커먼로를 우리의 개척자사회에 맞게 개조한 재판관들의 왕성하고 훌륭한 분별력의 덕을 적지 않게 입고 있다는 것을 인정할 수 있다. 학문은 현학적 태도에 잠겼었는데, 여기에서 강렬한 분별력이 미국에게 전통적 원칙이 새 환경 속에서 작용할 수 있도록 만든 실제적 체계를 가져다 주었다. 타방 개척지 환경 속에서의 급속한 법발전이 우리 사법에 나쁜 표지를 남겼다. 개척자들의 자손들은, 민주주의가 반드시 천박함 및 시골풍과 동의어가 아니라는 것을 서서히 배우게 되었다. 그리고 주권자인 인민의 재판소가 인민 자신의 위엄과 동일한 위엄에 둘러싸여도 좋다는 것, 질서와 예의는 사법사무의 신속한 처리를 돕는데 대해서 무질서와 안이한 친밀성은 그것을 지연시킨다는 것, 변호사는 특권계급에 소속되지 않더라도 훌륭한 전문지식을 가진 신사일 수 있다는 것, 공판이 법정에서의 **論客戰**의 쇼가 되지 않고 자유인들 간의 정의를 실현하는 수단이 될 수 있다는 것, 재판관은 폭군이 아니고 독립적이고 경험많고 탁월한 전문가일 수 있다는 것을 서서히 배우게 되었다. 연방재판소와 점점 많은 주에서 사법재판소의 위엄을 보장하기 위한 방법이 강구되어 왔다. 그러나 전국을 통해서 본다면 아직도 할 것이 많다. 재판소와 법조계를 정의를 위한 유효한 수단으로 만드는데 있어서 간과해서는 안되는 요소는, 개척자가 커먼로의 이상에 씌워놨던 미숙함과 조잡성이라는 멍에를 제거하고 커먼로의 **理想**을 복원하는 것이다.

제6강
19세기의 법철학

 원시사회에서는 가해를 당한 사람은 자력구제에 의해서, 또는 신이나 성직자의 조력을 얻어서, 또는 한정된 종류의 사건에서는 일정한 절차상의 형식에 따라 정치조직의 조력을 얻어서 구제를 받았을 것이다. 혈연적 유대가 사회에서 최강의 유대였던 고대에서는 첫째의 구제방법은 자신과 그 동족에 의한 구제를 의미했으며, 따라서 원시사회에서의 주요한 제도는 보복, 즉 私戰 및 혈투였다. 그러나 이러한 제도들은 일반적 안전이라는 사회적 이익을 해치는 것이므로, 가해에 대한 구제를 점차 더 국가에게 호소하게 되었다. 그래서 자력구제와 사전은 규제와 억제를 받았으며, 드디어 후자는 아주 없어지고 전자는 예외적인 것으로 되었다. 이와 같이 법은 처음에는 사회의 평화적 질서를 위한 규제수단이었다. 법은 사람들을 억제하고 일반적 안전이라는 사회적 이익을 보호하기 위한 규제적 작용의 하나로서, 종교 및 도덕과 병존했다. 더욱이 이 규제적 작용이라는 성격, 즉 사회의 평화질서를 규율하기 위한 수단으로서의 성격은, 법이 발달함에 따라 다른 목적들이 부가되더라도 끝까지 유지된다. 법 진화의 최초의 단계에서 사람들은 분규의 평화적 조정을 통한 사회의 평화적 규제라는 관념을 가지게 되었다.

  법 진화의 제2의 단계는 앞에서 '엄격법'이라는 이름으로 언급되었다. 이 단계에서는 법은 사회의 규제방법으로서 결정적으로 우세하게 되고, 국가는 사회통제의 기관으로서 우세하게 되었다. 자력구제와 자력교정은 예외적인 경우를 제외하고는 결정적으로 극복되었다. 정상적으로는 사람들은 국가에 대해서만 권리침해의 구제를 호소한다. 그러므로 사람들이 국가에게 구제를 호소할 수 있는 사건을 결정하는 일련의 법칙이 간접적으로 권리의 내용을 결정하게 되었으며, 또 그럼으로써 간접적으로 승인되고 보장되는 이익이 지정되고 제한되게 되었다. 이 점에 도달되면 두 가지 원인이 엄격한 체계를 산출하도록 작용한다. 원인의 하나는 권리침해의 피해자를 위해서 행사되는 국가원조의 권력이 자의적으로 행사되지 않을까 하는 공포이고, 다른 하나는 원시법 시대로부터 내려오는 사상, 즉 신성한 原典과 확립된 관습으로부터 꾀를 부려서 이탈하는 것은 신을 모독하는 것이고 위험한 것이라고 하는 사상이다. 따라서 요구된 주요 목표는 확실성이다. 국가가 간섭할 사건과, 국가가 간섭하는 방식과, 국가의 간섭을 소원하는 방법이 완전히 견고하고 확고하게 정해진다. 법의 규칙은 전혀 융통성이 없고 경직된다. 또 법은 고도로 형식적이다. 법은 형식의 저 편도 형식의 배후도 보기를 거부한다. 왜냐하면 형식은 논의를 허용치 않기 때문이다. 지정된 형식이 이행되었느냐 여부는 사람들이 어떻게 해서든지 알 수 있어야 한다. 엄격법은 어떤 행동이나 거래가 형식의 자구에 들어맞는 이상 이의 도덕적 측면에 대해서는 무관심했으며, 그래서 다음 단계로의 발전이 강제되었다. 그러나 엄격법은 우리에게 영구적인 공헌으로서 확실성과 일률성이라는 관념 그리고 이를 위한 수단으로서의 법칙과 형식이라는 관념을 주었다.

엄격법 다음에 형평법 또는 자연법의 단계라고 부를 수 있는 자유화의 단계가 온다. 이 단계는 로마법에서는 고전시대(디오클레티아누스 황제까지의 제정시대[131])에 의해서, 영국법에서는 대법관재판소의 설립과 형평법의 발달

---

131 디오클레티아누스(Diocletian) 황제(284-305)는 3세기의 로마의 혼란을 수습하고 황제 중심의 통치체제를 회복시켰다. 그리고 286년에 제국을 분할통치케 하고, 자신은 동로마의 正帝로 취임했다. 帝政은 좁게는 황제가 통치하는 정치체제를 뜻하지만, 로마제국이라는 용어는 제정시대뿐만 아니라 넓게는 고대 로마 전체(건국부터 멸망까지)를 뜻하기도 하고, 또 기원 전 2세기에 로마가 카르타고를 제압한 이후 지중해의 패권국이었던 시기를 뜻하기도 한다.

에 의해서, 유럽 대륙에서는 자연법학파의 시대 즉 17, 18세기에 의해서 대표된다. 엄격법 단계의 슬로건은 확실성이다. 형평법 단계의 슬로건은 도덕성 또는 형평이니 양심이니 하는 윤리적 의미를 가진 문구이다. 전자의 단계는 일률성을 고집하고, 후자의 단계는 도덕성을 주장한다. 그리고 전자는 형식을, 후자는 윤리적 의미의 정의를 주장하며, 전자는 구제를, 후자는 의무를, 전자는 규칙을, 후자는 이성을 주장한다. 형평법 또는 자연법의 단계에서의 주요 관념은 법의 도덕과의 일체화, 의무의 관념 그리고 도덕적 의무를 법적 의무로 만들려는 시도, 사법 운영에서 기분에 의하는 것을 억제하고 개인적 요소를 제거함으로써 자의적인 규제보다도 이성에 의존하는 것 등이다. 법의 자유화 이외에 이 단계의 영구적인 공헌은 선의의 개념, 이성을 통해서 이르게 될 도덕적 행위의 개념, 분규의 윤리적 해결과 의무의 강행 등이다. 그러나 법과 도덕을 합치시키려는 노력과 각개의 특수한 분규를 윤리적으로 해결하려는 노력은 사법상의 자유재량에 너무나 넓은 공간을 부여하였으며, 그 결과 우선 이 단계의 사법이 너무 개인적이고 불확실해졌다. 이 지나친 자유재량의 여지는 법칙의 점진적 고정화 그리고 그 결과로 오는 법체계의 공고화에 의해서 시정된다. 도덕적 원칙들은 법적 규칙의 성격을 획득하면서 그 논리적 귀결에 이르도록 이끌려졌으며, 드디어는 원래의 도덕적 원칙이 그로부터 도출된 법적 규칙 속에 파묻혀서 사라졌다. 환언하면 도덕적 원칙이 단순히 추상적으로 전개되고 그리하여 그 순수한 도덕적 성격이 탈색되었다. 이렇게 해서 법의 성숙기라고 부를 수 있는 다음 단계로 이행하게 된다.

다음 단계에서는 법의 부당한 유동성과 법과 도덕의 일치화에 포함된 자유재량의 지나치게 넓은 공간을 점차로 시정하기 위해서 법을 공고하게 하였는데, 이러한 과정의 결과로 엄격법의 안전성·확실성을 가지면서도 아울러 형평법 또는 자연법을 통해서 발전된 개념에 의해서 자유화된 법의 체계가 출현했다. 이 성숙된 법체계의 단계에서의 표어는 평등성과 안전성이다. 우선 평등성이란 이념은 일부는 형식적으로 동일한 사정에 대해서는 항상 동일한 구제가 적용되어야 한다는 엄격법의 주장으로부터 도출되며, 일부는 모든 인간을 법적 인격으로 취급하고 정상적인 정신을 가지고 분별력 있는 연령에 달한 모든 사람에게 완전한 법적 능력을 인정하는 형평법 또는 자연법의 주장으로부터 도출된다. 그러므로 평등성 이념은 두 개의 요소를 가진다. 하나는 법적 규칙의 운용의 평등이고, 다른 하나는 자신의 의사를 결정하고 자신의 물건을 사용하는 기회의 평등이다. 평등성 이념은 엄격법으로부터 안전성이란 이념을 추출하였지만, 형평법 또는 자연법 단계의 이념, 즉 법적 결과는 형식으로부터가 아니라 의사로부터 나와야 하며 한 사람이 의사없이 형식 때문에 타인의 지출로 부당하게 이득을 취해서는 안된다는 이념에 의해서 수정을 받아가지고 나타난다. 그 결과 안전성의 이념은 두 개의 요소를 포함한다. 하나는 모든 사람은 타인의 침해로부터 자신의 이익을 지킬 수 있도록 보장받아야 한다는 것, 다른 하나는 타인(가해자)이 오로지 그의 의사를 통해서 침해한 경우 또는 사람들에게 같은 모양의 이익을 보장하기 위해서 안출된 규칙을 위반한 경우에만 (피해자는) 그 타인으로부터 그가 얻은 것을 취득하거나 혹은 타인에게 이의 반환을 강요할 것이 허용되어야 한다는 것이다.

성숙기의 법은 평등성을 확보하기 위해서 다시 확실성을 강력히 주장하며, 이런 점에서 여러 가지 점에서 엄격법의 단계와 유사하다. 안전성을 확보하기 위해서 재산과 계약을 기본적 관념으로 주장한다. 우리 권리장전은 생명·자유 및 재산의 보장에서 이런 관념을 보여주고 있다.

여기에서의 자유라는 것의 의미를, 19세기에는 개인은 잘못이 있거나 타인의 권리를 침해하는 행위를 한 경우가 아니면 법적으로 책임을 지지 않는다는 것, 그리고 그 타인이 그로부터 (책임을) 강요하는 것이 허용되는 것은 법이 미리 그러한 강요의 권리를 부여했다는 관계를 그가 알았을 때 그리고 알았던 정도에 한한다는 것으로 생각했으며, 오늘날도 때로는 그렇게 생각하고 있다. 그와 동일한 관념은 현대 로마법에서 의사를 법률행위의 중심점으로 주장하는데서 나타나 있으며, 영미 계약법이 로마법의 관념에 맞추려고 했던 19세기의 시도는 완전히 시대정신에 부합된 것이었다.

성숙기의 법은 자유와 함께 재산 즉 취득물의 보장을 내세운다. 그러나 이러한 취득물 중 하나는 약속자로부터 무언가를 강요하는 권리일 것이다. 따라서 계약은 재산의 측면을 가지게 된다. 법은 자유로이 계약을 맺을 권리와 자유로이 약속된 이행을 강요하는 권리를 가능한 한 넓게 보장하기 위해서 존재하는 것으로 생각된다. 더욱이 이 단계에서는 인격도 재산의 측면을 가지게 된다. 자유로이 계약을 맺을 개인의 권리는 주로 일종의 재산으로 생각된다. 환언하면 신체의 안전, 신체적으로나 정신적으로 자유롭게 움직이고 이동하는 것 등은 말하자면 자연적 취득물의 종류로 생각되며, 따라서 법의 주 목적으로 생각되는 취득물의 보장은 (1) 자연적 취득물, 즉 자연이 사람에게 신체적 및 정신적 능력의 형식으로 부여한 것, (2) 사람이 사회에서 놓여진 지위를 통해서 취득한 것, (3) 사람이 그의 자연적 능력의 자유로운 행사를 통해서 취득한 것을 포함한다. 법의 성숙기에서는 사람들은 주저없이 제2 유형의 취득물이 앞으로는 크게 제한되거나 혹은 삭제될 것이라는데 동의할 것이나, 과거에 이미 취득했던 것에 간섭하려는 관념은 어떤 것도 참을 수 없는 것으로 여겨진다. 이 단계의 법 발달의 시각에서 보면, 초트씨[132]가 소득세 사건에서의 주장 속에서 법의 기본적 목적은 '사유재산권의 유지'에 있다고 말한 것은 전적으로 정당시되었다.

만약 내가 믿는 바와 같이 법이 결정적으로 새로운 단계에 들어갔다면, 즉 법의 성숙기가 엄격법과 유사하였던 것과 같이 많은 점에서 형평법 또는 자연법의 단계와 유사한 새로운 단계에 들어갔다면, 우리는 감히 우리가 지금 통과하고 있는 시기에 의해서 사법운영에 관한 학문에게 보태어진 영구적 공헌에 관해서 선언해도 좋을 것이다. 명백히 이 시기의 주요한 법적 제도는 재산과 계약이었다. 이 시기의 공헌은 개인의 권리의 완전한 전개일 것이다. 이에 부합하게 19세기의 법철학은 개인의 권리를 법체계의 기초에 두었다.

---

[132] 초트(Choate, Joseph Hodges, 1876-1968)는 미국의 법률가이며, 금주법의 폐지를 추진하기 위한 법률가위원회(1927년 창설)의 회장을 지냈다.

18세기 말에 형평법 또는 자연법의 단계로부터 법의 성숙기로의 이행이 완성되었다. 대륙에서는 1749년의 프리드리히 대왕의 법전초안draft code of Frederick the Great[133]으로부터 法典化가 시작되었고, 1804년에는 프랑스민법전French civil code[134]에 18세기 법학자들의 업적이 요약됐으며, 이는 1896년에 독일인들이 새로운 모범[135]

---

133 프리드리히 대왕의 법전초안은 프로이센의 국왕인 프리드리히 대왕(Fridrich Ⅱ, 1740-1786)이 작성한 법전초안이다. 프리드리히 대왕은 오스트리아와의 전쟁에서 승리하여 국토를 확대함으로써 독일지역의 수많은 란트(Land)(및 도시) 중의 하나에서 가장 강력한 란트로 — 오스트리아와 견줄만한 — 국력을 신장시켰으며, 나아가 당시의 자연법학파의 주장에 따라서 편찬사업을 준비하였다. 그가 준비했던 법전사업은 1794년에 이르러 비로소 결실을 거두었다('프로이센일반란트법(보통국법)'Allgemeines Landrecht für die preussischen Staaten). 이 법전은 오스트리아민법전(1789년) 및 다음에 말하는 프랑스민법전과 함께 근대 3대 민법전으로 여겨진다. 다만 이 법전은 민법뿐만 아니라 모든 분야의 법률문제를 규정한다(따라서 공법적 내용도 포함되어 있으며, 법전의 명칭도 민법전이 아니라 위와 같은 이름이 붙여졌다. 그러나 이 시기는 아직 공법이 독립한 법분야로 발달하지는 않은 상태였다. 그외에 당시까지는 상법이 민법과는 독립된 법분야로 되지 않았었다.
134 프랑스민법전은 자연법학의 이론 = 프랑스혁명의 이념(자유와 평등)을 가장 잘 입법화했으며, 나폴레옹 황제의 명에 의해서 만들어졌다는 점에서 나폴레옹민법전이라고도 칭해진다.
135 독일은 오랫동안 수많은 란트와 도시들이 독립국가를 이루다가(법의 분열), 1870년 프로이센과 프랑스 간의 전쟁에서 프로이센이 승리하면서 비로소 단일의 통일국가로 되었으며(단 오스트리아는 제외), 통일과 함께 민법전의 편찬을 준비해서 1896년에 최종안(3차)이 만들어졌다.

을 만들어 내기까지 실제적으로 로마법 세계의 법전을 위한 모범을 제공했다. 커먼로 세계에서는 맨스필드경이 상법을 영국법에 편입시켰고,[136] 형평법은 구체화되고 結晶化되었으며, 그리하여 1818년에 엘든경[137]은 형평법의 원칙은 커먼로상의 규칙과 거의 같은 정도로 고정되고 통일화되었다고 말할 수 있었다. 그리고 미국의 권리장전은 인간의 자연권을 법전화했다. 1세기 이상 동안 계속된 이와 같은 법의 고정화 과정의 종료는 법철학에서의 획기적 변혁과 맥을 같이 했다. 자연법 이론은 자유화와 현대화의 사업을 완료하고 이제는 안정화의 대리인이 되었다. 사람들은 고정되고 불변적인 一團의 자연법적 원칙을 찾아낼 수 있으며, 그러한 원칙으로부터 순수히 논리적인 작업에 의해서 모든 세밀한 점에 이르기까지 완전히 완결된 체계를 연역해 낼 수 있다고 생각했다. 그리고 법학자의 임무는 바로

이는 1900년에 시행되었다. 앞서 말한 근대민법전은 자연법학의 작품인데 대해서, 독일민법전은 19세기의 법실증주의(분석법학)의 영향을 받아 보다 정밀하고 논리적인 법체계와 법개념으로 구성되었다.

136 맨스필드(Mansfield, William Murray, 1705-1793)는 영국의 정치가·재판관으로서, 영국법의 개혁가로 칭해진다. 그는 상법을 발전시킴으로써 영국을 산업·금융·무역의 세계적 지도국가로 높이는데 기여한 것으로 평가된다. 그 외에 노예제의 폐지, 재판소제도의 근대화에 기여했다.

137 엘든 경(Eldon, John Scott(1st Earl of Eldon), 1751-1838)은 영국의 법률가이고 정치가로서(Chancellor, 1807-1827), 형평법을 체계화하였다.

그러한 원칙들을 발견하는 것이며, 입법자의 임무는 법전의 형식으로 그 연역을 촉진하는 것이라고 생각했다. 그들은 또 이들 원칙은 추상적 인간의 본성의 단순한 표현이기 때문에, 이성에 의해서 단번에 전부를 명확하게 찾아낼 수 있다고 생각했다. 그들은 이들 원칙은 추상적 개인의 행동 속에 내재되어 있는 이성의 원칙이라고 생각했다. 그러나 그것을 발견하는 법학적 방법의 가능성은 이미 소진되었다. 그로티우스의 합리적 법철학은 이미 그 임무를 다했다. 그로티우스의 법철학은 이제는 법에서의 성장을 돕지 못했으며, 당분간 성장은 필요치 않았다. 시대의 요구는 성장이 아니라, 확실성을 갖추고 안전성을 확보하기 위한 체계와 분류와 분석이었다. 2세기 전에 사람들은 법을 유동성 있는 것으로 만들기 위해서 철학에 의거했었는데, 그와 비슷하게 이제 사람들은 법을 안전성 있는 것으로 만들기 위해서 철학에게 답을 물었다. 18세기의 자연법은 법전화로 이끌었고 절대적 체계로 되어 버렸으나, 그것은 19세기의 철학적 문제를 감당할 수 없었다. 그것은 개인의 판단과 양심에 너무나 많은 것을 남겨두었기 때문에 만족할 만한 이론적 기초를 마련해 줄 수 없었다. 자연권 이론 그리고 개인의 양심을 복종의 의무에 관한 궁극적인 재결자로 삼는 자연법의 개념으로부터 실로 철학적 무정부상태가 형성되었다. 따라서 계수된 자연법 이론이 이마누엘 칸트[138]에 의해서 죽음의 일격을 받았을 때, 변화의 시기는 이미 익었었다. 그는 철학적 법학의 17, 18세기적 기초를 무너뜨리고, 새로운 일련의 이념으로 이를 대체했다. 새로운 이념은 19세기의 안정성 있는 법의 기초로 봉사해야 했다. 그러므로 다른 시대에 형성된 법제도 및 법이론과 씨름하고 있는 현 세대는, 그 법제도 및 법이론의 기원이 아무리 먼 곳에 있을지라도, 종종 자신들이 19세기 법철학 속에 에워싸여 있음을 발견한다.

칸트와 그의 초기의 추종자들에게 법에서의 긴박한 제1의 문제는 법의 자유에 대한 관계였다. 그들은 법전화의 시대 그리고 절대적 정부의 시대에 살았는데, 이 시대에서는 외부적인 구속과 강제가 있었고 또 있어야 한다고 생각되었다. 그러나 그들은 또 프랑스혁명의 시대, 즉 자의적이고 권위적인 것을 지탱하기 위해서는 단순한 권위 이외에 어떤 기초가 요구되었던 민주적 시기에 살았으며, 또 개인에게 가능한 한 최대한의 행동의 자유를 요구했던 고전적 경제학의 시대에 살았다. 그러므로 이 시기에서는 외부적 구

---

138 칸트(Kant, Immanuel, 1724-1804)는 프로이센의 철학자로서, 서양 근대철학사에서 데카르트로부터 이어지는 합리주의와, 존 로크로부터 이어지는 경험주의를 종합하였다. 그의 대표적 저서는 《순수이성비판》, 《실천이성비판》, 《판단력비판》이다.

속과 개인의 행동의 자유라는 두 이념을 어떻게 조화시키느냐 하는 것이 문제였다. 이 문제가 19세기에 법의 기초에 관한 모든 철학적 논의에 대해서 단초를 제공했다. 칸트는 이후에 법적 정의라는 의미깊은 명칭으로 알려진 이념을 구축하고 정식화*formulate*함으로써 이 문제에 답했다. 그는 하등의 인위적 또는 외부적 불이익 없이 있는 그대로의 모든 자에게 평등한 기회를 준다는 이념을 만들어냄으로써 이 문제에 답했다. 환언하면 그는 최대한의 개인의 자기주장이라는 정의의 이념 — 이것은 종교개혁으로 도입된 이념이었다 — 밑에서 새로운 철학적 기초를 세웠으며, 그리함으로써 정의라는 이념이 19세기의 법에서 그 최종의 논리적 발전에까지 도달할 수 있게 했다.

칸트에 이르기까지는 모든 법학자들이 법학의 방법에 관해서 일치했었다. 이들은, 세부에 들어가서는 많은 차이가 있겠으나, 철학적 방법을 쓰는 점에서, 그리고 모든 문제에 대한 판단의 기준인 자연법을 자명한 것으로 가정하는 점에서는 일치했다. 칸트가 이 낡은 자연법을 파괴한 효과가 느껴지게 되었을 때, 철학적 법학은 한 동안 구석으로 밀렸으며, 이것이 다시 전에 법학에서 차지하고 있었던 자리를 회복하기 시작한 것은 겨우 20세기에 들어와서 이다. 19세기 법학의 방법은 역사적 방법 및 분석적 방법이었다. 이것은 특히 영미의 법사상에서 그랬다. 영국인과 미국인들은 1세대 전에 법학이 철학으로부터 완전한 분리를 성취했다고 확신했었다. 어느 정도까지는 이러한 분리가 어느 곳에서나 이루어진 것은 사실이지만, 우리는 분리를 극단으로까지 실행했다. 법의 성숙기에서의 안정성과 확실성에 대한 수요, 그리고 상업 및 공업사회에서 취득물의 보장과 거래의 안전에 대한 사회적 이익의 중요성이 철학적 방법보다도 오히려 분석적 방법을 요구했다. 법학자의 임무는 새로이 건설하는 것보다도 오히려 그가 법체계 속에서 발견한 것을 완성시키는 것이었다. 19세기의 이러한 일반적 경향이 미국에서 가장 분명하게 된 것은 당연하다. 왜냐하면 다른 것과 관련해서 이미 설명한 바와 같이, 미국법은 19세기의 소산이기 때문이다. 우리의 고전기 즉 독립혁명으로부터 남북전쟁에 이르기까지는 성장기였다기 보다는 오히려 적응기였으며, 그것은 창조적 시기가 아니고 전승된 재료가 보다 더 나은 형식으로 변용되고 수미일관한 법체계로 발전한 시기였다. 그러므로 성장한 것으로 보임에도 불구하고 그것은 안정된 시기였으며, 모든 곳에서의 법의 성숙기와 마찬가지로 엄격법의 단계와 유사했다. 어느 단계에서나 법이 자족적인 것으로 생각되었기 때문이다. 법발전에서의 이러한 시기는 철학보다도 분석을 요구하고 또 분석에 의존한다. 법의 역사에서 철학이 지도적 역할을 했던 것은 성장의 시기, 즉 법이 유동적이고 외부로부터의 이념의 주입이 법을 만드는데 합류했던 시기에서 였다. 그러므로 한편으로는 우리는 지금 법의 사회화라고 불리는 법발전의 새로운 단계에 들어가고 있기 때문에 오늘날 법철학이 재생하고 있다. 다른 한편으로 19세기의 소산인 미국법은 철학의 필요성이 없는체 했었다. 그러나 사실상의 결과는 우리가 18세기로부터 승계받은 절대적 이념을 우리의 법사상 속에 견고하게 집어넣는 것이었다. 법률실무가는 자기가 배우고 자기가 숙지하고 있는 원칙을 모든 곳에서 모든 법의 기본으로 생각하는 바, 이러한 법률실무가의 소박한 자연법, 즉 17, 18세기의 대륙의 공법학자들로부터 나와서 우리의 기본 서적과 헌법 서적 속에 들어온 자연법과 자연권 이론이 법률가들 사이에 보급되었다. 그리고 그 후 자신의 자연법을 개발하고 자연법이론과 마찬가지로 절대적인 결과에 도달한 역사법학은 학교에서 자신의 길을 전개했다.

미국의 법사상 속에 널리 보급된 절대적 이념은 그로티우스로부터 두 가지 길을 통해서 왔다. 이는 한편으로는 블랙스톤을 통해서 왔다. 이 이념의 준비적 토론은 그로티우스에 입각하고 있음을 볼 수 있다. 이는 다른 한편으로는 네덜란드와 프랑스의 공법학자 및 사법학자의 이론을 따른 18세기 및 19세기 초의 미국의 공법학자들을 통해서 왔다. 그러나 이는 주로 블랙스톤으로부터 왔다. 대다수의 우리나라의 최상의 학교에서의 법학 교육이 블랙스톤과 결별한 것은 겨우 20세기에 들어와서의 일이며, 많은 주에서의 변호사시험은 아직도 이 낡아서 소용없게 된 법학 지식을 요구하고 있다. 이런 것이 우리가 법의 철학을 경멸한 것으로부터 온 실제적 결과였다.

18세기의 법사상 속에는 두 가지 운동이 나타났다. 하나는 법은 이성이라는 관념 — 이러한 관념에서는 권리와 정의라는 이념이 최상의 것으로 되어 있다 — 으로부터 출발한 순수히 법학적인 운동이다. 이 운동에서는 우리가 다른 곳에서 이미 보아온 바와 같이 개인의 권리 그리고 개인의 권리의 실현으로서의 정의가 최상의 절대적인 본체로서 국가와 사회 위에 놓여졌으며, 국가와 사회는 오로지 그것을 보호하기 위해서 존재하는 것이었다. 다른 하나는 입법적 운동이다. 이는 권리를 인간의사의 소산으로, 사회계약의 결과로 생각하는 것이며, 따라서 사회조직 없이는 권리가 있을 수 없고 정치조직 없이는 정의나 또는 법은 있을 수 없다고 생각하는 것이다. 이 운동에서는 법은 주권자로부터 나오는 것으로 생각되며, 국가의 명령 또는 일반의

사라는 이념이 최상의 것이 된다. 블랙스톤에서는 이 두 가지 이론이 서로 모순된다는 기색도 없이 설명되고 있다. 그러나 19세기에는 두 이론이 각각 분야를 달리하게 되었다. 후자의 이론은 정치사상과 입법학 속에 들어갔다. 그래서 그 이론은 벤담을 따라 19세기 중엽 이래 영국의 법사상에서 지배적으로 된 분석학파 법학자들에 의해서 채택되었다. 그러나 분석법학의 이러한 측면은 미국에서는 환영받지 못했다. 전자의 이론은 형이상학적 법학과 역사법학 속에 들어갔다. 이 이론은 영국에서 분석법학이 형성되고 있었을 때 미국 법률가들에 의해서 받아들여졌던 것인데, 이는 그후 얼마 안되어 독일로부터 학문의 복장을 입고 미국의 법률가들에게 다시 돌아왔으며 확고한 신념이 되었다.

19세기의 다섯 가지 유형의 법철학이 우리들의 현재의 목적을 위해서 중요한 의의를 가진다. 우리는 이러한 유형에 충실했던 학자들을 형이상학적 법학파, 역사법학파, 공리주의 법학파, 실증주의 법학파, 그리고 기계적인 사회학적 법학파라고 부를 수 있다. 그것은 같은 결론이 가장 다채로운 철학적 전제에 기초해서 도달할 수 있음을 보여주는 놀라운 예이다. 왜냐하면 이 모든 학파들은 극히 상이한 출발점으로부터 전혀 다른 길들을 통해서 궁극적으로는 동일한 법학적 입장에 도달했기 때문이다. 그리하여 법을 통해서 인류의 상태를 개선하려는 의식적 노력은 아무 소용도 없다는 점 그리고 정의는 최대한의 자기주장을 보장하는 것이라는 정의 개념이 법학사상의 公理axiom가 되었다.

18세기까지는 정의는 개인의 절대적, 영구적, 보편적 자연권의 보장을 의미했으나, 칸트는 정의를 타인의 의사와 양립할 수 있는 한도에서 각자에게 의사의 자유를 보장하는 것을 의미한다고 생각했다. 형이상학적 법학자들은 이러한 칸트의 이념을 발전시켰다. 그들의 기본적 입장은, 모든 법체계는 권리의 개념으로부터 연역될 수 있으며, 이런 방법에 의해서 제도와 이론의 비판, 즉 일종의 이상적 체계가 수립될 수 있다는 것이었다. 일반적으로 그들은 자유의사를 보장한다는 칸트의 이념을 자유, 즉 개인의 일반적 의사라는 이 이념의 실제적 결론으로까지 발전시켰다. 그러므로 그들의 견해로는 법의 목적은 각 개인에게 가능한 최대한의 자유를 보장하는 것이었다. 어떤 제도나 이론의 정당성과 정의를 시험하는 표준은 그것이 보장하는 추상적 개인의 자유의 정도였다. 형이상학적 방법은 비록 19세기 말까지도 법학적 저술 속에 대변자를 가지기는 했지만, 19세기 중엽 이후로는 외국에서는 점차로 신용을 잃었다. 그러나 이의 고도로 개인주의적인 정의 개념은 거의 100년간이나 법사상을 지배했던 역사법학파에 대한 영향을 통해서, 사회적 법철학파가 발흥하여 법학자들의 사고를 새로운 길로 이끌게 되기까지 법학을 지배했다. 영미법학자는 형이상학파의 체계에 거의 또는 전혀 주의를 주지 않았다. 그러나 자유라는 이 학파의 중심 개념은 우리 법의 18세기의 개인주의에 매우 적합했기 때문에, 실증주의자에 의해서 같은 결과에 도달하는 새로운 그리고 보다 더 매력 있는 방법이 제공되었을 때, 이 이념으로부터 연역하는 방법이 점차로 채용되었다.

역사법학파의 창립자인 사뷔니는 칸트의 권리의 공식을 법의 공식으로 만들었다. 칸트는 권리를 사람의 의사가 보편률*universal rule*에 의해서 타인의 의사와 조정되는 조건이라고 생각했다. 사뷔니는 법을 각 개인의 활동이 그 안에서 자유의 기회가 보장되는 범위를 결정하는 규칙의 체계라고 생각했다. 우리가 법의 역사에 대한 이상주의적 해석(이상주의적 법률사관)을 채택해서, 법의 발달을 인류의 재판의 경험 속에서 칸트의 정의 이념이 점진적으로 전개된 것이라고 생각한다면, 역사법학파의 위치를 이해할 것이다. 왜냐하면 사뷔니는 18세기의 법학에서 다루고 있었던 두 개의 이념 중의 하나를 추진시켰기 때문이다. 법의 요소를 중세의 법학자는 신학에 의존했고, 17세기의 법학자는 이성으로부터 도출했고, 18세기의 자연법학파는 인간의 본성으로부터 연역했는데, 사뷔니는 법의 요소를 역사를 통해서 발견하려고 했다. 사실상 역사법학파와 형이상학파는 극히 유사했다. 양자는 이상법을 가정했다. 역사법학파는 이 이상법을 역사를 통해서 발견하려고 했고, 형이상학파는 이를 추상적 이념의 논리적 전개를 통해서 발견하려고 했다. 이 두 견해를 조정시키는 일은 실로 어려운 일이 아니었다. 역사법학자가 이상주의적 법률사관을 채택했을 때는 법학이 두 가지 면을 가지고 있다고 말할 수 있었다. 한편으로 사람들이 무언가를 실현함에 있어서 의거할 법칙을 발견했을 때, 그것은 자유의 이념의 역사적 전개와 관련을 가졌었다. 이것이 역사법학이었다. 다른 한편으로 그것은 추상적 개념에 담겨진 원칙의 논리적 발전과 관련을 가졌었다. 이것이 철학적 법학이었다. 19세기 후반에서의 대부분의 독일의 법학은 이런 길로 진행되었다. 철학자와 역사가는 법은 발견되는 것이지 만들어지는 것이 아니라는 점에서 일치했다. 전자는 그것을 형이상학적 원칙으로부터의 연역에 의해서 발견했고, 후자는 그것을 역사적 연구에 의해서 발견했다. 어느 편이나 현존하는 법의 원칙의 이상적 발전을 발견했는데, 그것은 역사가는 그가 역사를 그렇게 해석했기 때문이고, 철학자는 법률가인 경우가 드물어서 사실과 설명을 역사가로부터 얻었기 때문이다.

독일의 역사법학파의 이론은 이 나라에서는 1849년에 하버드법과대학에서 루터 에스 쿠싱[139]의 강의에서 처음으로 가르쳐졌고 1854년에 공간되었다. 고 제임스 카터씨(주 70 참조)[140]가 이 강의가 행해진 마지막 해에 하버드법대생이었다는 사실을 말하는 것은 흥미있는 일이다. 왜냐하면 초기교육의 영향이 뇌리에 새겨지지 않았다면 그와 같은 재능을 가진 법학자가 1905년에 이론적으로 사뷔니의 견해에 동의한다는 것은 이해하기 어려운 일이기 때문이다. 그러나 역사법학파의 영향이 미국에서 뚜렷하게 된 것은 1870년 이후 미국 학생들이 대량으로 독일에 유학하기 시작해서 독일적 관념이 우리나라의 여러 대학에서 뿌리를 박게 된 이후의 일이다. 그동안에 다른 영향이 미국의 법사상에 깊이 들어왔다. 그 다른 영향 즉 헨리 메인 경

---

139 쿠씽(Cushing, Luther Stearns, 1803-1856)은 1849년 경 미국에 사뷔니의 역사법학을 처음 소개하였다.
140 미국에서도 독일에서의 티보-사뷔니 간의 법전논쟁과 유사한 논쟁이 벌어졌다. 이 당시 필드(David Field, 1805-1894)는 성문법이 사람들로 하여금 그들의 권리·의무·책임을 미리 알 수 있도록 하고 법의 명확성을 위하여 민법전의 제정을 제안하였는데, 이에 대하여 카터는, 제정법은 해석과 적용을 필요로 하므로 역시 판례법이 필요하다는 점, 제정법에 의하면 악법에 의하여 피해를 입고 난 후에야 개정이 가능하므로 법의 자연스러운 성장을 방해한다는 점 등을 이유로 성문법의 제정을 반대하였다(이상은 오세혁, 법철학사 제2판, 2012년, 215면에서 재인용하였음).

에 의해서 설명된 정치적 법률사관과 정치적 법률이론이 같은 방향으로 움직였다. 메인의 정치적 사관에 관해서는 다른 것과 관련해서 충분히 이야기했다. 여기에서는 그의 신분으로부터 계약으로의 진보라는 이론이 다른 이유로 우리 법의 전통적 요소를 특징지우는 개인주의에 매우 적합했고, 우리 법률서들이 19세기로부터 승계받았던 절대적 이념과 매우 잘 부합했기 때문에, 그 이론이 얼마 안가서 완전히 법학 분야를 지배하게 되었다는 것을 말하는 것으로 족하다.

내가 이미 말한 바와 같이 역사법학자와 철학적 법학자는 법은 발견되는 것이지 만들어지는 것이 아니라는 점에서 일치했고, 다만 그 발견되는 것이 무엇이냐에 관해서 달랐을 따름이다. 철학적 법학자는 정의와 권리의 원칙이 발견되는 것이며 그것이 규칙 속에 표현되는 것이라고 생각했다. 역사법학자는 인간행동 또는 사회행동의 원칙이 인간의 경험에 의해서 발견되고 이것이 점차로 발전해서 규칙 속에 표현되는 것이라고 생각했다. 따라서 역사법학파는 법이 의식적 또는 결정적인 인간의사의 산물이라는 것을 부인했다. 그들은 입법의 효율성을 의심했으며, 입법은 불가능한 것을 달성하려고 하는 것이고, 만들어질 수 없는 것을 만들려고 하는 것이라고 생각했다. 그들은 법의 살아 있는 기관은 이론적 저술과 재판의 판결이며, 이들에 의해서 먼저 법의 전통적 규칙 속에 표현되는 인민의 생활이 이러한 규칙들을 현재의 조건이라는 틀에 맞추어서 주조함으로써 점진적 발전 속에 스스로를 보여주는 것이라고 생각했다.

내가 이 역사법학파가 법의 과학을 위해서 여러 가지 큰 일을 했다는 것을 부인하거나 또는 망각하였다고 생각되어서는 안된다. 그러나 과거 50년 동안의 미국 법학사상에서의 역사법학파의 독점적 지배는 이 학파의 가장 나쁜 측면을 나타냈다. 왜냐하면 역사법학파도 또한 선험적으로 작용했으며, 자연법학파의 이론과 마찬가지로 우리에게 이론을 완전히 절대적인 것으로 제시했기 때문이다. 어느 학파나 현존의 원칙을 고정되고 자의적인 불변의 표준으로부터 연역해 냈으며, 이러한 표준에 비추어서 현존의 원칙을 시험했다. 역사법학파들이 19세기의 철학적 학파의 가정을 내버렸을 때, 그들은 단지 새로운 가정을 대체시켰을 뿐 그들의 선행자들의 방법을 그대로 유지했었다. 그들은 법학의 보편적 원칙은 추상적 개인의 본성으로부터 연역에 의해서 발견될 수 없는 것이라고 확신했다. 그러나 그들은 이러한 원칙이 존재한다는 것을 의심하지 않았고, 그러한 원칙을 역사적 연구를 통해서 발견할 수 있다고 기대했다. 미국에서는 이것을 다른 어느 곳에서 보다도 더 추진시켰다. 왜냐하면 영국인의 커먼로상의 권리와 인간의 권리와의 혼동이 영국에서는 적어도 보편적 원칙들이 법의 역사적 과정 속에서 형성되어 왔다는 것을 보여주는 것처럼 생각됐기 때문이다. 오늘날에도 대체로 모든 연역의 기초는 고전적인 커먼로이다. 자연법의 체계도 역사적 가정 위에 서있는 이 자연법보다 더 절대적은 아니었다. 왜냐하면 다른 자연법 체계는 외부로부터 발전된 이상을 넣어주었기 때문이다. 역사법학파의 지배 하에 있었던 우리들에게는 법의 유일한 비판은 법 자체 속에서 발견되어야 했다. 더 나아가 외부로부터의 모든 부가 또는 수정은 같은 표준에 의해서 테스트를 받아야 했다. 1905년에 이르러서까지도 역사법학파의 사상에 완전히 젖어있던 미국 법조계의 한 지도자가 우리들에게, 입법자는 커먼로에 대한 어떤 개선을 시도하는 것이 아니라고 가정하고, 또 될 수 있는 한 성문법은 커먼로의 원칙을 선언하며 재확언하기를 기도하는 것이라고 가정하는 것은 현명한 이론이라고 말했다. (이에 의하면) 私法상의 관계를 규율하는 다소라도 중요성을 가지는 성문법은 커먼로를 타락시키는 것이 아닐 수 없으므로, 이러한 이론 밑에서는 사회개혁자와 법률개혁자는 언제나 그들의 노력의 성과를 대표하는 입법활동이 그것을 적용하는 사람들 사이에서 동정을 발견하지 못하는 사태에 직면하고, 또 그러한 입법활동이 엄격하게 해석되고, 현상status quo에 간섭하는 정도가 최소한으로 되도록 운영되는 사태에 직면할 것이다.

예링은 상법 문제를 제시받은 한 교수의 이야기를 해준다. 그는 이 문제에 대해서 유럽 대륙의 보통법의 기초이며 따라서 법학교육의 기초인 로마법의 원칙에 근거해서 정교하고 철두철미 논리적인 해답을 해 주었다. 그가 현행의 상법전의 일부를 간과했다는 말에 대해서, 그는 만약 상법전이 이성과 로마법에 역행하는 것이 적당하다고 생각한다 하더라도 그것은 내가 관여할 문제가 아니라고 대답했다. 우리도 분명 위의 학식많은 교수와 생각을 같이할 것이다. 왜냐하면 우리도 가르쳐지고 있는 전통적인 법의 영향과 입법에 의한 법정립을 코웃음치는 역사법학파의 영향 하에 그와 매우 흡사한 길로 나아가고 있기 때문이다. 우리나라의 교과서 저작자들은 멀리 떨어진 모든 구석구석으로부터 극도로 시대에 뒤떨어진 판결들을 면밀히 주워모아 그 판결들을 열심히 인용한다. 그러나 그들은 우리 커먼로 속에 존재하는 획기적인 사건을 넘어서 어떤 성문법이든 인용하는 일은 드물다. 그들이 성문법에 언급하는 것은 거의 언제나 그 성문법의 해석 또는 적용이 포함된 재판상의 판결을 통해서 뿐이다. 이런 태도가 우리 입법의 불안정성에 의해서 정당화된다고는 말할 수 없을 것이다. 입법 중의 어떤 것은 불안정한 것도 있지만 대부분은 완전히 안정되어 있고, 오히려 우리 판례법의 대부분이 불안정하다. 성문법들이 불안정한 것이 아니다. 오히려 독자들이 성문법에 대해서는 관심을 가지지 않는다. 독자는 성문법이 판례법과 같은 의미에서의 법이라고 느끼지 않는다. 그는 많은 부분이 적용가능한 성문법과 관련되어 있는 사건이 있다 하더라도 그 성문법을 인용하기를 원하지 않는다. 따라서 재판소가 사실은 중요한 입법이 단순히 커먼로를 선언하는 것이라고 생각하지 않는 경우에도, 재판소는 전의 판결례를 인용하고 그 판결례들이 그 성문법에 의해서 정립된 법칙을 표현하는 것이라고 가정함으로써, 사실상 그 입법으로 하여금 커먼로를 선언하는 것으로 만드는 일이 너무나 자주 있다. 그리하여 상법상의 문제에 관한 통일적인 州 입법사업의 대부분이 수포로 돌아갈 위험에 직면해 있다.

　형이상학적 법학자들은 권리의 전 체계와 법체계의 목적인 이념을 자유라는 형이상학적 개념으로부터 연역했음에 대해서, 다른 학파의 법학자들은 법정립의 실제적 원칙을 찾고 있었다. 형이상학파는 법학자들의 한 학파였다. 이의 신봉자들은 법 전체, 즉 과거로부터 내려온 체계에 눈을 맞추었다. 그리고 이러한 체계에서의 원칙 그리고 그들의 이론의 비판의 기준이 되며 체계와 이론의 앞으로의 발전을 지도해 줄 기준이 되는 원칙을 찾았다. 이에 대해서 영국의 공리주의자들은 입법자의 한 파였다. 형이상학파 법학자들이 이미 존재하는 것을 비판하는 원칙을 찾았음에 대해서, 이들은 법의 새로운 체계를 건설하는 원칙을 찾았다. 공리주의 학파의 창설자인 제레미 벤담은 법률개혁을 그의 필생의 사업으로 삼았다. 그는 법률개혁사업에서의 실제적인 원칙으로 그가 유용성의 원칙이라고 부르는 것, 즉 그 규칙 또는 척도가 인간의 행복에 공헌하느냐 하는 점을 채택했다. 그의 유일한 비판의 원칙은, 어떤 법칙 또는 이론 또는 제도가 얼마나 인간의 행복에 공헌 또는 촉진하느냐 하는 점이었다. 이 기준은 개인주의적인 정의이념을 깨뜨리는데 넉넉히 이용될 수 있었을 것이다. 그러나 이 시대 즉 아담 스미스[141]를 비롯한 대 경제학자들의 시대에서는 개인주의적 이념이 의심할 여지 없는 것으로 너무나 공

---

141 아담 스미스(Adam Smith, 1723-1790)는 영국의 경제학자로서, 《국부론》('국가의 부의 본질과 원천에 대한 연구')이 대표적 저서이다. 그는 경제활동의 자유를 허용하는 것 자체가 도덕의 한 형태라고 확신했으며, 독점 기업가에 반대하고 소비자의 욕구, 시장경쟁, 그리고 노동 분업이 국가의 부를 창출하는 동력이라고 보았다.

고하게 사람들의 마음 속에 고착되어 있었다. 가능한 최대다수의 최대행복이라는 기준, 즉 각자의 행동의 척도로 사용된 최대다수의 행복을 위해서 얼마나 봉사하느냐 라는 기준은, 최근의 정의 이념들과 별로 멀지 않을 것이다. 그러나 벤담은 개인주의를 의심하지 않았다. 그는 개인의 최대행복이라는 의미의 유용성과 최대다수의 최대행복이라는 의미의 유용성과 사이에서 왔다 갔다 했다. 아마 그가 선택하게 된 것에 가장 가까운 것은, 최대의 일반적 행복은 최대의 개인의 자기주장을 통해서 얻어질 수 있다고 가정하는 것이었을 것이다. 따라서 그의 법학적 원칙은 형이상학자들의 원칙과 다르지 않았다. 그는 각자가 자기 자신의 행복의 최선의 판단자라고 생각했다. "그러므로 입법은 그의 이웃의 똑같은 자유를 보장하기 위해서 필요한 것이 아닌, 어떤 개인의 자유행동에 대한 모든 제한을 제거함을 목적으로 삼아야 한다." 실제로 벤담의 원칙은 일반적인 개인의 자유행동과 양립할 수 있는 개인의 자유행동의 최대한을 허용하는 것이었음을 알 수 있을 것이다. 사실상 법의 목적에 관한 그의 개념은 형이상학파의 그것과 마찬가지로, 추상적인 개인의 자기주장의 최대한을 보장하는 것이었다. 이것은 전래의 커먼로 법률가들의 개인주의와 전적으로 부합했다.

벤담과 그의 직접의 제자들은 입법을 신봉했다. 이들은 자신들이 그 촉진자가 된 19세기 초반에서의 입법개혁운동을 통해서 영미법에 발자취를 남겼다. 그러나 이 개혁운동은 창조적인 것은 아니었다. 이것은 여러 가지 점에서 성숙된 로마법을 유스티니아누스가 입법화한 것과 유사하다. 이것은 법 발전의 앞선 단계에서 성숙해진 이념들을 형식적이고 논리적으로 결실을 맺게 한 것이었다. 벤담의 입법은 무정부주의를 잘라내버리는 것이었고, 중세로부터 내려온 개인의 활동에 대한 방해물을 제거하는 것이었고, 또 법을 가깝게 접근할 수 있고 알기 쉬운 형식으로 서술하는 것이었다. 이의 입법관은 유용성을 개인에 대한 간섭을 최소한도로 하는 것으로 생각하는 벤담의 해석과 합류해서, 다음 세대의 영국 공리주의자들을 역사법학파의 입장과 같은 입장으로 이끌었다. 양자는 긴급사태에서와 어떤 우발적인 사건에 대처하기 위한 것을 제외하고는 입법은 해악이라고 하는 점에서 일치하였다. 역사법학파는 입법은 할 수 없는 것을 하려고 기도하기 때문에, 즉 법을 의식적으로 만들려고 기도하기 때문에 해악이라고 말했다. 신공리주의자들은 사람들로 하여금 자신의 행복을 이루기 위해서 가장 자유롭게 방임하는 정부가 가장 잘 통치하는 것이기 때문에 입법은 해악이라고 말했다. 벤담은 이미 안정성을 법질서가 지향할 주 목적으로 내세웠었다. 여기에서의 안정성을 최대한의 개인의 자기주장에서의 안정성을 의미하는 것이라고 생각함으로써 일종의 법학적 비관론, 즉 법에 의해서는 아무 것도 좋은 일을 할 수 없고 겨우 몇 가지 해악을 피할 수 있을 따름이라는 이론이 발전했다. 후기 벤담학파의 한 사람인 마악비[142]는 "평등성은 법에 의해서 방해될 수는 있으나 법에 의해서 촉진될 수는 없다"라고 말한다.

19세기의 최후의 20년 동안 형이상학적 법학자, 역사법학자 및 공리주의자들 간에 일치했던 법학적 이념들이 새로운 각도로부터 확인되게 되었다. 사회법학은 사회학과 더불어 콩트[143]의 실증주의 철학으로부터 계속적으로 발전해왔다는 의미에서, 그 기원은 실증주의 철학자에게 있지만, 이의 발전은 오히려 대륙에서 형이상학파와 역사법학파의 쇠퇴로부터 일어나게 된 사회철학파에 의해서 결정되어졌다. 그러나 처음에는 실증주의 법철학과 소위 사

---

142 마악비(Markby, Sir William, 1829-1914)는 영국의 재판관이고 법률 저술가이다.

143 콩트(Comte, Auguste, 1798-1857)는 프랑스의 철학자로서, 실증주의의 창시자로 칭해진다. '사회학'이라는 용어는 그가 제창했다. 그는 추상적인 말이나 종교적인 믿음에 의지하지 않고, 보이고 증명할 수 있는 것만을 확실한 것으로 여겼다.

회법학(사회학적 법과학)은 그 방법에 있어서 마치 그들의 적수들과 마찬가지로 절대적이었다. 콩트는 우주를 수학적 기계적 법칙에 의해서 지배되는 것으로 생각했고, 따라서 도덕적 및 사회적 현상도 또한 그렇게 지배되는 것이라고 생각했다. 다윈의 영향을 받은 다음 세대의 실증주의자들은 진화를 냉혹한 기계적 법칙에 의해서 지배되는 것이라고 생각했다. 따라서 실증주의자 내지 기계적 타입의 사회학자는, 마치 인간의 의사와는 전혀 무관하게 움직이는 유성들의 운동과 마찬가지로 필연적으로 모든 사회적·정치적·법적 제도를 만들어내는 절대적·기계적인 사회적 법칙을 찾았다. 실증주의 법학자들은 만유인력의 법칙, 에너지불변의 원칙 기타 이와 비슷한 법칙들과 유사한 도덕의 법칙, 법의 법칙, 사회적 진화의 법칙을 발견하려고 했으며, 그들은 이러한 법칙을 관찰과 경험을 통해서 발견할 수 있다고 기대했다. 그러나 관찰과 경험은 형이상학이 철학적 법학자로 이끌고 역사학이 역사적 법학자로 이끌었던 것과 같은 결과로 그들을 이끌었다. 첫째로 그들은 그들의 재료를 역사법학자들로부터 얻었으며, 그 재료를 독립적으로가 아니라 형이상학파의 형이상학적 안경을 통해서 고찰했다. 더욱이 그들은 그 세기 전체가 그랬던 것과 같이 무의식적으로 칸트의 영향 하에 있었다. 칸트는 완전히 그 시대사상의 일부가 되어 있었기 때문에, 19세기의 네 개의 학파가 모두 그 이유와 방법은 달랐었지만, 법의 목적에 관해서 칸트와 같은 입장으로 귀착됐었다. 그리하여 실증주의자들의 견해는 법학에서 환영을 받았으며, 특히 미국에서 환영받았다. 스펜서[144]의 저서들이 미국에서 매우 유행했으며, 우리는 재판의 판결이 그의 사상의 영향을 보여주고 있는 많은 사건을 인용할 수 있다. 그러므로 기계적 사회학은 다른 곳에서 보다도 미국의 법학서에서 오래 자취를 남겼다. 왜냐하면 기계적 사회학의 이념은 역사법학파의 이념을 확인하는 것으로 보였기 때문이다. 역사법학파가 그 지반을 오래 유지할 수 없다는 것을 깨닫기 시작한 많은 사람들은, 그들의 종래의 견해에 기계적 사회학이라는 새로운 형식을 부여함으로써 전진하고 있다고 자신을 추켜세웠다.

19세기 말의 기계적 사회학자도 역사법학자와 같이 법을 진화 속에서, 즉 법의 계속적 변화 속에서 관찰했으며, 이런 변화를 사회 자체가 겪은 변화와 관련시키려고 했다. 역사법학자는 이런 변화의 배후에서 형이상학적 법을 발

---

144 스펜서(Spencer, Herbert, 1820-1903)는 영국의 철학자, 사회학자이다. 그는 개인의 경험은 한정된 것이므로 사물의 본질에까지 이르는 것은 불가능하다고 하여 不可知論의 입장을 취하고, 동시에 종교의 성립의 필요성을 인정한다.

견했다. 기계적 사회학자는 이를 물리적 법칙으로 대체시켰다. 실제적 목적을 위해서는 결과는 마찬가지였다. 이 점은 특히 미국에서 가장 유행하는 유형의 기계적 사회학, 즉 법체계의 내용을 절대적으로 결정하는 가상적인 기계적 법칙을 경제법칙과 동일시하는 유형의 기계적 사회학에서 그러했다. 이 경제적 사관의 실증주의와의 결합은 일종의 숙명론적 자연법을 낳게 했다고 말해도 과언이 아니다. 낡은 자연법은 一團의 영구적인 원칙, 즉 실정법이 그와 일치하게 만들어져야 하는 영구적인 원칙의 한 체계를 탐구할 것을 요청했다. 이와 달리 이 새로운 자연법은 법의 발전을 지배하는 일단의 법칙, 즉 우리가 무엇을 하든지 간에 그와 일치할 법칙의 한 체계를 찾아낼 것을 요청했다. 바로 이러한 법칙들의 작용이 법을 변경할 것이며, 법을 변경함에 있어서는 모든 점에서 자연계의 事象events을 결정하는 법칙들과 유사하게 고정적이고 확고한 법칙들에 따라서 할 것이다. 사람이 할 수 있는 최대의 것은 이를 관찰하는 것이고, 그래서 아마 또 예언하는 것을 배우는 것이다. 그 나머지에 관해서는 자연이 그 부동의 코스를 밟아갈 것이며, 우리는 무기력하게 두 손을 꼭 잡고 있을 수 밖에 없다. 만약 법이 피할 수 없는 필연적 결과라면, 만약 법을 정립하거나 발견함에 있어서 입법자나 재판관은 단지 '사회의 지배적 세력의 사실상의*de facto* 바램과 일치'시키는 것에 불과하다면, 법을 개선하려는 의식적 노력은 단지 외관상으로만 실효성을 가질 뿐이다. 18세기의 이론은 비록 그 이론이 법체계의 기초를 변화를 초월하는 곳에 두기는 했지만, 우리로 하여금 법의 상세를 精査케 하고 각 부분을 고정된 理想圖와 일치시키도록 노력하게 했다. 그것은 입법자와 법학자가 각각 그 기능을 가지고 있음을 인정했다. 그런데 역사법학파는 입법자의 기능을 부인했다. 이 학파는 법은 언어와 같이 만들어질 수 없는 것이라고 말했다. 법이나 언어는 이어져 내려온 전통을 기초로 한 성장물이었다. 그런데 실증주의적인 경제적 사관은 법학자에 대해서 모든 기능을 부정했다. 역사법학파가 우리의 교양에다 결부시킨 입법무용론에 보태어, 이 학파는 법학무용론을 덧붙였다. 19세기 법철학을 교육받은 세대의 법률가들이 노력의 효율성에 대한 오늘날의 신념에 반응하는 것이 늦은 것은 이상한 일이 아니다.

19세기 말에 사회철학적 법학자들의 대두 그리고 최근 20년 동안 절대적 이념을 결정적으로 배척했던 사회법학의 발달은 대륙에서 새로운 법학을 낳게 했으며, 그 새로운 법학의 이념이 영미의 사상에 서서히 뿌리를 내리고 있다. 그러나 내가 다음 강의에서 제시하려고 노력하겠지만,

재판소의 良識이 재판상의 판결에 있어서 우리 사고와 교양에 앞서서 존재했던 지하운동*a movement beneath the surface*으로 이끌었다. 그러므로 소환문제가 한참 시끄러웠을 때 나는 성급한 개혁자들이 재판관의 소환이나 재판판결의 취소가 아니라 법학교수의 소환과 법학적 사고의 철회를 요구할 것을 시사했다. 우리가 영어로 읽을 수 있는 모든 학문적인 것이 재판관들이 교육받았던 이념들을 확인해 주는데 이바지했음을 곰곰이 생각할 때, 다망한 우리 재판소는 확실히 최근의 사회학·정치학·경제학과 접촉하지 못한데 대해서 훨씬 더 많은 변명의 여지를 가지고 있다.

우리는 19세기의 법학 중 많은 것을 철회해야 한다. 그렇지만 이때의 법학사상이 전적으로 수포로 돌아간 것은 아니다. 이것은 우리들에게, 법을 통해서 이루어질 수 있는 것에는 내재적인 한계가 있고 또 의식적 법정립의 노력의 효율성에도 내재적인 한계가 있다는 것을 가르쳐준다. 또 대부분의 법은 언제나 실제로 일어나는 사건에 이성을 적용함으로써 그리고 원칙들을 실제의 작용 속에서 검토함으로써 발견되어야 한다는 것을 가르쳐준다. 또 법은 옷과 같이 마음대로 벗고 내던지고 바꿔 입을 수 있는 것이 아니라, 언어와 같이 우리가 하는 모든 것의 밀접한 일부이기 때문에 언제나 전통적 재료의 발전이 성장의 주요한 힘이 되리라는 것을 가르쳐 준다. 19세기의 법철학은 새로운 자유화의 시기에서의 열광을 누그러뜨리는데 사용됨으로써, 형평법과 자연법의 단계의 지나침으로부터, 즉 우리가 그 밑에 살고 있는 법의 엄격성과 관련을 가진 것으로부터의 반동으로부터 우리를 구해 줄 수 있을 것이다.

제7강
재판상의 경험주의

  톰 소여와 허크 핀이 짐이 감금되어 있는 방의 밑을 파고 들어가서 짐을 구출해 내기로 결심했을 때,[145] 배운 것 없는 허크 핀의 소박한 생각에는 이들이 발견한 몇 개의 낡은 곡괭이가 이 일을 위해서 사용하기 적당한 도구로 여겨졌다. 그러나 톰은 좀 더 유식했었다. 그는 책을 읽어서 이런 경우 적절한 방법이 어떤 것인가를 알고 있었으며, 그래서 케이스 나이프를 찾았다. 그리고 톰은 말했다. "아무리 어리석더라도 별 도리 없다. 이것이 '옳은' 방법이고 이것이 통상적인 방법이다. 그 이외의 방법은 내가 들어본 적이 없다. 나는 이런 문제에 관한 지식을 주는 책은 다 읽어 보았다. 언제나 그들은 케이스 나이프를 가지고 파낸다." 그래서 이들은 책에서 읽은 바에 따라서 그리고 그 격식에 따라서 케이스 나이프를 가지고 일을 시작했다. 그러나 그들

---

[145] 이는 미국의 작가 마크 트웨인(Mark Twain)의 소설 《톰 소여의 모험》(1876년)에 나오는 이야기이며, 톰 소여(Tom Sawyer)와 허크 핀(Huck Finn)은 이 소설의 주인공들이다.

이 거의 자정에 이르기까지 파서 피곤해지고 손은 부르텄는데, 그럼에도 불구하고 그들은 거의 진전을 보지 못했다. 그때 톰의 법률심에 한 줄기의 광선이 던져졌다. 그는 나이프를 버리고 허크를 향해서 단호하게 말했다. "케이스 나이프를 달라"라고. 다음 이야기는 허크한테 들어보자.

"그는 자신의 케이스 나이프를 가지고 있었다. 그렇지만 나는 내 것을 그에게 주었었다. 그런데 그는 그것을 내던져 버리고 '케이스 나이프 다오'라고 말하는 것이다."

"나는 어찌하면 좋을지 몰랐다 —— 그러나 다음에 나는 생각했다. 나는 낡은 도구들을 뒤적거려 가지고 곡괭이를 하나 찾아서 이것을 그에게 주었다. 그는 이것을 받아 가지고 일을 계속했다. 말 한 마디 없이."

"그는 언제나 거기에 맞는 특정한 것만 찾았다. 꼭 원칙대로."

톰은 법의 최초 발견의 한 토막을 되풀이했던 것이다. 입법이나 전통이 곡괭이를 쓰는 편이 보다 더 적합한 일을 위해서 케이스 나이프를 쓸 것을 규정했을 때, 우리 조상들은 케이스 나이프를 가지고 소용없는 노력을 다소 해본 뒤에, 원칙에 그대로 따르는 것이 좋다고 생각하면서도, 그러나 실제로는 곡괭이를 썼다. 그들은 법은 변해서는 안된다는 것을 시인했다. 법에서의 변경은 위험에 가득찬 것이었다. 그러나 타방 케이스 나이프를 그대로 쓴다는 것은 매우 불편한 일이었다. 그래서 법은 언제나 변함없이 케이스 나이프를 요구하면서도 항상 어떻게 해서든지 곡괭이를 수중에 넣었으며, 또 이는 허용된 도구를 쓰고 있는 것이라는 고결한 신념을 가지고 그 곡괭이를 사용하는데 성공했다.

법의 역사상 누구도 알고 있는 이야기 몇 가지를 예를 들어서 상기하는 것도 가치있는 일이다. 고대에서는 가족제도를 기초로 하였으며 모든 종류의 법적·사회적·종교적 제도에 대해서 가족의 계속성을 요구하였는데, 이러한 고대의 법체계가 당면했던 최초의 어려운 문제의 하나는, 자손의 단절 즉 종교적 및 법적 교리가 요구하는 가족 예배를 영구히 이어나갈 자손이 없는 경우였다. 아무도 이런 교리 자체를 극복해 버린다는 생각은 하지 못했고, 그러면서 이들의 명백한 불편과 부정의는 양자 제도를 안출함으로써 회피되었다. 얼마 안 가서 고대의 원칙을 침해함이 없이 사후의 재산을 처리하는 더 나은 방법이 일부 로마인에게서 나타났다. 그가 그것을 넘겨주려고 하는 사람에게 전 가족과 전 재산을 팔아버리는 것이 왜 안되느냐? 만약 그가 그것을 그렇게 팔고 매수인이 정직한 사람이라면, 매수인은 양도 시에 양도 목적과 재산처리방법에 관해서 행해진 구두의 지시를 실행할 것이다. 이 방법이 보급되어 모든 사람이 그 방법을 사용하기 시작한 후에, 12표법[146]의 한 규정은 매매의 형식이 갖추어진 경우에 그러한 구두의 지시에 대해서 법적 효과를 부여했다. 그리하여 유언제도가 생기게 되었다. 그보다도 더 좋은 예를 로마법의 혼인법에서 볼 수 있다. 종교적 혼인 — 이는 종교에 의해서 따라서 또 법에 의해서 승인되었던 유일한 혼인이다 — 의 길은 평민에게는 열리지 않았었다. 그 결과 평민은 그의 처에 대해서 夫權manu을 가지지 못했고 또 그 자녀에 대해서 父權potestas을 가지지 못했으며, 그의 가족은 법 안에서 아무런 지위standing도 가지지 못했었다. 이러한 법은 변경되지 않았다. 처에 대해서 부권을 가지지 않는 혼인이나 자녀들에 대해서 부권을 가지지 않는 가족이 존재할 수 있다는 법은 제정되지 않았다. 그러나 다른 방법으로 평민이 처에 대해서 부권을 가질 수 있게 하기 위해서, 매매 또는 불법점유 그리고 취득시효 등의 방법이 사용되었다. 우리 자신의 법도 이와 같은 예를 많이 제공해 준다. 앵글로·색

---

146 12표법(Twelve Tables)은 기원전 450년 경 로마에서 제정된 최초의 성문법이다. 이전까지는 귀족과 사제 계급이 관습법의 해석과 운용을 독점했었는데, 이에 대한 평민의 불만과 저항이 고조되자 지배층에서 평민과의 타협책으로 그들만이 알고 있던 관습법의 일부를 성문화한 것이다.

슨의 왕이 왕의 평화의 보호를 어떤 사람에게 확장하려고 할 때에는, 왕은 공중 앞에서 그의 손을 잡고 법적 목적을 위해서 그를 왕의 가족의 구성원에게 부여되는 왕의 평화를 받을 자격이 있는 미니스터*minister* 즉 종복으로 삼았다. 면책선서재판*wager of law* — 이는 단순한 선서인데 이웃 사람의 선서에 의해서 그것이 깨끗하고 僞誓가 아니라는 것이 뒷받침된 것이다 — 이 금전채무소송*action of debt*을 단순한 계약에 의한 무가치한 소송으로 만들었을 때에도, 면책선서재판은 폐지되지 않았지만, 그러나 재판소는 만약 어떤 물건이 곧 그와 교환으로 교부되었을 때에는 약속을 이행하지 않았다는 이유로 불법침해*trespass*와 왕의 평화의 침범*breach of the king's peace*을 선고했으며, 그리하여 우리 계약법에 오늘날 約因[147]의 형식성이 되어버린 것을 부과했다. 물적소송*real action*의 지체와 형식주의 그리고 결투재판의 부수조건이 그런 방법들을 부적당한 구제방법으로 만들어 버렸을 때에도, 의제적 임대차 *fictious lease*와 의제적 부동산회복소송*fictious ejectment*

---

147 約因(consideration)이란 계약의 한쪽 당사자의 약속에 대하여 다른 쪽 당사자가 하는 급부(반대급부)를 말한다. 영미법은 약인의 존재를 계약의 유효조건으로 하고 있으며, 따라서 한쪽만이 급부하는 증여의 약속은 약인이 없으므로 법적 구속력이 없다.

이 다른 방법으로 그 사태를 구제하기 위해서 사용됐다. 영장writ[148]과 訴狀[149]의 엄격하고 고정된 방식이 원고의 재산의 횡령의 새 사건을 처리해 주지 못했을 때에도 그 방식은 변경되지 않았으나, 분실과 습득이 그 횡령으로부터 가정되었다. 따라서 우리는 과거의 미국의 판례집 속에서 — 마치 분실되고 습득된 물건이 시계나 포켓북이었던 것처럼 — 원고는 우연히 백 개의 화물차를 분실하고 피고는 우연히 그것을 발견해서 자기 자신의 용도를 위해서 그것을 횡령해 버렸다고 한 것을 읽을 수 있다.

더 새로운 그리고 덜 조잡한 성장의 형태가 오래 전에 법에 의해서 발견되었다. 그러나 의제를 사용하는 이 원시적인 성장의 형태 — 우리가 소년시절에 어떤 "놀이하

---

148 영장(writ)은 일반적으로는 법원에서 발부한 정형적 문구로 쓰여진 명령서를 뜻하지만, 법사적으로는 소송의 개시를 허가하는 문서 또는 소송(action)을 뜻한다. 중세에서는 영장이 있어야 소송을 제기할 수 있으므로(영장체제 = 소권체제, 즉 "영장 없으면 구제 없다"), 아무리 권리를 침해당해도 그 사건에 해당하는 영장이 없으면 국왕재판소에 소송을 제기할 수 없고 따라서 구제받을 수 없었다. 형평법재판소는 이러한 결함을 보완하기 위하여 태동된 것이다.

149 소장(declaration)은 원고의 최초의 訴答(pleading)(이의 내용은 주 1 참조)으로서, 원고가 그의 소송원인을 구성하는 사실을 적은 것이다. 이에 대한 피고의 소답을 답변(plea)이라고 한다. 이후 계속된 소답에 관해서는 주 1 참조.

자"("let's play") 라고 하는 것과 매우 흡사한 형태 — 가 아직 정치적 제도로부터 완전히 없어지지는 않았다. 입법의 시계를 뒤로 돌리는 것은 우리들에게 잘 알려진 제도이며, 인쇄술이 발달한 오늘날 모든 법률안이 각 집 앞에서 세 번씩 전문을 생략하지 않고 *in extenso* 낭독될 것을 헌법이 요구하고 있는 미국의 적어도 한 주에서는 오늘날 5인의 낭독자가 동시에 5개의 각각 별개의 법률안을 낭독하고 있는 것을 볼 수 있으며, 다른 한편으로는 입법자는 아침 신문을 읽으면서 그의 선거인의 편지에 대해서 답장을 하고 있다.

사람들이 의제의 일반적 사용에 의해서 법을 계획적으로 변경하는데 익숙하게 된 이후에는 더 대담한 방법이 사용되었다. 위에 언급된 바와 같은 특정한 경우에 대응하기 위한 또는 특정한 규칙을 변경하기 위한 특정적 의제는, 일반적 의제라고 부를 수 있는 것, 즉 법의 전 영역을 변경 또는 창조하는 더 대대적인 작용을 하는 의제, 단순한 고립된 규칙이 아니라 새로운 원칙 또는 새로운 방법을 도입하는 의제에 의해서 대체된다. 이런 일반적 의제란 해석이고, 형평법과 자연법이다.

성장의 원동력으로서의 해석은 주로 입법적 요소와 관련을 가지고 있다. 법은 신으로부터 주어진 것이며 변경할 수 없는 것이라고 생각됐던 원시시대에서는 인간인 집권자에게 허용된 최대의 것은 신성한 典本*text*을 해석하는 것뿐이었다. 후에 관습법이 권위적으로 형성되었을 때에는, 엄격법의 단계에서의 변경에 대한 반감 그리고 일률성을 확보하기 위하여 사법의 기능을 순연히 기계적인 것으로 국한시키려는 욕망이 법정립을 해석과 전본의 논리적 전개에 가두어두려고 노력하게 만들었다. 법의 성숙기에서는 법의 정립과 적용이 완전히 분리될 것을 요구했으며, 따라서 판사는 입법자의 실제의 의도를 진정한 해석의 확립된 규준에 따라서 확인하는데 그쳐야 한다고 하는 권력분립의 교리*dogma*가, 법전을 가진 국가들에서 재판소를 다시 한 번 자동기계로 만들려는 시도로 이끌었다. 어떤 비평가가 말한 바와 같이 19세기의 유럽 대륙에서의 법전에 관한 이론은 재판소를 일종의 자동판매기로 만들었다. 필요한 기계는 미리 입법에 의해서 또는 계수된 법적 원칙에 의해서 마련되었으니, 사람들은 단지 사실을 위의 구멍으로 넣고 판결을 밑으로 받아내면 된다는 것이다. 이 비평가는 사실이 언제나 반드시 기계에 맞는 것은 아니며, 따라서 무엇을 받아내기 위해서 기계를 약간 두드렸다 흔들었다 해야 한다고 말한다. 그러나 순수히 자동적인 것으로부터 극단적으로 이탈된 경우에도 판결이 나오게 하는 것은 결코 두드리고 흔들고 하는 과정이 아니라 전적으로 기계이다. 재판상의 판결의 진행에 관한 이런 관념은 오늘날 모든 법적 및 정치적 제도가 전제로 하고 있는 비판적 검토를 용서할 수 없다. 사람들은 재판관이 발견하고 적용하기 전부터 존재하는 법칙이 어디에서 발견될 수 있는지를 안다고, 또 그 법칙이 어떤 형식으로 존재했으며, 어떻게 그리고 어디로부터 그 법칙이 그 형식을 도출했고 권위를 획득했느냐를 안다고 주장한다. 그래서 이런 문제들을 알아본 결과 그 법칙이 전적으로 재판관의 두뇌로부터 깃털을 쓰고 튀어나온 것으로 보일 때에는, 사법의 기능은 해석과 적용에 불과하다는 가정은 재판소가 월권을 행하는 것이라는 결론으로 이끈다. 그러나 진정한 결론은 오히려 사법 기능의 본질에 관한 우리들의 정치적 이론이 부당하다는 것이다. 그것은 결코 진실로 커먼로상의 이론이 아니었다. 그것은 그 기원에 있어서 절대 불변의 법의 시대에 나온 의제였다. 만약 모든 법적 규칙이 성서나 12표법이나 법전이나 계수된 로마법대전이나 또는 영국 왕토의 관습 속에 불변의 형식으로 담겨져 있어서, 그 원칙들이 권위적으로 증명되는 것이라면, 새로운 사태는 해석을 가장한 연역과 유추적 확장에 의해서 처리되어야 할 뿐만 아니라, 모든 법이 겪는 변화는 이와 동일한 가장 속에 감추어져야 한다. 이런 방법으로 시작해서 재판관 직에 관한 기계적 관념은 정치이론에서 비잔틴적 주권 이념의 채용과, 그 후에 있어서의 주권자의 의사가 법을 만들기도 하고 해석도 한다는 비잔틴적 관념의 계수를 통해서 전수되었으며, 몽테스큐의 권력분립이론의 일반적 채용에 의해서 고정되었다. 오늘날에는 누구나가 법체계는 성장하는 것이며 또 성장하지 않을 수 없다는 것, 법적 원칙은 절대적인 것이 아니라 때와 장소에 따라서 상대적이라는 것, 그리고 법학상의 이상주의는 그 시대의 이상에 불과하다는 것을 시인, 아니 주장한다. 그러므로 위와 같은 의제는 포기되어야 한다. 재판상의 법정립 과정은, 법학이론이 아무리 완전히 재판의 기능을 순전히 기계적인 것으로 한정시킨다 하더라도, 모든 법체계에서 항상 진행되어 왔고 아직도 진행되고 있다.

형평법과 자연법도 그 기원에서는 해석과 마찬가지로 의제였다. 우리 법에서 최고재판소 재판관은 엄격법보다 더 신성한 도덕률에 의해서 지배되며, 사람들로 하여금 형평법의 법칙과 양심이 지시하는 도덕적 의무를 수행할 것을 강요당한다고 주장했다. 로마법에서 법학자는 자신들은 자연 그 자체 속에 발견되는 어떤 이성의 원칙을 받아 베껴야 한다고 생각했으며, 그가 자유로이 판단하는 모든 문제는 이러한 이성의 원칙에 비추어서 시험되어야 하며, 형성

가능한 모든 법칙은 이에 따라서 형성되어야 했다. 어느 경우에나 이론상으로는 과거의 법이 변함없이 견지되는 것이었지만, 결과는 도덕이 법 안으로 주입되고 법이 변용되어 갔다. 지난날의 성장의 시대에서는 선봉에 섰던 일반적 의제는 안정성이 필요한 유일한 것으로 생각되는 법의 성숙기에는 전적으로 부적합해서 사용되지 않게 되었다. 해석은 19세기의 일반적 의제이다.

법은 처음에는 무의식적으로 성장한다. 후에는 다소 의식적으로 성장하되, 말하자면 은밀히 의제의 옷을 입고 성장한다. 다음에는 법은 의식적으로 그러나 일반적 의제를 통해서 수줍어하면서 성장한다. 드디어 법은 재판상의 경험주의에 의해서 검토되는 법학과 입법을 통해서 의식적으로 계획적으로 그리고 공공연하게 성장할 수 있게 된다. 다른 세계들이 로마로 달리고 있을 때, 그리고 근대 유럽의 재판이 (로마)고전시대 법학자들의 자유로운 재판방법에 의해서가 아니라 콘스탄티누스와 유스티니아누스의 고정되고 경직된 전본과 족쇄에 채워진 재판관에 의해서 행해지던 시기에, 커먼로는 재판상의 경험주의에 의해서 법 발전의 체계를 발견하고 만들어냈는 바, 이는 커먼로의 적지 않은 업적이다.

발달한 법체계는 두 개의 요소, 즉 전통적 또는 습관적 요소와 제정적 또는 명령적 요소로 이루어진다. 후자는 보통 근대적 요소이며, 현재에는 적어도 법의 형식에 관한 한 지배적으로 되려고 한다. 전자는 보다 더 오래된 혹은 역사적인 요소이며, 이런 요소 위에서 법학의 발전이 유추에 의해서 진행된다. 그러나 법체계에서의 제정적 요소가 근대적 요소이며 전통적 요소는 과거의 이야기에 불과하다는 것은 결코 보편적으로 진실한 것은 아니다. 실제로는 양자는 서로 작용하고 서로 교정하며, 어느 하나가 마당을 너무 오래 차지함으로써 너무 고정되고 엄격하게 되면 다른 하나가 필요한 탄력성을 법에게 회복시켜 준다. 그렇지만 대체로는 전통적 요소가 훨씬 더 중요한 것이다. 모든 새로운 문제를 처리하기 위해서 우리는 첫째로 전통적 요소에 의존하지 않을 수 없다. 왜냐하면 입법자는 그러한 문제들이 주의를 끌게 된 후에야 행동하기 때문이다. 또 입법자가 행동을 한 후에도 입법자의 예견이 문제의 모든 상세한 점에까지 미친다든가, 혹은 그가 대체적인 윤곽을 준비하는 것 이상의 것을 할 수 있다는 것은, 설령 있을 수 있다 하더라도 매우 드문 일이다. 그러므로 제정법의 영역에서도 법체계의 전통적 요소가 중요한 역할을 한다. 우리는 입법의 흠결을 메우기 위해서, 입법에 의해서 도입된 원칙을 발전시키기 위해서, 또 그것들을 해석하기 위해서, 전통적 요소에 의존해야 한다. 우리는 소위 해석이라는 것이 단순히 입법의사의 확인에 불과한 것이 아니라는 것을 잊지 말자. 만약 그렇다면 그것은 법에 관한 일 중에서 가장 힘든 것이 아니라 가장 쉬운 것이 될 것이다. 입법부가 일정한 의도를 가졌고, 그러한 의도를 표현하고자 했던 곳에서는 해석의 문제가 별로 일어나지 않는다. 어려움은 입법자가 그런 문제들을 생각해본 일이 없기 때문에 입법자가 그에 관해서 아무런 의사도 가지지 않았던 무수히 많은 경우에 일어난다. 사실 그는 아마 그런 경우들을 생각해 보지 못했을 것이다. 그러므로 우리가 만약 원리로서의 권력분립을 주장한다면, 재판소는 원하든 원하지 않든 간에 어느 정도 해석이라는 가장 하에 법을 만든다고 하지 않을 수 없다. 그것이 자의적 의사로써 만들어지지 않고 법으로 만들어질 것이라는 것을 보장하는 길은 재판상 및 법학상의 전통에 있다. 재판상의 법정립의 재료는 이러한 전통으로부터 도출되는 것이다. 따라서 법체계에서의 전통적 요소는 다량의 입법의 시대에서도 제정적 요소를 보충하고 완성하고 발전시키기 위해서 사용되고 또 사용되지 않을 수 없다. 그리고 드디어 그것은 보통 후자를 병합해 버리고 그 결과를 전통의 체계 속에 편입시켜 버린다. 더욱이 광범한 분야는 언제나 법제정에 의해서는 채워질 수 없으며, 여기에서는 전통적 요소가 우위를 점한다.

법학은 전통적 요소의 재료를 가지고 작업한다. 법학은 이 재료를 분석하고 체계화하며, 그 역사를 조사하고 그 철학적 기초를 찾으며, 그 재료들을 다른 법체계의 전통적 재료들과 비교한다. 그리하여 법학은 자의적 규칙들을 잘라내 버리고, 이론을 이성에 맞게 주조하고 모순을 조율한다. 장래에는 법학은 사회학적 법학파의 영향을 받아, 전술한 일에 보태어, 법칙과 이론들이 얼마나 법의 목적을 달성하는가를 결정하기 위해서 이들의 사회적 기능을 연구하고 이들이 실제로 산출하는 효과를 연구할 것이다. 다른 한편으로 입법은, 법학에 의해서 만들어지고 재판상의 경험주의에 의해서 승인의 낙인이 찍힌 것에 대해서 단지 형식을 부여하는 경우를 제외하고는, 새로운 가정promise을 도입하는 것을 이의 기능으로 삼는다. 과거에는 법을 영구불변의 어떤 것으로 생각하는 절대적 이념의 영향 아래, 다소라도 대규모로 새로운 가정을 도입하는 것은 법없는 재판으로의 복귀 그리고 형평법이나 자연법에서의 의제와 같은 일반적 의제의 사용을 통한 법적 혁명을 일으켰다. 오늘날에서는 이러한 법적 혁명은 필요치 않다. 우리는 의식적 법정립을 필요한 것이라고 믿게 되었다. 어쩌면 아마도 의식적 법정립에 의해서 성취될 수 있는 것에 대해서 너무나 많은 믿음을 가지게 되었다. 그러나 법전의 진정한 기능은 법학자들이 오늘날 시인하는 바와 같이, 단순히 과거의 법적 발전의 결과를 보다 더 나은 그리고 보다 권위적인 형식으로 표현하는데 그치는 것이 아니라, 한 걸음 더 나아가 법학과 사법의 새로운 출발을 위한 기초를 제공해 주는 것이다. 그리하여 법학자는 전통적 재료를 철저히 연구하고 가공하며 입법자는 새로운 재료를 제공한다. 재판관은 이 새로운 재료로부터 나오는 원칙과 표준을 구체적 사건에 적용하고 시험하는 과정을 통해서 이로부터 현실의 법을 만든다. 즉 재판관은 이러한 재료들의 실제적 작용을 관찰하고 많은 사건의 경험을 통해서 이들에 의해서 재판하려면 이들을 어떻게 적용해야 하는가를 점차로 발견하면서 이로부터 현실의 법을 만든다. 커먼로는 처음부터 이런 것이었다. 재판소를 단순히 자동기계로 만들려고 했던 18세기의 기도의 실패가 유럽 대륙의 법학자들로 하여금 재판관과 입법자의 관계에 관한 비잔틴적 관념을 배척하고 고전시대의 로마법의 보다 더 자유로운 이론으로 돌아가게 하면서, 이런 것이 나머지 다른 세계에서도 용인된 이론이 되어 가고 있다.

법은 오로지 주권자에 의한 입법활동 또는 권위적 해석에 의해서 만들어진다는 것은 반드시 로마의 이론은 아니었다. 그와 반대로 키케로[150]의 시대에는 선결례를 법의 형식의 하나로 여겼었다. 2세기 말에 한 법학자는, 원수의 지령의 권위에 기해서, 같은 취지로 판정된 사례들의 권위는 법의 효력을 가진다고 확언할 수 있었다. 그러나 로마의 판례법은 재판관에 의해서 보다도 오히려 법률(재판)자문관[151]들에 의해서 만들어진 것이었다. 왜냐하면 우리는 사법권을 법률을 배운 상설적 재판관에게 맡기면서 그러나 그에게 문외한인 배심으로부터 사실을 채택할 것을 명하였는데 대해서, 고전시대 로마의 제도는 사법권을 당해 사건을 위해서 선정된 문외한인 심판인 *iudex*[152]의 수중에 두면

---

150 키케로(Cicero, B.C. 106-B.C. 43)는 로마의 변론술의 대가이며, 대표적 논문은 〈변론술(De oratore)〉이다.

151 법률자문관(jurisconsult)은 재판관의 뒤에서 어떻게 재판할지를 자문해 주는 자로서, 초기에는 경험많은 원로가 이 역할을 했으나, 점차 전문적으로 법률을 공부한 법학자가 이의 역할을 맡았다. 그러면서 로마와 몇 개의 대도시에는 법과대학이 만들어졌다.

152 로마에서 재판을 담당했던 사람은 법무관(praetor)이었는데, 법무관은 장차 정계로 나아가고자 하는 젊은 귀족으로서 법적 지식이 전혀 없었다. 그래서 이들은 심판인에게 재판을 맡겼다. 심판인은 심리절차를 주재하는 역할을 하였다.

서, 그러나 그에게 정당하게 특허받은 법률자문관으로부터 법을 채택할 것을 명했기 때문이다. 법률자문관들의 의견이 다를 때에는 그가 어느 의견을 채택할 것인가를 결정해야 했다. 그렇지만 그의 결정은 단지 한 개의 사건을 위해서 일하는 문외한의 결정으로서 전혀 특별한 무게를 가지지 않았으며 또 유지되지도 않았다. 중요했던 것은 그 의견을 요구받았던 학식있는 법률자문관의 해답이었으며, 로마법의 생명을 가장 오래 지속시키는 부분은 이러한 의견들로 이루어졌다. 제정 시대에 상설적 재판관제도가 발달함에 따라 법률자문관의 기능은 후퇴했으며, 재판 판결이 판례법으로서 확립되었으리라고는 생각되지 않으므로, 디오클레티아누스 이후 입법·행정·사법의 모든 권력의 황제의 수중으로의 통합이, 유스티니아누스가 그의 법전 편찬의 권위적 낙인과 더불어 근대세계에 전달해 준 다음과 같은 원리로 이끌지는 않았다. —— 재판관은 특정의 사건을 그 사건만에 관해서 결정하는 이상의 일을 할 수 없으며, 오로지 주권자만이 입법활동에 의해서 그 법칙이 판결의 이유로서 사용된 사건 이외의 사건들에도 통용될 구속력 있는 규칙을 만들 수 있다(고 하는 원리). 중세에서는 이러한 원리는 유스티니아누스의 불가침의 권위를 배후에 가지고 있었다는 것만으로 족했다. 그러나 (근대에 들어)

문외한인 재판관들이 대학에서 학식을 쌓은 법률박사들에게 법에 관한 조언을 구함으로써 이들에 의해서 로마법이 처음으로 사건에 적용됐을 때 — 셰익스피어의 《베니스의 상인》에 나오는 재판은 이의 한 예를 보여준다 — 이런 재판관들의 판결이 법의 효력을 획득할 수 있으리라고는 도저히 기대할 수 없었다. 판결에 대해서 재료를 제공해 준 이론적 저작가가 진정한 법의 소리였다.

그리하여 대륙에서 재판관 직에 관한 관념이 생긴 것은 법률에 관한 학식이 있는 재판관으로 구성된 상설적 재판소가 설치되고 지속된 이후이다. 이런 관념은 권력분립 이론과 부합하는 것처럼 보였고, 또 17, 18세기에 발달한 정치이론과도 일치했기 때문이다. 그것은 또 자연법의 원칙으로부터 연역된 18세기의 완벽한 법전의 원리와 일치했다. 후자의 원리의 영향을 통해서, 재판상의 판결을 위한 법의 발견은 순수한 해석이라는 단순한 일로 격하될 수 있다고 하는 입법자의 마음에 드는 관념, 또 제정된 법칙의 체계가 완전무결하게 만들어질 수 있으므로 재판관은 단지 법전 안에서 당해 사건에 관련된 법칙을 선별하고 해석의 고정된 기준을 적용해서 입법자가 그 법칙에서 의도한 바를 찾아내어 그것을 계속해서 적용하면 된다고 하는 입법자의 마음에 드는 관념이 나올 수 있었다. 프리드리히대왕의 법전은 이런 이론에 기초해서 만들어진 것이다. 그 의도는 "장래에 일어날지도 모를 모든 사건에 관해서 아무런 의문이 생길 수 없을 정도로 면밀주도하게 마련되어야 한다. 재판관들은 해석에 관해서 아무런 자유재량을 가질 수 없으며, 의문점에 관해서는 국왕위원회에 자문해야 할 것이며, 그 회답에 절대적으로 구속된다"라는데 있었다. 슈스터[153]는 "법의 이런 스테레오 타입은 아무런 변경도 필요없는, 따라서 어떤 가능한 사태의 결합에 대해서도 사용될 수 있도록 기획된 완벽한 법체계를 상상했던 자연법의 이론과 부합하는 것이다"고 말한다. 이런 18세기의 이론이 미국의 정치이론을 완전히 지배했었기 때문에, 1912년에 미국의 한 상원의원은 우리들에게 자랑스럽게, 트러스트금지법의 사법적 해석이 우리들을 이끌어갔던 불확실성은 그가 기초한 법률안에 의해서 구제될 수 있다고 말할 수 있었다. 그는 자신의 법률안을 "결합해서 경쟁을 질식시켜 버렸던 모든 알려진 관행과 방편을 평이한 영어로 열거해서 누구든 그런 일을 하는 것을 금지하는" 것이라고 말했다. 이와 같은 정신에서 우리나라의 어떤 대학의 정치학 교수는 해석의 권한을 재판소로부터 박탈해서 좀더 인민의

---

153 슈스터(Schuster, Claud, 1869-1956)는 영국의 변호사이며, 오랜 기간 총리(내각대신)의 사무차관(Permanent Secretary to the Lord Chancellor's Office)을 지냈다.

의사와 가깝게 접촉한다고 생각되는 행정기관에 부여하고, 재판소에게는 규정된 그리고 해석된 법칙을 적용하는 일에만 한정시킬 것을 제안했다. 이 두 개의 사상 즉 모든 경우를 포용하는 규정을 미리 완전히 입법에 의해서 마련한다는 사상과 사법 밖에서의 권위적 해석의 사상은, 입법은 전문가에 의해서 주의깊고 면밀주도하게 행해지고 이의 적용은 비잔틴의 이론을 교육받은 재판관 및 변호사단체에 의해서 행해지는 점에서 이점을 가지기는 했으나, 실제에서는 실패했다. 사법적 적용을 떠난 해석은 비실제적이며, 법의 발견과 법의 해석과 법의 적용의 기능을 분리하려는 기도는 무용한 것임은 법의 역사가 밝혀주는 바와 같이 명백하다. 예컨대 프리드리히 대왕의 법전에서 기도됐던 국왕위원회에 의한 해석의 안은 완전히 실패했다. 얼마 안가서 행정부의 위원회가 입법부보다도 나은 선견지명을 가지고 있다고 가정할 이유가 없다는 것이 나타났다. 경험은 우리에게, 미리 할 수 있는 것은 기껏해야 전제나 지도원리를 규정하는 것뿐이며, 적용의 상세는 재판상의 시험과 재판상의 경험의 소산이어야 한다는 것을 가르쳐 주었다.

그럼에도 불구하고 비잔틴적 이론은 좀처럼 근절되지 않는다. 19세기에서는 미리 모든 경우를 포용하는 완전한 법칙의 체계에 의해서가 아니라, 완전한 원칙의 체계와 그런 원칙의 논리적 설명 및 적용의 완전한 체계에 의해서 확실성을 확보하려고 했다. 유럽 대륙에서의 19세기의 모든 법전은 1896년의 독일민법전을 제외하고는 사법상의 판결은 당해 사건을 넘어서는 아무런 권위를 가질 수 없으며, 입법부 자체에 의한 것 이외에는 권위적 해석이 있을 수 없다는 이론에 입각하고 있다. 만약 법전이 무엇을 정하지 않고 남겨놓은 것이 있다면, 재판관은 그 사건을 판결하기 위해서 어디로 향할 것인지를 지시받았다. 그러나 다음의 재판관은 자기의 선행자의 판결이 무엇을 확립한 것으로 보아서는 안되었다. 그는 그러한 절차를 독자적으로 되풀이해야 했다. 좋은 예를 프랑스민법전 제5조에서 볼 수 있다. 동조는 다음과 같이 말한다. "재판관은 자신 앞에 놓여진 사건을 판결함에 있어서 행위의 일반적 법칙을 정립하거나 또는 그 사건이 이전의 선결례에 의해서 규율된다고 판정하는 방법으로 판결하는 것을 금한다." 이 규정의 목적은, 어떤 권위적인 주석자에 의하면, 재판관이 재판소를 지배하게 되는 판례법의 체계를 형성하지 못하도록 방지하고 또 재판관이 "[제정]법 속에서 행해진 오류를 사법적 해석에 의해서 시정"하는 것을 방지하려는데 있다고 한다. 50년이 지나기 전에 입법은 하급재판소들에게 프랑스최고재판소의 엄숙한 판결을 따를 것을 강요하도록 요구했다.

한 세기의 경험 후에 현재는 프랑스의 법학자들은 문제의 조문이 실효성을 가질 수 없다는 것을 시인하고 있다. 오늘날 프랑스 학생들에게 법을 가르치는 기초적 서적들은, 법전과 계수된 로마법의 전통에도 불구하고, 사법상의 판결의 과정은 법의 한 형태라고 말하는데 주저하지 않는다. 대륙 전체에 걸쳐 새로운 학파는 사법에 의한 자유로운 법발견을 소리높이 요구하고 있다. 19세기의 정체로부터 구출되는 길은 법학자와 입법자에 의해서 공급되는 재료에 작동하는 재판상의 경험주의라는 점이 승인되고 있다.

영미법이 사법상의 판결에 의한 법정립에 관한 확립된 이론을 가지고 새로운 성장기로 들어가게 된 것은 실로 다행스러운 일이다. 우리는 정치이론과 싸워야 하며 또 권력분립의 교리와 싸워야 한다는 것은 사실이다. 또 이와 같은 이념들로 인한 영향과 확실성에 대한 19세기의 주장은, 사법상의 법발견은 논리적으로 또는 잠재적으로 선행하는 것의 발견에 불과하며, 따라서 판결은 전혀 새로운 것을 행하는 것이 아니고 단지 증명하는 것에 불과하다는 이론으로 이끌었다는 것도 또한 사실이다. 이러한 이념의 영향 밑에서 재판상의 경험주의는 19세기 말에 지나치게 조심스럽게 전진했다는 것은 의심할 여지가 없다. 그러나 이것은 전적으로 해악은 아니었다. 만약 입법부와 재판소의 양자가 법을 의사로 생각하는 관념에 지배되어 가장 좋아 보이는 것이라면 아무 것이나 좋아 보인다는 이유만으로 법으로 정립해 버리게 된다면, 즉 미리 정해진 전제에 입각할 필요성이나 알려진 기술에 의해서 또 고정된 노선에 따라서 발전시킬 필요성에 의해서 제어되는 일이 없이 법을 정립해 버린다면, 그 이상의 불행이 없을 것이다. 선결례를 법의 한 형식으로 보는 우리 커먼로의 원리가 성공한 주요한 원인은, 그것이 다른 어떤 원리도 할 수 없었던 방법으로 확실성과 성장의 힘을 결합시킨 데 있다. 확실성은 합리적인 한계, 즉 재판소는 재판의 진행은 전통적 체계 안에 있는 법칙과 이론의 유추에 의하고, 당면의 사건에의 원칙의 전개는 이미 알려진 기술에 따라 행한다는 한계에 의해서 보장된다. 성장은 원칙의 한계가 마치 한 번 행해진 것을 모든 경우에 적용하는 것처럼 권위적으로 확고하게 고정되어지는 것이 아니라, 사건이 일어날 때마다 포함시켰다 제외하였다 하는 과정에 의해서 점진적으로 발견되어진다는 점에 의해서 보장된다, 특히 사건에 이를 포함시킬지 여부는 원칙이 사건에서 실제적으로 작용하는 점 그리고 그 원칙이 그 실제 운영에서 얼마나 정의를 행하느냐 하는 점에 의해서 행해진다. 19세기가 미리 정해진 전제와 고정된 기술을 너무 지나치게 주장했다 하더라도, 그것은 우리 법이 과거의 재판상의 경험을 현재의 재판상의 문제에 적용하는 방법, 그리고 그러한 경험이 재판상의 실험과정을 통해서 실제로 작용하거나 작용할 수 있는 사법적 규칙으로 발전될 수 있는 원칙을 만들어내는 방법을 잃게 하지 않았다.

커먼로의 두 개의 기본적인 원칙 즉 선결례의 원칙과 법 우위의 원칙에는 공통된 요소가 있다. 양자의 배후에는 동일한 정신이 있다. 선결례의 원칙은 사건은 과거의 재판상의 경험으로부터 귀납적으로 도달된 원칙에 의해서 재판될 것이지, 주권자의 의사에 의해서 자의적으로 세워진 규칙으로부터의 연역에 의해서 재판될 것이 아니라는 것을 의미한다. 환언하면 자의적 의사가 아니라 이성이 판결의 궁극적 기초이어야 한다는 것이다. 법 우위의 원칙도 또한 동일한 사상으로 환원될 수 있다. 그것은 주권자와 그의 모든 기관은 자의적 의사에 따라서가 아니라 원칙에 따라서 행동해야 하며, 기분에 따를 자유가 있는 것이 아니라 이성을 따를 의무가 있다는 원리이다. 이 두 원리는 창조주의 정의와 진리의 추구라는 게르만인의 법이념을 표현하는 것이다. 커먼로의 원리는 경험에게 적용되는 이성의 원리이다. 이것은 경험이 행동의 표준과 판결의 원칙에 관해서 가장 만족스러운 기초를 제공해 주리라고 생각한다. 이것은 법은 주권자의 의사의 명령에 의해서 자의적으로 만들어질 것이 아니라, 과거에 정의를 성취한 또는 성취하는 데 실패한 규칙들과 원칙들에 관한 재판상 및 법학상의 경험에 의해서 발견된다고 생각한다. 이러한 원리가 행해지는 곳에서는 법적 규칙의 해석과 적용뿐만 아니라 그 확인도 다분히 재판관의 훈련된 이성에 맡겨져야 하며, 우리는 다양한 사건에 관해서 판례집에 수록된 판결에 대한 재판관과 변호사단체의 비평을 보면서, 재판관들은 이성에 의해서 규율될 것이며 개개의 재판관의 개인적 오차는 억제될 것이라는 자신감을 발견할 것이다. 커먼로의 활력과 다른 세계에서 재판 판결에 대해서 인정되는 가치의 증가는 이러한 기대가 건전하다는 것을 증명한다. 그러므로 다른 세계는 진보의 수단을 얻으려고 고심하고 있는데, 우리는 시작할 때부터 이미 우리 법 속에 진보의 수단을 가지고 있다. 그러한 수단을 유지 발전시키는 것, 그리고 유럽 대륙에서 충분히 시험되어 결함이 있음이 드러난 비잔틴의 원리 혹은 어떤 형식이든 비잔틴식 재판방법을 시험하는 대신에 그러한 수단을 사용함에 적합한 재판소를 설립 유지하는 것이 현명하다.

  우리 영미의 재판상의 경험주의 제도에 대한 비평의 대부분은, 이 제도가 19세기 말에 다른 분야에서 인간의 노력이 행해지고 있을 때 미국법을 정지시킨 완고성에 대해서 책임이 있다고 생각하는 것이다. 그러나 이런 점에서는 미국법만이 그랬던 것은 아니라는 것을 상기해야 한다. 전 세계를 통해서 19세기의 법은 정지하려고 노력했고, 또 이 세기가 그것을 요구했다. 법의 형식이 무엇이든지 간에, 즉 성문법이건 판례법이건 근대화되어 법학적 전통으로 된 계수로마법의 전통이건 간에, 우리는 동일한 특징적인 정지상태를 볼 수 있다.

만약 사회문제에 관한 법의 후진성과 현대사회에서 중요한 의의를 가지는 문제들에 대한 법의 비사회적 태도의 원인이 내가 지금까지의 강의에서 논한 연속적인 원인들에 의해서 형성된 우리 법체계의 전통적 요소에 있다면, 구제의 가장 확실한 수단도 또한 거기서 발견되어야 한다. 형평법의 발달을 통한 도덕의 법 안으로의 주입은 입법에 의해서 성취된 것이 아니라 재판소가 한 일이었다. 상인의 관습이 법 안으로 흡수된 것은 성문법이 아니라 사법상의 판결에 의해서 이루어진 것이었다. 법학적 사상과 사법상의 판결이 새로운 코스로 전환될 때에는, 우리 영미의 사법상의 경험주의의 방식은 언제나 적합한 것임이 증명되었다. 새로운 전제가 부여된 경우에, 우리 커먼로는 그 전제를 재판의 긴급한 필요성에 맞도록 발전시키고 그 결과를 학문적 체계 속에 주조하는 수단을 가지고 있다. 더욱이 커먼로는 형평법의 발전과 상인법의 흡수에서 그랬던 것과 같이, 새로운 전제를 포착하는 힘을 가지고 있다. 실로 기본적인 변화들은 우리 법체계에서는 거의 눈에 띄지 않게 일어났으며, 법적 정의라는 이름으로 그렇게도 중요하게 통용되었던 19세기의 개인주의적 정의로부터 오늘날의 사회적 정의로의 전환은 입법정책의 변경이 그렇게 나타나게 되기 전에 우리 판례법에서 진행되고 있었다.

현대의 윤리, 현대의 철학, 현대의 정치사상의 정신 속에 존재하는 현 세대에서의 법의 여덟 가지 주의할 만한 변화가 이 점을 밝히는데 이바지할 것이다.

이중 첫째로 우리는 재산권의 행사에 대한 제한, 즉 소유권의 반사회적 행사를 방지하려는 시도를 들 수 있다. 이 점에서도 사법상의 판결이 진보의 원동력이었다. 여기에서는 상론할 시간이 없고 또 그럴 곳도 아니다. 나는 오로지 소위 악의의 울타리*spite fence*에 관한 우리 판례법에서의 점진적이지만 견실한 방향의 변경, 그리고 지표면의 소유자가 물을 마음대로 할 수 있다고 하는 낡고 비좁은 관념을 합리적 사용의 원칙으로 대체시킨 미국 판례법에서의 침투수浸透水*percolating water*와 지표수*surface water*에 관한 원칙의 확립을 언급할 뿐이다. 재산권의 행사에 대한 제한, 특히 프랑스인이 말하는 '권리의 남용'을 방지하기 위해서 안출된 제한을 가하는 법이 늘어가는 경향에서는, 우리의 지금 들어선 법발전의 시기와 내가 형평법 또는 자연법의 단계라고 부르는 그보다 이전의 자유화의 시기와의 사이에 연상되는 유사점이 있다. 형평법은 법적 권리의 비양심적 행사를 방지하려고 했으며, 오늘날에는 우리는 법적 권리의 반사회적 행사를 방지하려고 한다. 형평법은 도덕적인 제한을 가했으며, 오늘날의 법은 사회적인 제한을 가하고 있다. 법은 사회의 이익과의 관계에서 개인의 이익에 경계를 획정하여, 법적 권리를 그렇게 경계획정된 범위 내에 한정시키려고 하고 있다. 이러한 경향은 더욱 더 법이 보장해야 하는 것은 소유자의 합리적 욕망이어야 한다, 즉 이웃의 마찬가지의 욕망 및 사회의 이익과 양립할 수 있는 욕망이어야 한다고 생각하는 것이다.

둘째 계약의 자유에 대한 제한을 들 수 있다. 이러한 제한은 입법에 의해서도 사법상의 판결에 의해서도 가해졌다. 입법적 제한의 예로는 임금의 현금지급을 요구하는 성문법, 노동조건을 규제하는 성문법, 생활불능자금 및 최저임금 등등에 관한 입법을 들 수 있다. 사법상의 제한의 예로는, 재판소가 보험법을 사실상 계약의 범주로부터 독립시키고, 담보회사법을 사실상 보증계약법으로부터 독립시키고, 공공사업 회사의 의무는 계약상의 것 즉 합의로부터 나오는 것이 아니라 공공봉사가 종사하고 있는 작업으로부터 나오는 것임을 확정했다는 것을 상기시키는 것으로 족하다. 그러므로 여기에서도 현재와 형평법 또는 자연법의 단계와의 사이의 유사성이 연상된다. 형평법은 계약의 권한을 제한함으로써 채무자를 채권자 측의 불공정한 이익으로부터 보호하려고 했다. 그러므로 형평법은 채무자의 저당재산의 환수권의 방해 또는 포기계약을 방지하고, 상속인 및 환수권자와의 가혹한 계약을 무효로 했다. 오늘날 우리는 계약의 자유를 제한함으로써 다시 한번 경제적 압력 밑에 서있는 사람들을 보다 큰 경제적 자유를 가진 사람들 측의 불공정한 이익으로부터 보호하려고 한다.

셋째 우리는 재산의 처분권에 대한 제한을 들 수 있다. 이들은 주로 입법적인 것이다. 다수의 주에서 가족의 주택의 양도에 처가 참여할 것을 요구하는 것, 가재도구의 양도담보에 처가 참여할 것을 요구하는 몇 주의 성문법, 처가 부의 임금의 양도에 참여할 것을 요구하는 매사추세츠의 성문법 등이 그 예이다. 사법판결에서의 그러한 경향으로는, 특정한 장소에서의 불공정한 헐값 매각에 의한 독점의 획득이나 영구화를 방지하기 위해서 과하는 처분권*jus disponendi*에 대한 제한을 들 수 있다.

넷째 채권자 또는 피해자의 채권만족을 확보하는 권한에 대한 제한을 들 수 있다. 고전시대 로마법은 이러한 종류의 것을 발전시켰었다. 특정한 채무자의 특정한 채권자에 대한 경우에 로마법은 전액에 대해서 책임을 지지 않고 채무자가 당장에 지급할 수 있는 한도 내에서 책임을 지게 하는 편익 내지 특권을 부여했었다. 이 원칙은 18, 19세기의 개인주의와 부합하지 않기 때문에 근대 대륙법에서 이것이 배척당한 것은 당연하다. 그러나 보다 근대적인 법전들은 예컨대 정신이상의 불법가해자의 성문법상의 책임은 그로부터 생계의 수단을 박탈할 정도로 나가서는 안된다는 규정과 같이, 채권자의 채권 만족을 확보하는 권능을 제한하는 다수의 규정을 가지고 있다. 미국에서는 매우 많은 주에서 보급되고 있는 가택압류금지법, 세대주에 대해서 500달러까지 압류면제를 해주고, 또 보통 예술가에 대해서 도구를, 전문가에 대해서 서재를, 농부에 대해서 가축과 농구를, 그리고 세대주에 대해서 임금을 관대하게 압류면제해 주는 몇 주에서의 동산압류금지가 그 예이다. 최근의 입법과 최근의 토론 중에 채무자는 어떤 경우에서나 비록 그것이 그와 그의 가족을 파멸시키는 경우에라도 그 약속을 지켜야 한다고 주장하지 않고, 채권자도 또한 위험을 부담해야 한다, 즉 채무자와 더불어 또는 경우에 따라서는 채무자

대신에 위험을 부담해야 한다고 주장하는 주목할 만한 경향이 있다.

다섯째 무과실책임의 사상을 부활시키는 경향이 있다. 이는 고용된 대리인의 행위에 대해서 넓은 책임을 지운다는 형식으로 행해질 뿐만 아니라, 기업을 운영하는 자의 과실없이 그러나 그 기업에 부수해서 일어나는 피해를 보상하는 책임을 기업에 부과한다는 형식으로 행해진다. 에임스학장[154]이 역사법학자의 입장에서 인간의 의사에 따른 자유활동에 입각하고 있는 법원칙의 점진적 발전을 검토함에 있어서 "위험을 무릅쓰고 행동한다는 도덕과 관계없는 *unmoral* 표준"이라고 부른 것이 법으로 돌아오고 있다. 어느 편에도 책할 것이 없는 경우에 사회적 정의의 필요성의 견지에서 누가 그 손실을 부담하는 것이 낫겠느냐를 묻는 경향이 강해지고 점차 커져가고 있다.

여섯째 사법판결에서 자연자원의 이용과 보존에 대한 사회적 이익을 중요시하는 매우 주목할 만한 경향이 있다. 예컨대 流水와 野獸는 사회적 이익을 보호하는 규정에 의한

---

154 에임스(Ames, James Barr, 1846-1910)는 미국법 교육자로서, 법학교육에서 케이스스터디('case-study') 방법을 보편화시켰다. 이런 교육방법은 하버드 로스쿨의 랑델(Langdell, Christopher Columbus, 1826-1906) 교수가 창안해 낸 것이며, 에임스학장은 그의 제자이다.

예외를 제외하고는 개인에게 배당되거나 개인의 소유가 될 수 없는 말하자면 사회의 재산이라고 생각하는 경향이 있다.

일곱째 우리는 공익기관에 의해서 개인에게 가해진 가해에 대해서는 공공의 자금이 책임을 져야 한다고 생각하는 점차로 늘어나는 경향을 지적할 수 있다. 정부활동에 내재하고 있는 개인에 대한 가해의 위험성은, 그 손실을 입게 된 운수 나쁜 개인만이 전적으로 부담할 것이 아니라고 생각한다.

끝으로 최근의 입법과 재판상의 판결은 피부양가족에 관한 법의 낡은 태도를 변경했다. 재판소는 이제는 자녀에 대한 부모의 자연적 권리를 판결의 주요한 기초로 삼지 않는다. 종래에는 유일하게 중요시되었던 부모의 개인적 이익이 이제는 자녀의 이익 및 사회의 이익과 비교할 때 거의 최후로 고려될 것으로 되었다. 환언하면 여기에서도 사회적 이익이 주로 고려된다.

내가 방금 인용한 예들 중의 많은 것은 입법으로부터 인용된 것임은 사실이다. 그리고 또 과거 2세기 동안에 확립된 법적 이념에 대한 이러한 입법에 의한 혁신 중의 어떤 것은 몇몇 재판소에서 강한 저항을 받았다는 것도 또한 사실이다. 그럼에도 불구하고 나는 이러한 개혁들의 어느 것이나 모두가 우리나라의 최고재판소와 오늘날 우리나라의 주 재판소들의 대다수(그 수는 늘어가고 있다)에서 진행되어 가리라고 확신한다. 더구나 더욱 중요한 것은 가장 중요한 예들 중의 많은 것은 사법상의 판결로부터 온 것이라는 점이다. 그러므로 만약 앞서 말한 질병이 우리 법체계의 전통적 요소 속에 있다 하더라도, 바로 거기에서 그리고 우리 눈 앞에서 그에 대한 치료가 행해지고 있다. 우리가 가져와야 할 것은 사회적 이념을 우리 법의 전통적 요소 안으로 주입하는 것이며, 그러한 주입은 현재 진행 중에 있다. 우리 재판소와 우리 사법기구에 대해서 섣불리 손을 대는 것, 우리가 법률사 및 司法史에서 배운 것 또 배워야 할 모든 것을 희생시키면서 단지 특정한 종류의 사건에서 특정한 결과를 가져오려는 희망을 가지고 그와 같이 손을 대는 것은 옳은 길이 아니다. 오히려 새로운 일련의 전제, 새로운 일련의 이념들을, 재판소가 이들을 사용할 수 있고 실제 사건에서의 재판상의 경험에 의해서 이들을 새로운 체계로 발전시킬 수 있는 형식으로 마련하는 것이 옳은 길이다. 오늘날의 사회의 요구를 만족시킬 수 있는 법의 체계는, 어떤 방법으로 재판관을 선임하거나 또 아무리 자주 그들을 면직시키거나를 불문하고, 18세기 법학의 초개인주의적인 재료 그리고 그에 입각한 19세기 커먼로로부터는 만들어질 수 없다. 이를 위한 길은 대부분 법학에 의해서 그리고 수미일관하고 명확한 계획에 따라서 만들어진 세심한 입법에 의해서 준비되어야 한다. 마치 19세기 초반에서의 개혁운동의 입법이 벤담의 유용성 이론을 기초로 해서 이루어졌던 것과 같이 말이다.

이성적으로 볼 때 재판관들에 대해서는 현재의 전환에서 지도적 역할을 할 것을 요구할 수 없다. 그들은 선발대와 '더불어'가 아니라 주력부대와 더불어 행동해야 하며, 더욱이 주력부대가 상당히 고정된 그리고 확립된 개념에 도달했을 때 이들과 행동해야 한다. 지금 법에 대해서 불평을 하는 사회과학의 심취자들은 법률가들의 법률서적에서 발견한 법률가들의 이념을 확인하는데 성공했었던 것이 그리 오래된 일이 아니라는 것을 상기해 보자. 재판소는 모든 경제기구를 다루고 있고 일반적 안전에 대한 사회적 이익을 고려하지 않으면 안되는 바, 법률가는 이러한 재판소가 법을 한 순간에 전환시키는 것을 기대할 수 없다. 우리가 한편으로는 법질서의 목적에 관한 낡은 사상으로부터 새로운 사상으로의 전환이 얼마나 근본적인 것이며, 그런데 새로운 노선이 아직 얼마나 불확실한 것인가를 곰곰이 생각한다면, 또 다른 한편으로는 이러한 변화가 재판소가 하는 모든 일의 근저를 얼마나 철저히 동요시키는 것인가를 생각한다면, 재판소에 대해서 우리의 전체적인 법률체계를 하룻밤 사이에 그 변화에 적응시킬 것을 기대하는 것이 얼마나 무용한 일인가를 시인하지 않을 수 없다.

문제를 악인들에게 돌리는 문외한들의 해석은 피상적인 것이다. 19세기의 법과 우리가 돌입한 법발전의 시기의 법과의 근본적 차이는, 결코 악인의 이익이 재판소나 법률가나 법학자보다 우월하다는데 기인하는 것이 아니다. 그것은 결코 법률문제에 관한 추문의 폭로를 일삼는 사람들의 말과 같이, 재판관 직에 앉아 있는 나쁜 사람들이나 법조계의 고위층에서의 사회에 대한 敵意에 기인하는 것이 아니다. 그것은 이념의 충돌이지 사람의 충돌이 아니며, 우리들에게 전승되어 내려와서 우리 제도의 살이 되고 피가 된 개념과 모든 사회과학에서의 새로운 운동으로부터 산출된 현대법학의 개념과의 사이의 충돌이다. 사법제도의 변경 혹은 사법판결에 대한 국민투표를 통한 법없는 재판으로의 복귀가 아니라, 근본적인 문제의 연구가 요구되며, 그것은 법의 사회화로 나아가는 길을 연구하는 것이다.

제8강
법적 이성

 윌리엄 제임스[155]는 덴마크의 철학자 회프딩[156]의 말이라고 하면서, 어머니에게 신께서 정말로 6일 간에 이 세상 모두를 만드셨냐를 물은 조그만 소년의 이야기를 한다. "그럼 정말이고 말고" 어머니는 이렇게 대답했다. "엿새 동안에 이 세상을 '다' 만들어버렸어요?" 소년은 물었다. "그럼 다 만드셨지." 어머니는 말했다. 소년은 물었다. "그럼 엄마, 하나님께서는 지금은 무엇을 하고 계시나요?" 회프딩은, 어머니는 소년에게 신은 형이상학자들에게 자기의 초상화를 그리라고 앉아 계신다고 설명했어야 할 것이라고 생각했다. 사실 기록된 인간의 행위의 어떤 구절을 철학적

---

155 제임스(James, William, 1842-1910)는 미국의 심리학자이자 철학자이며 의사이다.
156 회프딩(Höffding, Harald, 1843-1931)은 덴마크의 철학자이며 교수이다. 칸트·쇼펜하우어 등의 觀念論的 독일 철학과 영국·프랑스의 實證論的·進化論的 철학과의 종합을 기도하여 독자적인 철학 체계를 세웠다. 그의 철학에 관한 글은 영어·독일어로 번역되어 널리 읽혀졌다.

으로 설명하려고 하는 모든 시도는, 축소해서 보면 신의 초상화를 그리기 위해서 신을 앉히려고 하는 전문적 철학자의 시도와 매우 흡사하다. 더욱이 우리가 법발전의 어느 단계의 사진을 적절히 찍으려면, 그 단계가 결정적으로 종말에 도달한 후에 찍어야 할 것이다. 그래야 오랜 시간의 관점에서 그 당시의 현상을 볼 수 있을 것이기 때문이다. 그러므로 우리가 진행 중인 법발전의 단계를 스냅사진으로라도 찍어보려는 것은 무분별한 시도이다. 그러나 이런 시도 없이는 우리 법체계의 전통적 재료가 현실과 접촉하는데 이용되는, 그리고 변화되었고 변화 중인 사회를 위해서 사용되는 주요한 도구의 하나를 이해하지 못한다.

앞의 강의에서 나는, 사법상의 법정립 과정은 커먼로 전통에 있는 재료의 발전이며, 대체로 법학자와 입법자에 의해서 그러한 전통에 입각해서 알려진 기술 — 코크 경이 그의 분개한 군주에게 말했던 "법의 인위적인 추리reason와 판정judgement" — 을 수단으로 해서 마련된 새로운 전제의 발전이었다는 점을 증명하려고 했다. 전통의 재료에 대한 작업을 법학의 초기에서와 같이 케이스 나이프나 곡괭이를 가지고 하든 근대의 법률병기고의 보다 더 복잡한 도구를 가지고 하든 간에, 사법활동은 의식적 또는 무의식적으로 어떤 목적으로 지도되지 않을 수 없다. 법의 초기에서는 그 목적은 단순히 평화적 질서였다. 로마법과 중세에서는 그것은 사회적 현상status quo의 유지였다. 17세기부터 오늘날까지는 개인의 최대한의 자기주장의 촉진이었다. 이들 중의 어느 하나를 사회에 대한 법적 규제의 목적으로 가정해서, 법학자는 규제의 기초에 대한 정교한 비평을 세공하고, 입법자는 이 비평에 담겨진 원칙을 표현하여 사법판결을 위한 새로운 전제를 마련한다. 그리고 재판관은 가장 영향력있는 문제에 당면해서 여러 유추들을 선택함에 있어서 그 비평을 적용하고, 또 그 비평을 사용해서 현존의 법칙이나 원리들이 다양한 상태의 사실에 맞는지 측정하고, 이러한 법칙과 원리들을 여러 가지 방향으로 확장 또는 제한함으로써 이들을 형성한다. 이들 모든 작업의 기초는 법은 무엇을 위한 것이냐 하는 법의 목적에 관한 이론이다. 그러면 우리가 들어가고 있는 법발전의 새로운 단계의 이론은 무엇이냐?

법이 이와 같은 새로운 발전의 단계로 들어가고 있다고 생각하는 사람들 — 옥스퍼드대학과 같은 보수적인 학교의 법철학교수도 이 범주에 포함된다 — 은 그 단계를 19세기와 구별해서 법의 사회화socialization of law의 단계라고 부른다. 왜냐하면 19세기와 달라서 그것은 사회적 이익, 즉 아주 공허한 추상적 인간in vacuo의 능력이나 고립된 개인의 의사의 자유보다도, 사회생활에 담겨있는 요구나 주장이나 욕망을 강조하는 것으로 보이기 때문이다. 그러나 "법의 사회화"라는 용어가 만약 걱정스러운 함축을 가진 말로 들린다면, 즉 워드[157]의 사회역학Dynamic Sociology에서 역학과 사회학이라는 두 말을 말소해버린 러시아의 검열관 — 그는 그러한 용어들이 무엇을 의미하는가를 알았던 것이 아니라 그 용어들이 다이너마이트dynamite와 사회주의socialism라는 말과 같이 너무나 공포적인 어감을 주었기 때문이다 — 이나, 사회학적이라는 말이 법학과 관련되어 사용되었을 때 그것은 정규의 법률실무가의 수중에서만 안전할 수 있는 로마법대전을 교수인 안마사가 맛사지하는 것을 의미한다고 알아들은 우리나라의 어떤 대학의 총장과 같이, 이 말이 걱정스러운 말로 들린다면, 즉 이 두 예에서와 같이 여러분이 단순히 그 이름을 두려워 한다면, 문제를 전적으로 무해한 용어로 그리고 시대의 사고방식에 따라서 표현할 수 있다. 우리는 이 새로운 견지를 공학engineering이라는 이름으로 표현하자. 즉 정치적 또는 윤리적인 이상주의적 사관으로부터 공학적 사관으로의 변천이라고 하자. 법의 목적의 문제를 사

---

157 워드(Ward, Lester Frank, 1841-1913)는 미국의 식물학자·사회학자이며, 미국 사회학협회의 초대 회장을 지냈다.

회공학의 위대한 임무 또는 위대한 임무의 연쇄라는 이름으로 생각하자. 이러한 변천이 인간의사의 추상적 조화를 생각하는데 있는 것이 아니라, 인간이익의 구체적 보장 또는 그 실현을 생각하는데 있다고 말하자. 세속적 견지에서 말한다면 인간 생존의 중심적 비극은 모든 사람에게 충분히 돌아갈 만큼 생존물자가 충분히 존재하지 않는다는 점에 있다. 즉 개인의 주장과 소원과 욕망은 무한한데 그것을 만족시켜 주는 물질적 수단은 유한하다는 점, 평범한 말로 표현한다면 우리는 모두가 지구 전체를 원하고 또 그런 사람은 많은데 지구는 하나밖에 없다는 점에 있다. 그러므로 우리는 법질서의 임무를 마찰을 방지하고 낭비를 제거하는데 있다고, 즉 생존물자가 가능한 최대한 이용될 수 있도록 하기 위해서 이를 보존하고, 인간이 생존물자를 사용하고 향유함에 있어서 마찰을 방지하고 낭비를 제거함으로써 각자가 그가 주장하는 모든 것을 가질 수는 없더라도 적어도 가능한 모든 것을 가질 수 있도록 해주는데 있다고 생각할 수 있다. 이러한 방법으로 우리는 이러한 이익을 최소한도로 희생하면서, 인간의 주장과 욕망 즉 이익의 전 구조를 가능한 최대한 확보하려고 노력하고 있다. 이러한 공학적 해석을 내가 지난 강의에서 말한 현재의 미국법의 여덟가지 현상에 대해서 적용해 보자.

첫째 우리는 재산권의 행사에 대한 제한, 즉 소유권에 포함되는 권능의 행사에 대한 제한이 늘어가는 것을 보았다. 19세기적 사고방식으로는 이 문제는 단순히 소유자의 권리와 그의 이웃의 권리와의 문제에 불과했다. 즉 물리적 한계 내에서는 각자의 지배권은 완전했다. 그가 이 한계 내에 머물러 있는 한 그가 이 한계 내에서 한 일은, 이웃의 그의 한계 내에서의 동등하게 절대적인 지배권과 양립하는 것이었으며, 법은 수수방관해야 할 것이었다. 왜냐하면 법의 목적은 각자의 최대한의 자기주장에 있으며, 이는 오로지 모든 사람의 그와 똑같은 자기 주장의 가능성에 의해서만 제한된다고 생각되었기 때문이다. 그러므로 만약 그가 8척 높이의 울타리를 설치해서 이웃으로부터 광선과 공기를 막고 그 울타리의 이웃 측의 면에 망칙한 색채의 줄을 칠했다면, 그것은 그 이웃이 동일한 것을 하는 것과 양립한다. 즉 그것은 소유권에 포함된 사용권능 *jus utendi* 의 행사이며, 순수히 악의로 그렇게 했다는 단순한 사정은 그것이 하등 이웃의 자유를 침범하거나 재산을 침해하는 것이 아니기 때문에 전혀 중요치 않았다. 그러나 우리가 법을 소극적으로 개인들이 자유로이 자기주장을 하는 한 수수방관하는 제도라고 생각하지 않고, 적극적으로 사회적 목적을 위해서 존재하는 사회적 제도라고 생각한다고 가정하

자. 이렇게 생각한다면 사회의 어떠한 주장 또는 요구 또는 욕구가 이러한 분규에 포함될까? 각자에게 개인의 재산권이 있다. 즉 각자는 법이 그를 이의 소유자로 승인한 토지를 사용하고 즐기고 이용할 권리가 있다. 또 각자는 개인의 인격권을 가진다. 즉 자유로이 그의 의사를 실현하고 그의 능력을 행사할 권리를 가진다. 따라서 그의 토지 위에 자기가 적당하다고 생각하는 방법으로 울타리를 설치할 수 있다고 주장할 수 있다. 이런 권리 주장에 대해서 사회는 무엇이라고 말할 것인가? 만약 우리가 사회적 이익이라는 견지에서 생각하여, 사회적 이익과 부합 내지 동일시될 수 있는 한도 내에서 개인의 권리 주장에 대하여 효과를 부여한다고 생각한다면, 위와 같은 행위에는 우리의 경제질서가 기초하고 있는 취득물의 보장이라는 사회적 이익과 개인의 생활이라는 사회적 이익이 있다고(따라서 사회적 견지에서도 적절하다고 — 역자) 말할 수 있다. 그러나 취득물의 보장은 소유자의 욕구 만족을 위해서 재산을 사용하는 것이 사회생활과 양립함으로써 충족된다. 또는 적어도 사회생활과 양립하는 다른 욕구에게 효과를 부여하기 위해서 그것을 제한함에 의해서는 중대하게 손상되지 않는다. 그리고 사회적 이익에 포함되는 개인의 생활은 도덕적 및 사회적 생활이다. 그러므로 사회적 이익은 악의를 만족시키

는 반사회적 목적을 위하여 개인의 능력을 행사하는데 까지는 미치지 않는다. 추상적 개인의사가 아니라 사회생활이라는 견지로부터 문제를 보는 순간, 우리는 법이 근래 전 세계를 통해서 더욱 더욱 접근해 오는 결과에 도달하게 된다.

우리의 둘째 경우, 즉 계약의 자유에 대한 제한의 대두를 들어보자. 19세기의 판례들의 긴 연속의 출발점이 된 1886년의 한 사건[158]에서, 광산회사가 회사 매점에게 약속어음으로 임금을 지급했다. 입법부는 이를 금했으며, 그래서 이 사건에서 성문법이 그것을 금하고 일정 수 이상의 피용자를 사용하는 사람은 임금을 현금으로 지급해야 한다고 규정하는 것이 계약자유에 대한 자의적인 간섭이며, 자유인이 자기가 원하는 대로 이런 계약을 체결할 권한에 대한 불합리한 제한이냐, 따라서 위헌이며 무효이냐 어떻냐 하는 것이 문제되었다. 이 문제를 단순히 추상적 개인인 광산 경영자와 추상적 개인인 광부 사이의 문제로 본다면 — 이것이 이런 문제에 대한 19세기의 사고방식이었다 — 우리는 아마도 다음과 같이 말할 것이다. "그 입법적 제한은 자유개인의 최대한의 자기주장을 촉진하는 것이 아니라 반대로 이를 제한하는 것이며, 타인들로 하여금 이와 같은

---

158 Godcharles & Co. v. Wigman, 113Pa.St.431,6Ad.354(안경환 역, 미국법의 역사, 710면 주 64에서 소개)

자기주장과 자유를 가지도록 하려는데 있는 것이 아니다. 그러므로 그것은 정당화될 수 없는 자연권에 대한 간섭이다"라고. 그리고 또 이것이 바로 재판소가 실제 사건에서 말한 바였다. 그러나 개인의 도덕적 및 사회적 생활에 대한 사회적 이익, 즉 사회 속에서의 개인의 인간생활이라는 사회적 이익의 견지에서 생각한다고 가정해 보자. 서로 충돌하는 주장의 어떠한 타협 ― 그 타협은 이러한 제한을 부과하게 된다 ― 에 의해서만 피용자의 인간적 존엄성을 보장할 수 있고 그들에게 문명사회에서 인간의 생활을 영위할 수 있게 해주는 경우에, 경쟁자에 대해서 임금을 현금으로만 지급하라고 말하는 것은 인간의 존엄성에 대한 침해도 아니며 경영자의 완전한 인간적 생활에 대한 중대한 간섭도 아니다. 실제로 사용되는 기준은 윌리엄 제임스가 도덕철학의 한 원칙으로 제시한 것, 즉 "모든 요구가 이 가난한 세상에서 공동으로 만족될 수는 없으니까" 우리의 목표는 "다른 요구를 최소한도로 희생시키고 가능한 최대다수를 만족시키는 것"이어야 한다는 것이다. 다른 요구를 최소한도로 희생시키면서 가능한 최대다수의 이익 또는 최대한의 이익을 보장한다는 사회공리주의적 기준을 가지고 판정한다면, 위와 같은 자유계약에 대한 제한은 정당화되는 것이다. 오늘날의 재판소들은 바로 이러한 결론에 도달했다.

이번에는 셋째 경우, 즉 소유자의 재산 처분권에 대한 제한의 부과로 눈을 돌리자. 남편이 100달러를 임금으로 벌어 그의 노고의 소산을 임금사기사*Loan shark*에게 양도하려고 한다. 입법부가 뛰어들어와서 그에게 다음과 같이 말한다. "그대는 그대의 처가 그 양도행위에 기꺼이 참여하지 않는 한 이 임금에 대한 청구권을 처분하는 권능을 행사할 수 없다." 19세기는 성년에 달한 그리고 건전한 정신을 가진 추상적 자유인, 이러한 자유인이 그의 재산권의 일부로 임금에 대한 청구권을 가지고 있는 경우를 생각했을 것이며, 그리고 다음과 같이 물었을 것이다. "청구권자의 양도의 권능에 대한 이러한 제한이 어떻게 추상적 개인의 최대한의 자유로운 자기주장을 촉진하느냐? 어떻게 해서 모든 사람의 자유를 보장하기 위해서 이러한 제한이 요구되고 따라서 제한이 정당화될 수 있느냐?" 그 대답은 부정적이 아닐 수 없으며, 만약 그런 성문법이 20세기의 10년대가 아니라 19세기의 80년대에 제정되었다면 그 성문법은 재판소에서 비운에 봉착했을 것이다. 그러나 이 문제를 여기에 담겨진 사회적 이익이라는 견지에서 고찰해 보자. 남편의 주장은 취득물의 보장이라는 사회적 이익에 포섭되고, 처의 주장은 사회제도 중에서 가장 중요한 것인 가정의 보장이라는 사회적 이익에 포섭되어야 할 것이다. 이러한 제한에 담겨진 취득물의 일반적 보장에 대한 침해는 무시될 수 있다. 남자의 일반적인 자신의 재산에 대한 지배는 그 때문에 거의 영향받지 않기 때문이다. 그와 반대로 사회제도 중에서 가장 중요한 것은 인구가 밀집되어 있고 복잡한 도시의 공업사회에서 가정의 존속을 심히 위협하는 관행으로부터 보장되고 보호되는 것이다.

그러면 다음에 채권의 만족을 받을 채권자의 권리에 대한 제한을 생각해 보자. 이러한 제한은 현재는 매우 당연한 것이 되어 버렸으나, 처음에 제정되었을 때에는 재판소에 의해서 매우 심하게 악평을 받았다. 재판소는 전적으로 추상적 개인인 채무자와 추상적 개인인 채권자의 견지에서 생각했으며, 따라서 이런 제한을 반대하는 이유는 단순하고 명백한 것으로 생각됐다. 그러나 우리가 만약 신용에 기초하고 있는 산업 및 공업사회에서의 일반적 안전의 근본적 형식인 거래의 안전이라는 사회적 이익에 얼마나 접근되어 있는가를 묻는다면, 그리고 다른 한편으로는 만약 채무자에게 최소한도의 인간생활을 유지시켜 주는 정도로 이러한 이익을 손상시켜서 개인의 생활이라는 사회적 이익을 보장할 수 있느냐를 묻는다면, 그러한 제한은 각자의 희생을 최소한도로 그치게 하면서 각자에게 최대한을 보장해 줄 수 있는가 하는 타협의 문제가 된다. 그리고 우리는 조금 전에 제정이 되었을 때 직관력에 입각해서 자주 단지 "실제로 농업에 종사하고 있는" 계급의식을 가진 사람들로부터의 감정이나 압력에 의해서 지배되어 온 입법에 대하여 합리적인 기초를 얻게 된다.

현재는 과실이 없어도 책임을 부과하는 최근의 판결과 입법에서의 주목할 만한 경향의 새로운 예들 만큼 활발한 사법상의 의견 대립을 일으키는 것은 없다. 우리나라의 최고재판소의 소수파는 이런 책임을 부과하는 입법을 지지하는 판결들을 "모든 권리를 무제한으로 정책적 고려 밑에 종속시키는 모든 권리에 대한 위협"이라고 본다. 그러나 새로운 판례들은 연속해서 부가되고 있다. 입법의 한 예를 들어보자. 여러 법역에서 만약 자동차의 소유자가 운전면허 없는 사람의 운전으로 자동차가 공로상에 나가는 것을 허용했다면, 어떤 가해가 발생한 경우에 그 소유자에게 전적으로 아무런 부주의가 없었고 모든 합리적인 예방책을 강구했었던 때에도, 형사상으로나 손해에 대해서나 위험을 부담한다. 만약 면허 없는 자가 소유자 모르게 자동차를 끌어내었을 때에도 역시 그는 결과된 가해에 대해서 책임을 져야 한다. 우리는 이러한 책임의 부과를 어떻게 정당화할 수 있는가? 만약 우리가 소유자 개인과 차에 치인 보행자 개인만을 생각한다면, 이를 정당화하는 것은 용이하지 않다. 그러나 만약 우리가 한편으로는 소유자의 취득물 및 개인적 생활의 안전 그리고 이의 내용에 포함되는 차의 소유에 의한 그의 능력의 자유로운 행사를 생각하고, 또 다른 편으로는 생명과 신체에 대한 일반적 안전을 생각한다면, 그래서 어떠한 법칙이 최소의 희생으로써 최대의 것을 보장할 것인가를 묻는다면, 문제는 매우 다르게 보인다. 오늘날의 법의 모든 과정은 명백히 이런 문제에 대한 후자의 관찰 태도의 결과이다.

최근 30년 동안의 사법과 입법의 태도에서의 또 하나의 변화는 공용물res communes 및 무주물res nullius의 공물 res publicae로의 전환이라는 형식을 취했다는 점이다. 우리가 종래 생각해온 바와 같이 어떤 물건은 공용물이었다. 로마법의 설명에 의하면 이들은 어떤 사람의 소유로 될 수 없고 그 물건의 사용이 모든 사람에게 공통된다고 했었지만, 우리는 오히려 이러한 물건을 사용하는 개인적 권리와 그러한 권리가 귀속되는 사람을 생각하게 되었다. 법은 그러한 물건을 사용할 수 있는 사람을 확인했고, 그들에게 개인적 재산권을 귀속시켰고 그런 권리의 범위를 확정했다. 또 다른 물건은 무주물이다. 전에는 아무도 그 물건을 소유하는 사람이 없었으나, 어떤 사람이든지 그 물건을 자기의 소유물로 삼으려는 의사를 가지고 그 물건의 점유를 취득하면, 그럼으로써 그가 소유자가 된다. 최근에는 이 양자를 공물로 취급하려는 경향이 있고 더욱 증대해 간다. 즉 어떤 사람들이 말한 바와 같이 양자는 "인민의 수탁자로서 국가에 의해서 소유되는" 것이라고 생각하는 경향, 즉 사회의 자연자원으로 생각되는 이런 물건을 보존하고 사회적으로 이익이 되도록 사용할 수 있게 하기 위해서 어느 누구도 그 물건에 대한 소유권 또는 사용권을 가질 수 없도록 할 것을 요구하며, 그런 물건의 보존과 양립하고 이의 가장 크고 가장 넓고 가장 유익한 사용을 보장하도록 하기 위해서 이것이 국가에 의해서 관리될 것이 요구된다고 생각하는 경향이 증대되고 있다. 그래서 자연자원의 보존에 대한 사회적 이익이 승인되게 되었으며, 그 물건을 지배하려는 서로 대립되는 청구자 개인의 의사 사이에서 타협이 추구되는 것이 아니라, 사회적 이익의 필요성과 개인의 능력의 자유로운 행사에 대한 이익 및 취득물의 보장에 대한 이익의 필요성 사이에서 타협이 추구된다.

그러나 이러한 예시는 이로써 족하다. 왜냐하면 지금까지 여러분은 방법을 이해했을 터이기 때문이다. 오늘날의 법학도 19세기의 법학이 했던 것과 같이 개인의 청구 *claim*, 개인의 욕구*want*, 개인의 욕망*desire*의 목록을 일일이 열거한다. 오늘날의 법학은 이런 청구들이 반드시 법적 승인과 법적 보장을 요청한다고 가정하는데 그치지 않는다. 법학은 더 나아가 이러한 개인의 청구들이 주장되는 사회 안에는 어떠한 청구, 어떠한 요구demand가 행해지고 있느냐, 이러한 개인의 요구가 어디까지 사회적 이익의 견지에서 주장될 수 있거나 또는 사회적 이익과 동일시될 수 있느냐, 개인적 요구가 사회적 이익에 포함되는 것으로 취급되는 경우에 무엇이 최소의 희생으로 그러한 사회적 이익에 대하여 충분한 효과를 부여할 것이냐 등을 묻는다. 우리는 이런 사고방식을 루돌프 폰 예링[159]의 덕택으로 돌릴 수 있다. 그는 처음으로 법질서가 보장하는 것은 법적 권리가 아니라 이익이다, 즉 법질서는 이익을 보호하는 수단으로 법적 권리를 보호하는 것이다 라고 주장했다.

법은 구제를 줌으로써 즉 訴權actions을 허용함으로써 시작되었다. 얼마 후 조만간 우리는 이러한 소권을 일반화

---

[159] 예링(Rudolf von Jhering, 1818-1892)은 독일의 법학자로서, 당시에 지배적이었던 법실증주의를 비판하고 이익법학과 사회법학의 길을 열었다고 평가된다. 대표적 저서는 《로마법의 정신》(4권으로 이루어져 있음) 및 《법의 목적》이다. 그의 소책자인 《권리를 위한 투쟁(Kampf ums Recht)》(1872)은 일반 시민을 위한 강연의 기록으로서, 법학도의 필독서로 평가된다. 이 책자의 머리에는 "당신의 권리는 투쟁 속에서 찾아질 것이다"라는 구절이 있으며, 본문은 "법의 목적은 평화이며, 이를 위한 수단은 투쟁이다"로 시작된다. 그의 학문은 로마법의 깊은 연구에서 출발하였는데, 그의 업적은 '로마법을 통하여 로마법 위로'라는 슬로건으로 표현된다.

해서 그 배후에 있는 권리를 생각하게 되었다. 그러나 소권이 권리를 주장하기 위한 수단인 것과 같이, 권리는 법이 승인하는 이익을 보장하기 위해서 법에 의해서 부여된 수단이다. 그러므로 어떤 어려움을 무릅쓰고라도 보장되어야 할 자연권이라는 체제*scheme*는 이익의 체제, 즉 법에 의해서 보호되고 보장될 수 있는 한도 내에 있는(법이 보호하고 보장할 것이라고 우리가 생각할 수 있는) 인간의 요구 또는 욕망 또는 주장의 체제이다. 그것은 재판관이 '법적' 중요성을 가진 것으로 생각할 무엇이라기 보다도, 입법자가 도덕적 및 정치적 중요성을 가진 것으로 고려에 넣어야 할 무엇이다. 19세기의 법철학에 관한 강의에서 지적된 바와 같이 예링 이전까지는 법에 관한 모든 이론은 개인주의적이었다. 법의 목적은 각자에게 가능한 최대한의 자유행동의 범위를 남겨두는 방법으로 각인의 의사를 조화시키는 것이라고 생각되었다. 우리가 보아온 바와 같이 이런 것이 철학적 법학자 및 역사적 법학자 양 쪽의 견해였다. 그와 반대로 예링의 이론은 사회적 법이론이다. 18세기에는 법을 개인이 사회와 대립함에 있어서 의지하는 무엇으로 생각했음에 대해서 ― 우리 미국의 권리장전의 이념은 이것이다 ― , 예링은 법은 사회에 의해서 창조되는 것이며, 개인은 사회를 통해서 사회가 승인하는 한도 내에서 그의 이익을 확보하는 수단을 발견하는 것이라고 가르쳤다. 이 이론에 대해서는 많은 정교한 철학적 비평이 가해졌지만, 그러한 비평은 이 이론의 중심점에 대해서는 영향을 미치지 않았다. 이익의 보장이라는 법개념 또는 관계의 보호라는 법개념이 거의 보편적으로 개인주의 이론을 극복했다.

예링의 업적은 법학에 대해서 영속적인 가치를 가진다. 법은 개인의 자유를 위한 수단이라고 보고, 법규를 개인의 자유를 보장하기 위해서 개인의 의사에 대해서 가하는 제한으로 보는 낡은 법학이론은 법학자들을 오늘날의 실제 생활과 유리시켰다. 예링은 법률가들은 법학적 개념의 세계로 들어가서 개개의 개념으로부터 999,999개의 논리적 귀결을 산출하는 기계 앞에 앉아 있다고 놀렸다. 이들 법률가들은 눈에 보이는 명백한 사회적·경제적 사실에도 불구하고 권리의 평등과 계약의 자유라는 법이론을 고집한 19세기 말의 미국의 재판관들과 서로 닮았다. 그와 반대로 사회적 목적을 위한 수단이라는 법의 개념, 법은 사회적·공익적 및 개인적 이익을 보장하기 위해서 존재한다는 원리는, 법학자로 하여금 실생활과 접촉할 것을 요구한다. 이런 이론 아래에서는 오로지 추상적인 사고는 법적 규칙을 정당화함에 불충분하다. 법의 역사의 기능은 법은 엄격한 연역에 의해서 규칙을 도출하게 되는 근원으로서 자족적인 것이라는 가정을 제공하는데 있는 것이 아니라, 과거에 규칙과 원칙이 어떻게 구체적 사정에 대처해 왔느냐를 보여주고, 우리로 하여금 현재의 사정을 어떻게 다룰 것인가를 판단할 수 있게 해 주는데 있다.

커먼로 전통의 재료를 오늘과 내일의 목적에 맞도록 형성하고자 하는 우리의 과업을 위해서는 사회공리주의의 세 가지 특징이 의미를 가진다. 하나는 그것이 법률사에 대해서 던져주는 빛이다. 19세기의 개인주의는 법률사를 개인의 권리라는 형식 안에 있는 개인의 자유로부터 논리적 연역을 통해서 계속해서 이의 보장을 강화하고 증가하는 기록으로, 따라서 개인의 주장 또는 욕구 또는 욕망의 압력의 소산으로 기술했다. 그러나 이것은 사실이 아니다. 일반적 안전이라는 사회적 이익, 이의 최소한도의 것으로서 평화와 질서의 이익이 법의 가장 시초에 영향을 미쳤음은 다언을 요하지 않는다. 예컨대 게르만법의 제도 중에서 가장 성과가 컸던 휴전 또는 평화를 생각해 보자. 앵글로·색슨법에서 이 제도가 보여주는 바와 같이, 이의 한 유형은 교회의 평화와 제사날이나 성스러운 날의 평화와를 타협시킨다. 즉 교회에서는 그리고 성스러운 날에는 결투의 실행 또는 私戰에 의한 구제의 추구가 정지된다. 이 정지의 배후에 있는 것이 무엇이냐, 공공의 승인과 안전을 요청하는 개인적 이익의 압력이냐 아니면 기독교 사회에서의 종교적 의무의 사회적 수행에 대한 사회적 이익이냐? 또 다른 유형은, 왕국이 침입받았을 때 국민이 도망가 들어가는 성곽 마을의 평화와, 국왕이 전시에 군을 그의 지휘 하에 집합하도록 소환했을 때의 평화와를 타협시킨다. 여기에서도 결투와 사적 복수가 중지된다. 왜냐? 개인적 권리의 승인이라는 형식을 취하는 개인적 욕망의 압력 때문이냐, 아니면 사회의 유지에 불가결한 군사적 의무의 수행에 대한 사회적 이익 때문이며, 구제에 대한 개인적 주장은 당분간 이런 이익 앞에서 양보해야 되는 것이냐? 또 다른 유형은 시장의 평화, 삼림의 평화, 그리고 큰 도로의 평화를 타협시킨다. 이런 곳도 구제를 주장하는 폭력적 실행으로부터 벗어난다. 이 탈락의 기초가 개인적 이익의 압력 속에서가 아니라, 사회가 터잡고 있는 경제적 기능의 사회적 수행이라는 사회적 이익 속에서 발견될 수 있음은 명백하지 않은가? 또 민회 즉 정치적 및 사법적 목적을 위한 자유인의 집회의 평화도 또한 그로써 사회질서가 유지되었던 정치적 제도의 방해 없는 운영이라는 사회적 이익에 그 기초를 두고 있는 것이며, 그 이상 더 상세하게 들어가지 않더라도 휴전 또는 평화의 다른 현상들도 일반적 안전이라는 주요한 사회적 이익의 표현 내지 승인인 것이다.

둘째 사회공리주의적 견지에서 볼 때에는 법의 역사는 사회적 이익의 승인을 계속적으로 확대하고 이의 보장의 실효성을 계속적으로 향상시켜온 기록이다. 이런 점은 법적 규칙과 이론의 발전에서도 볼 수 있으나, 법질서의 목적에 관한 법학적 사상의 발전에서도 역시 볼 수 있다. 기원 전 5세기의 법과 정치에 관한 저작자인 밀레투스의 히포다무스[160]는 법의 세 가지 분류를 가정했다. 그에 의하면 법적 절차의 가능한 제목은 세 가지, 즉 모욕, 가해, 살인의 세 가지 밖에 없다. 법의 범위에 관한 이 서술에서는 일반적 안전이 유일하게 고려된 이익이며, 이러한 이익 중에서도 가장 단순한 면만이 고려되고 있다. 천 년 이상이나 후에 유스티니아누스의 법학제요는 법 전체를 세 개의 계율 *precept*로 요약하려고 했다. 즉 명예스럽게 살 것, 타인을 해치지 않을 것, 각자에게 그의 몫을 줄 것이었다. 법의 범위와 제목에 관한 이 서술에서는 일반적 안전이 더 넓게 생각되고 있고, 취득물의 안전이 역시 일반적 안전으로 승인되고 있으며, 일반적 도덕에 대한 사회적 이익이 가해졌다. 다시 천 년 후에 베이콘[161]은 — 법의 용도에 관한 논문이

---

160 밀레투스의 히포다무스(Hippodamus of Miletus, 498-408 BC)는 고대그리스의 건축가로서, '유럽 도시계획의 아버지'로 여겨진다.

161 베이콘(Bacon, Francis)은(1561-1626) 영국의 자연주의 철학자이고 법률가이다. 당시 유럽 대륙의 합리주의 대표자 데카르트 및 영성주의

진실로 그의 것이라면 — 16세기의 영국법 속에 이와 같은 정도의 것을 발견하지 못했다. 그는 법질서의 목적을 셋으로 표현했다 : 우리에게 재산을 보장할 것, 우리에게 생명을 보장할 것, 그리고 우리에게 우리의 명예를 보장할 것. 여기에서는 일반적 안전이 개인의 재산과 개인의 인격의 견지에서 생명과 명예라는 두 개의 단순한 형식으로 좁게 생각되고 있다. 19세기에 벤담은 법의 목적을 넷으로 표현했다 : 생계를 마련할 것, 안전을 유지할 것, 富를 증진시킬 것, 평등을 장려할 것. 여기에서는 넷 중의 두 번째가 유스티니아누스의 세 가지 중 두 가지를 포함하고, 그밖에도 많은 것을 포함하고 있다.

그러나 벤담의 포괄적 서술도 오늘날의 법이 승인하고 보장하려고 하는 수많은 주장에는 불충분하다. 왜냐하면 사회적 이익만을 본다면, 법질서는 문명사회의 존속을 위해서 필요한 적어도 여섯 가지 부류의 주장 또는 욕망에 대해서 효과를 부여하려고 노력하는 것을 알 수 있다. 첫째로 일반적 안전, 즉 이의 존속을 위협하는 행위나 행동과정으로부터 보장하려는 문명사회의 주장 또는 욕망을 들 수 있다. 이 가장 으뜸되는 사회적 이익은 다음과 같은 것을 포

자 파스칼과 대조적으로, 영국에는 프랜시스 베이컨과 토마스 홉스가 등장하여 영국적인 경험론을 이끌었다.

함한다 : (1) 평화와 질서, 이는 법적으로 승인받아야 할 최우선의 이익이다, (2) 일반적 건강, 한 세대 전에 실증주의자들은 위생입법에 의해서 이 이익을 보장할 것을 지향했었다, (3) 취득물의 보장, (4) 거래의 안전. 이중에서 취득물의 보장은 유스티니아누스의 3개 계율에서 승인되었으며, 그 이후에도 언제나 강조되어 왔다. 거래의 안전도 신용에 기초하는 경제질서에서 그에 못지않게 중요하며, 19세기는 일반적 안전의 이 두 가지 면을 개인적 생활을 희생하고서도 주장했었다. 둘째로 사회적 제도의 안전, 즉 가정적·종교적·정치적인 사회의 기본적 제도의 운영을 위협 또는 방해하는 행위나 행동과정으로부터 보호받으려는 문명사회의 주장 또는 욕망이 있다. 셋째로 사회자원의 보존, 즉 문화적 인간생존을 위한 자연적 매개물과 문명사회에서 인간욕망을 충족시키는 수단이 낭비되어서는 안되고, 그러한 수단들이 인간목적을 위해서 가장 넓고 가장 유익하게 적용되는 방법으로 사용되고 향유되어야 한다는 문명사회의 주장 또는 욕망을 들 수 있다. 신대륙의 발견과 식민활동의 세계, 자연자원을 발견하고 專有하고 개발하는데 종사했던 개척자의 사회에서는 이러한 이익은 무시될 수 있는 것 같이 보였다. 오늘날의 복잡다기한 사회에서는 법은 항시 이러한 이익을 고려하고 있으며, 소유권의

권능으로서의 처분권능 *jus abutendi*은 통용되지 않게 되어가고 있다. 넷째 일반적 도덕, 즉 지금 사회 안에 살고 있는 사람들 전체의 도덕적 감정에 배치되는 행위나 행동과정으로부터 보호하려는 문명사회의 주장 또는 바람을 들 수 있다. 원시사회에서는 이러한 이익은 조직화된 종교를 통해서 보장되었었다. 그러나 얼마 안가서 법이 그것을 인계받았다. 오늘날 우리의 법에서는 그것은 경범죄에 관한 커먼로, 수많은 성문법상의 범죄규정에 의해서 그리고 또 부도덕한 경향을 가진 것을 배척하는 공서양속의 이론에 의해서 보장된다. 다섯째 일반적 진보에 대한 이익, 즉 경제적·정치적·문화적 진보를 방해하는 행위와 행동과정으로부터 보장하려는 문명사회의 주장 또는 욕망 그리고 개인의 행동이 가능한 한 이러한 형태의 진보에 공헌하도록 행해져야 한다는 주장이 있다. 법은 이러한 이익의 승인으로 가득 채워지고 있다. 끝으로 여섯째 개인의 인간적 생활에 대한 사회적 이익, 즉 사회 안의 각 개인이 사회의 표준에 따라서 인간적 생활을 영위할 수 있어야 하고, 각 개인의 이러한 생활의 영위 가능성에 대해서 간섭하는 행위와 행동과정으로부터 보호되어야 한다는 문명사회의 주장 또는 욕망을 들 수 있다. 이러한 이익 자체를 승인하는 것이 현재의 법의 특징이며, 17세기가 일반적 도덕을, 19세기가 취득물의 보장과 거래의 안전을 주장했던 것과 마찬가지로, 20세기는 강력하게 이것을 주장하고 있다.

끝으로 사회공리주의의 결과로서 오늘날의 법적 이성은 사회적 이익에 효과를 부여하기 위해서 법칙을 형성하고 법체계의 전통적 전제를 발전시킴에 있어서, 이러한 법칙이나 전제를 추상적 인간의 추상적 청구권의 견지에서 보지 않고 구체적 사정에 비추어서 본다. 19세기의 순수히 추상적인 법적 이성이, 이혼재판소에서 노동자에게 중혼죄를 선고한 영국 재판관의 재판에 의해서 풍자적으로 표현되었다. 유죄판결이 언도되어서는 안될 이유로 무슨 할 말이 있느냐는 재판관의 질문에 대해서, 피고인은 자신이 중노동으로 가까스로 생계를 꾸리는데도 그의 처는 양육해야 할 다수의 어린애들을 남겨놓고 어떻게 다른 남자와 달아나버렸느냐 하는 사람을 감동시키는 이야기를 했다. 그는 처가 달아난 후 수년이 지나서 어린 아이들에게 적절한 가정을 마련해 주기 위해서 재혼을 했던 것이다. 모올 재판관[162]은 고개를 흔들었다. 그리고 다음과 같이 말했다. "이 사람아, 법은 네가 충분한 구제수단을 쓰지 않았으

---

162 모올(Sir Maule, William Henry, 1799-1858)은 영국의 법률가로서, 국회의원이고 재판관이었다. 본문에서 소개하는 그의 판결 내용은 Wikipedia에서 소개되고 있다.

면 너를 그대로 방임하지 않는다. 너는 먼저 너의 처가 함께 달아났다고 하는 남자를 상대로 여왕 폐하의 민사재판소에 소송을 제기했어야 한다. 이 소송에서 너는 2년 내지 3년의 세월과 200 내지 300파운드의 비용을 쓴 후에 그를 패소시키는 판결 — 징수되기가 매우 어려운 벌금을 부과하는 판결 — 을 얻었을 것이다. 그 다음에 너는 너의 처를 상대로 해서 종교재판소 *ecclesiastical court*에 탁상이혼 *divorce from bed and board*의 소송을 제기했어야 하고, 이 소송에서도 너는 2, 3년의 세월과 2-300파운드의 비용을 쓴 후에 승소했을 것이다. 다음에 너는 의회에 완전이혼의 신청을 할 수 있었을 것이고, 4, 5년의 세월과 2-300파운드를 소비한 후에 완전이혼을 얻었을 것이다." 그는 피고인이 재판관의 말을 막고 무슨 말을 하려고 애쓰는 것을 보았기 때문에, 계속해서 다음과 같이 말했다. "그리고 만약 네가 나에게 그러한 거액의 돈을 일시에 가져본 적도 없고 또 너의 일생 중에 가지리라고 기대하지도 않는다고 나에게 말한다면, 나는 지금까지 영국의 영광은 부자를 위해서는 이 법을 가난한 자를 위해서는 다른 법을 가지지 않는다는데 있다고 대답할 것이다." 그래서 모올재판관은 감금 1일의 판결을 선고했다. 그러나 그는 그 시대에 앞서 있었다. 19세기 말까지도 법률가들은 실제로는 이용될 수 없는 이론상의 구제수단의 존재를 중요하게 생각했고, 구체적 결과가 어떤 것이든지 간에 추상적 규칙에 의한 추상적 정의를 추구하는 것으로써 족하다고 생각했다. 이러한 태도는 법을 오로지 법 자체로부터 도출된 표준에 의해서만 측정하는데서 온 당연한 결과였다.

19세기에는 법을 내부로부터 연구했다. 오늘날의 법학자들은 법을 외부로부터 연구하고 있다. 19세기에 법학자들은 형이상학 또는 역사에 의해서 발견한 기본적 원칙들을 완전하게 그리고 전체와의 조화 속에 발전시키려고 했다. 오늘날의 법학자들은 법 정립에 있어서 그리고 따라서 법적 규칙의 해석과 적용에 있어서, 법이 기초하고 있고 전진해 가는 사회적 사실 그리고 법이 적용될 사회적 사실을 고려할 수 있게, 더욱이 현명하게 고려할 수 있게 하고, 나아가 고려하도록 강요하려고 하고 있다. 19세기는 법을 추상적으로 연구했으나, 오늘날의 법학자들은 법적 제도와 법적 이론의 실제적·사회적 효과의 연구를 주장한다. 19세기는 다른 입법을 분석적으로 연구함으로써 입법을 위한 준비를 했으나, 이들은 입법을 위한 준비를 함에 있어서 법적 연구와 관련된 사회학적 연구를 주장한다. 19세기에는 비교법을 현명한 법 정립을 위한 최상의 기초로 생각했으나, 이들은 법 자체를 비교하는 것으로는 불충분하고 더 나아가 그 법의 사회적 기능이 연구되어야 하고 또 만약 그 법이 실제로 운용된다면 이때 그 법이 산출하는 효과가 연구되어야 한다고 생각한다. 19세기는 법의 정립만을 연구했으나, 이들은 법적 규칙을 효과적인 것으로 만드는 수단도 또한 연구할 것이 필요하다고 생각한다. 19세기에는 이론만이 법적 재료로 생각되었고 그래서 법률사를 오로지 이론이 어떻게 진화 발전했느냐를 연구하는 것으로 삼았으나, 이들은 사회학적 법률사, 즉 법이론이 과거에 산출한 사회적 효과 그리고 그러한 효과를 어떻게 산출했느냐 하는 점을 연구할 것을 요청한다. 이들은 마치 법에서의 변화의 원인이 항상 과거의 법적 현상 속에서 발견될 수 있는 것이거나 한 것처럼, 규칙과 이론을 그 시대의 경제사 및 사회사로부터 동떨어져서 취급하지 않는 법률사를 요청한다. 이들은 마치 법이 흠결도 없고 모순도 없는 체계이거나 한 것처럼, 체계적 해석에 의해서 모든 문제에 대한 대답을 줄 수 있음을 보여주려고 하지 않는 법률사를 요청한다. 이들은 과거의 법이 사회적·경제적·심리적 조건으로부터 어떻게 성장해 왔느냐를 보여주는 법률사, 법이 어떻게 이러한 조건들에 적응해 왔느냐를 보여주는 법률사, 그리고 그러한 법을 기초로 하여, 또는 그것을 무시하는 경우에는 원하는 결과를 산출하리라는 충분히 이유있는 기대를 가지고, 그 법에 따라서 얼마나 전진할 수 있느냐를 보여주는 법률사를 요청한다. 이들은 이런 방법으로 보다 효과적으로 법의 목적을 달성하려고 노력했다. 이런 것이 20세기 법학의 정신이다. 오늘날의 세계에서 정의를 실현하기 위한 도구를 만들어 내기 위해서 우리가 계수받은 법적 재료에 법적 이성을 사용하는 바, 이런 것이 오늘날의 정신이다.

그러나 사회적 기능으로서의 법정립의 새로운 이론이 우리의 과제의 전부는 아니다. 우리는 건전한 이론을 가질 수 있기 전에 그러한 이론을 건설하는데 기초가 되는 사실을 필요로 한다. 뿐만 아니라 건전한 이론을 얻은 후에도 그러한 이론을 적용할 수 있는 사실을 필요로 할 것이다. 입법자가 사회적 사실을 확인하는 것도 힘든 일이기는 하지만, 우리 사법 조직이 제공하는 기구를 가지고는 재판소에게는 그것은 더욱 어렵다. 일반적 전제로서 재판소는 필요한 법정립의 기능을 행사하는데 요구되는 사실을 얻기 위한 적절한 기구를 가지고 있지 않다. 사실 우리 재판소는 일반적 지식에 관한 사항을 기초로 해서 그리고 승인되어 있다고 생각되는 통일적 적용의 원칙에 입각해서 결정을 내리지 않을 수 없다. 변호사가 인쇄된 입론에서 재료를 제공해 주는 경우를 제외하고는, 재판소는 위원회에서의 공청회,

상세한 조사를 수행한 전문가의 증언, 기타 입법부가 이용할 수 있는 다양한 종류의 수단과 대비할 만한 사회적 사실에 관한 지식을 획득할 길이 없다. 그럼에도 불구하고 재판관들은 법을 적용할 뿐만 아니라 법을 만들지 않을 수 없으며, 실제적인 입법상의 법정립에 대한 매카시박사[163]의 획기적 공헌과 크게 다르지 않은 사법부의 조사기구가 발달할 가능성이 없지는 않다. 일부 재판소에 부설된 연구소와 전문가인 직원들이 이것을 강력하게 암시하고 있다. 그러나 우리가 이런 방향으로 무엇을 할 수 있기 전에, 우리는 좀더 탄력성 있는 사법기구를 만들어내야 한다. 우리는 재판소에게 재판소의 사무가 요구하는 이러한 행정적 기구를 조직할 권한을 부여해야 한다. 현재의 제도에서는 많은 법역에서 재판관들은 선거에 의한 행정공무원에 의해서 임의로 좌우되고 그에 대해서 재판관 자신은 아무런 견제력이 없는 바, 이런 제도에서는 우리 재판소에서 사회적 사실을 효과적으로 다룬다는 것은 불가능하다. 우리는 우리 법전통에 포함된 사법권과 행정권 간의 엄격하고 고정된 경계선을 어느 정도 버려야 한다. 우리는 사법권의 효과적

---

163 매카시(MacCarthy, Dr. Charles, 1873-1921)는 미국의 정치학자이고 점진적 개혁가이다. 그는 점진적 운동을 주창하였으며, 법은 공공의 의사를 체현해야 하며, 이를 위해서는 입법의 체계화와 정부의 개혁이 필요하다고 하였다.

인 운영에는 적지 않은 행정권이 포함되고 또 필요하다는 것을 승인해야 하며, 재판소를 단순히 판결과 서면의견을 제조하는 기계에 그치게 하지 말고 적당한 범위 내에서 사법관청bureau of Justice으로 만들어야 한다. 우리 법은 겨우 점진적인 과정을 밟아서 특정한 다툼에서의 사실 확인을 위한 합리적인 재판 방식을 진화시켰다. 여기에서도 유추가 있을 수 있다. 사실을 심리하는 순전히 기계적인 방식으로부터 출발해서 법은 합리적인 방법을 발달시켰다. 조금 전에 법정립의 사법적 기능을 행사하기 위해서 요구되는 사회적 사실이 기계적이라고 불리워도 좋을 방법에 의해서 도달되었다. 19세기의 기계적 법정립으로부터 합리적인 법정립으로의 전환에 있어서 적지 않은 문제는, 재판소가 당연히 알아야judicial notice 할 것으로 생각되는 사실에 관해서 재판소에게 조언하는 합리적인 방법을 발견하는 것이었다.

이런 모든 변화가 우리의 법전통의 정신 — 즉 커먼로의 정신 — 에게 주는 효과는 무엇일까? 이러한 변화들은 17세기 말 이래의 우리의 법사상의 진로와 매우 다른 것이기 때문에, 어떤 사람들은 우리의 법적 건축물 전체가 파괴되려고 하는 것이 아닌가 하고 두려워한다. 그러나 오늘날의 변화는 대법관재판소의 설립, 형평법의 발달 그리고 그 결과로서의 도덕의 주입에 의한 엄격법의 변용 등에서 일어났던 것보다 더 급진적인 것은 아니다. 그리고 19세기는 형평법이 흡수되어 버린 후에 '판례연보집'(주 38 참조)을 회고하고, 우리 중세법의 명사들이었던 쵸크Choke와 브라이언Brian과 포테스큐Fortescue(주 99 참조)를 우리가 그 밑에서 살아온 법체계의 광명으로 승인할 수 있었다. 왜냐하면 모든 흥망성쇠를 통해서 법의 우위, 법은 사건을 판결하는 재판상의 경험에 의해서 발전되어진 이성이라고 하는 주장, 그리고 권리입증의 부담을 각개의 구체적인 것으로부터 떼어내어 그것을 전적으로 추상적인 것 위에 놓는 것에 대한 거절 등은 모두 유지되었기 때문이다. 이러한 이념들은 實在이며, 이와 비교하면 법칙과 교리는 극히 일시적인 현상이다. 이러한 이념들은 매우 확고하게 인류의 정신적·도덕적 구성물의 일부이며, 만약 이의 뿌리를 뽑으려 한다면 법적 및 정치적 혁명보다 훨씬 더한 무엇이 필요할 것이다.

색인

※ 왼쪽은 번역 용어 및 이의 쪽수, 오른쪽은 원문 용어 및 이의 쪽수

〈가〉

가장권 42 *Patria potestas* 27
가족관계 35 Law of domestic relations 22
가족법 35 Family law 22
가택압류금지법 258
   Homestead laws(Homestead exemption statutes) 188
개인주의 43, 54, 55, 56, 69 Individualism 18, 35, 36, 37, 45
개인주의적법률사 281-282 Individualistic legal history 206-207
개척자의 영향 Pioneer, influence on
  ―― 법의 적용에 대한 영향 189, 190 ―― application of law 135-136
  ―― 재판소조직에 대한 영향 171 ―― organization of courts 121
  ―― 소송절차에 대한 영향 175-178 ―― procedure 124-126
  ―― 사회입법에 대한 영향 181 ―― social legislation 129
  ―― 형법에 대한 영향 172-173 ―― criminal law 122-123
  ―― 학문적 법에 대한 영향 168 ―― on scientific law 118
  ―― 정부에 대한 질투 169, 180
    ―― Pioneer, jealousy of government 119, 128

개척지에서의 채무자보호 180 Frontier, protection of Debtors on the 127
개척지재판관 197 Pioneer judges 137
개척지재판의 제문제 164 Problems of pioneer justice 115
거래의 안전 285 Security of transactions 209
견제와 균형 84 Checks and balances 56
경제적사관 53 Economic interpretation 11
경찰권 103, 104 Police power 68
계약의 자유 44 Contract, freedom of 29
정치에 대한 계약이론 41
  Contract theory of politics 26
고등종무관재판소 92 High Commission, Court of 60
공공사업회사 45 Public-service companies 29
공리주의자 209, 218-223 Utilitarians 151, 158-161
공물 276 *Res publicae* 202
공용물 276 *Res communes* 202
공학적사관 267-268 Engineering interpretation 195-196
관계 37, 40 Privity 23, 25
관계관념 32-35, 42, 45 Relation, idea of 20, 22, 27, 29
광업법 167 Mining law 117
교회법 61 Canon law 39
교회제도 65 Church polity 42
권력분립 236-238 Separation of powers 170-172
권리선언 146 Declaraion of Rights (1774) 100
권리남용 79, 256 Rights, "abusive exercise of" 52, 185
권리장전 95, 118, 147 Bills of rights 62, 79, 102

권위적해석 243 Authentic interpretaion 176
국가주의(민족주의) 59, 83, 116 Nationalism(Nationalist) 38, 54, 77
그로티우스 51, 129-130, 203, 207 Grotius 33, 88-89, 146, 150
그리스적관념, 법의 목적에 관한 127-128 Greek, idea of end of law 86
기계적 사회학자 222-223
   Mechanical sociologists / Sociologists, mechanical 161
기본법 113 Fundamental law 75
기술적 절차 180 Technical procedure 128

〈나〉

날인증서는 토지를 따른다 36 Covenants running with land 23
남미 4 South America, American constitutional law in 3
남아프리카 5 South Africa, common law in 2, 3
네델란드의 공법학자 208 Dutch publicist 150
노동자재해보상 45-46, 73 Workmen's compensation 29-31, 48
뉴욕 160, 162, 174 New York 112, 113, 123
뉴저지 166 New Jersey 117
뉴햄프셔 82, 166, 169 New Hampshire 54, 113, 117

〈다〉

다아윈 223 Darwin 161
다이시 69 Dicey A. V. 45
대가적사관 49 Great-man interpretation 32-33
대륙법에서의 영국상법 6 Continental law, English commercial law in 4

대륙회의 146 Continental Congress 100
대리 34 Agency, common-law idea of 21
대법관재판소 81, 109, 195 Court of Chancery 53, 72, 73, 141
더닝교수 88 Dunning, Professor W. A. 57
독립선언 146 Declaraion of Independence 100
독립혁명(독립운동) 9, 12, 63, 82, 118, 161-162, 165
    Revolution 6, 9, 40, 54, 79, 113, 115
독일민법전 201, 249 German civil code 145, 180
독일법 25, 27, 41, 42, 98-100, 117, 128, 253, 281
    Germanic law 16, 17, 19, 26, 27, 64-66, 78, 87, 183, 206

〈라〉

레지놀드 드 너포드사건 101-102 *Reginald de Nerford Case* 66-67
로드 아일랜드 94, 162 Rhode Island 61, 113
로마법 6, 24-26, 33, 41-43, 48, 50, 56, 60, 127, 128, 136-140, 195, 198,
    217, 231-232, 238, 243-246, 258, 226
    Roman law 5, 16-18, 21, 26-28, 32, 33, 37, 39, 85, 87, 93-94, 96,
            141, 143, 157, 167-168, 172, 176-177, 187-188, 194
로마법대전 60 *Corpus Juris Civilis* 39
로빈슨 65 Robinson, John 42
로이드 저《펜실베니아의 초기 재판소》166
    Loyd, "Early Courts in Pennsylvania" 116-117
루이지애나 2 Louisiana 1
루터 58 Luther 38

〈마〉

마그나 카르타 40, 98   Magna Carta 25, 64
마버리 대 매디슨 사건 5   *Marbury v Madison* 3
마샬 51, 141   Marshall, John 33, 97
마악비 222   Markby, Sir William 161
매사추세츠 71, 73, 79, 82, 177   Massachusetts 47, 48, 52, 53, 125
매도인과 매수인 38   Vendor and Purchaser, 24
맥카시 292   MacCarthy, Dr. Charles 214
맥클레인 74   McClain, Emlin 56
맨스필드경 202   Mansfield, Lord 145
멜란히톤 58   Melanchthon 38
메이트란드교수 8, 109   Maitland, Professor F.W. 5, 72
메인 44, 53, 213   Maine, Sir Henry 28, 34, 154
명령권 115   *Imperium* and *Dominium* 77
모올리 67   Morley, John Viscount 44
모올재판관 287-288   Maule, Mr. Justice 211-212
몽테스큐 238   Montesquieu 172
무과실책임 259, 275   Liability without fault 188-189, 201-202
무능력 46   Disabilities 30
무주물 276   *Res nullius* 202
미국법 American law
　── 고전기의 205-206 ── classical period of 148-149
　── 형성기의 169-173 ── formative period of 119-122
미국법조협회 70   American Bar Association 46

미국변호사의 자유로운 고삐 176 Advocate, free rein of American 124
미국정치이론 143 American political theory 98
미연방최고재판소 13 Supreme Court of the United States 8
미시건 2 Michigan 1

⟨바⟩

바르톨루스 50 Bartolus 33
반동종교개혁 58, 69, 83 Counter-Reformation 38, 45, 54
발라클라바 전투 90 Balaclava, Battle of 59
배심의 권한 173 Jury, powers of 123
법과 행정 85 Law and administration 56
 —— 및 도덕 196-197 —— and morals 141-142
 —— 의 성장의 태양 239 —— modes of growth of 173
법률사관 17, 49-53, 267, 281-282
 Interpretation of legal history / Legal history, interpretation of 11, 32-35, 195, 206-207
법률행위 137, 138 Legal transactions 93, 94
법없는 재판 110 Justice without law 73
법에서의 변화 255-258 Changes in law 185-187
법의 목적 126-129, 193-197, 266-268
 End of law 85-87, 139-142, 194, 195-196
법의 사회화 11, 182-183, 253 Socialization of law 7, 129, 195
법의 성숙 197-200 Maturity of law 142-144
법 우위 원칙 10, 98-99, 106, 111-113, 117, 121, 124, 130, 252
 Supremacy of law 6, 64, 65, 70, 74, 75, 78, 81, 83, 88, 182

색인

법의 적용 Application of law
  ── 에 대한 개척자의 영향 189-190 ── classical period on 135-136
  ── 에 대한 청교도의 영향 84-86 ── Puritan influence on 55-56
법의 해석 229-232, 239-243 Interpretation of law 170-173, 178-181
  ── 에 대한 비잔틴이론 245-250 ── Byzantine theory of 177-181
법이론과 정치이론의 충돌 142-145
  Conflict of legal and political theory 98-100
법적 공리 122 Jural postulates 82
법적 이성 286-287 Legal reason, abstract 210
법적 정의 204, 255 Legal justice 147, 185
법전이론 236 Codes, theories of 170
법전화 203 Codification 146
법체계의 요소 239-240 Legal system, elements of 173
법학 242 Juristic science 175
법학의 철학에 대한 관계 205-206 Jurisprudence, relation to philosophy 148
법학적 이상주의 121 Juridical idealism 81
법학제요, 유스티니아누스의 128, 283 Institutes of Justinian 86
베롤츠하이머 57 Berolzheimer, Fritz 37
베어본스의회 81 Barebones' Paliarment 53
베이콘 283 Bacon, Francis 207
벤담 209, 218-222, 262, 284
  Bentham, Jeremy 151, 158-161, 190, 207
보니파키우스 8세 61 Boniface Ⅷ 39
본함사건 113 *Bonham's case* 75
뽀티에 51 Pothier, Robert Joseph 33

봉건법 22-23, 32, 42, 48 Feudal law 15, 20, 26, 31
父權 42 *Mundium* 27
부동산양도법 36 *Quia Emptores*, Statute 23
분석법학자 209 Analytical Jurist 151
불법행위법, 이에 대한 청교도 영향 72
   Torts, Puritan influence in law of 47-48
베니스의 상인 246 Merchant of Venice 177
브라이스 84 Bryce, James Biscount 55
브랙톤 94, 99 Bracton 61, 65
블랙스톤 80, 140, 145, 148, 165, 208
   Blackstone, Sir William 53, 96, 100, 102, 116, 150, 151
비교법 289-290 Comparative law 212
비잔틴적 주권관념 115-117, 121 Byzantine idea of sovereignty 77-79, 81

〈사〉

사법관청 293 Bureau of Justice 215
사법사무의 압박 13-14 Judicial business, pressure of 8-9
사법상의 법정립 12, 19, 235-238 Judicial lawmaking 7, 12, 170-172
사법제도 163, 170-171, 183-184
   Judicial organization / Organization of courts 114, 120-121, 131
사법판결의 소환 263 Recall of judicial decisions 192
사뷔니 49, 51, 211, 213 Savigny, F. C. von 32, 33, 152, 154
사용권능 269 *Jus utendi* 197
사용주와 피용인 45-48 Master and servant 29-31
私戰 126 Private war 85

사회공리주의 281-284, 287 Social utilitarianism 205-208, 210
사회공학 266-267 Social engineering 195-196
사회적이익 97, 104, 158, 259, 269-277, 281-287
    Social interests 63, 68, 110, 189, 197-203, 206-210
사회입법 181 Social legislation 129
사회자원의 보존 285 Conservation of social resources 209
사회적개인주의 157 Social indivisualism 109
사회적기능으로서의 법정립 291 Lawmaking as a social function 214
사회적사실의 확인 289-291 Social facts, ascertainment of 212-214
사회적정의 255 Social justice 185
사회적제도의 안전 285 Security of social institutions 209
사회철학적법학자 226 Social-philosophical jurists 164
사회학적법률사 290 Sociological legal history 213
사회학적법학 16, 223 Sociological jurisprudence 10, 161
사회학적법학자 242, 289-293 Sociological jurists 175, 212-215
살레이유교수 76 Saleilles, Professor Raymond 50
살리카법전 100 Salic law 65, 66
상인법 202, 254 Law merchant 145, 184
선거재판관 12 Elective judiciary 7, 8
선결례 250-252 Precedents 181-183
섬너교수 161 Sumner, Professor W.G. 112
성바울 127 St. Paul 86
소년재판소 78 Juvenile Courts 51
소득세사건 200 *Income-Tax cases* 144
소소송 183-188 Petty litigation 131-135

소송절차 Procedure
　──에 대한 개척자의 영향 175-179── influence of pioneer on 124-128
　──에 대한 청교도의 영향 87-88── influence of Puritan on 57
스미스 219 Smith, Adam 159
스펜서 224 Spencer, Herbert 162
스코틀란드 3 Scotland 2
스토아철학 56 Stoic philosophy 37
시(지방)재판소 186 Municipal courts 132, 133
식민지사법 161-162 Colonial administraion of justice 113
신교의 법학자 = 신학자 58-59, 95 Protestant jurist-theologians 38, 54
신분 43, 46, 214 *Status* 28, 30, 155
실증주의자 222-226 Positivists 161-164
심문면제 151 Immunity from interrogation 105
18세기법사상 208 Eighteenth-centry juristic thought 150

〈아〉

아놀드 54 Arnold Matthew 36
아담스교수 40 Adams, Professor G. B. 25
아리스토텔레스 128 Aristotles 86, 87
악의 270 Malice 197-198
악의적 울타리 255, 270 Spite fence 185, 197
안전성 198 Security 142-143
압류면제법 258 Exemption law 188
압제에 대한 두려움 173 Oppression, fear of 122
액톤경 70 Acton, Lord 46

앵글로·색슨법 126, 232-233, 281 Anglo-Saxon law 85, 168, 206
양도저당 38 Mortgages 24
양친의 자연권 260 Parents, natural rights of 189
엄격법 27-29, 109, 195-196 Strict law 17-19, 72, 141-142
에드워드 3세 101 Edward III 66-67
에임스, 259 Ames, James Barr 188
엘든경 202 Eldon, Lord 145
엘리자베스여왕 62, 63, 105 Elizabeth Queen 40, 41, 69
역사법학자 51, 140, 207, 209-218, 221, 223-226, 259
　　Historical Jurists 33, 96, 149, 151-158, 160, 162-164, 188
연합 65, 67, 74, 169 Consociation 42, 119
영국판례의 권위 165-166 English decisions as authorities 116-117
　—— 독립혁명 이후 165 —— law after revolution 116
　—— 식민지에서의 164 —— law in the colonies 115
예링 217, 278-279 Jhering, R. von 157, 203-205
오스트렐리아 5 Australia, American constitutional law in 4
왕회 109 King's Council 72
울피아누스 50 Ulpian 33
유스티니아누스 60, 115, 128, 239, 245, 283
　　Justinian 39, 77, 86, 87, 173, 177, 207
윤리적이상주의적사관 267 Ethical-idealistic interpretation 195
워드 267 Ward, Lester F 195
원고변호인 180 Plaintiff's lawers 128
원시법 126 Primitive law 85
위스콘신 2 Wisconsin 1

위스터 166　Wister, Owen 117
위임 34　Mandate 21
위클리프 61-62　Wycliffe, John 39-40
위험인수 11, 72　Assumption of risk 7, 47-48
위그모어 150, 179　Wigmore, Dean John H. 104, 127
웹스터 157　Webster, Daniel 109
의사이론, 계약의 198　Will-theory of contract 143
의제 229-235, 238　Fictions 166-170, 172
이상주의적사관 49-52, 211　Idealistic interpretation 33-34, 153
이어북스 45, 140, 294　Year Books 29, 96, 215
이익 134-136, 269-278　Interests 91-93, 197-203
인격 199　Personality 144
인종학적사관 53　Ethnological interpretation 34
일반적도덕에 대한 사회적이익 283, 286
　General morals, socal interest in 209-210
일반적안전에 대한 사회적이익 284-285
　General security, socal interest in 208-209
일본 4　Japan 3
입법　Legislation
　──에 대한 커먼로의 태도 70　── common law attitude toward 46
　──에 대한 청교도의 태도 71　── Puritan attitude toward 46-47
입법부재판 167　Legislative justice 118
잉글랜드공화국 71　Commonwealth (English) 47

〈자〉

자녀 260 Children 189
자력구제 193 Self-help 139, 140
자백 150 Confessions 104
자연권 131-135, 137-138, 145-149, 152-153, 207, 279
  Natural rights 89-92, 94-95, 100-103, 106, 149, 204
자연법 18, 28, 114, 121, 131, 139, 153, 201-204, 207, 216, 246
  Natural law 12, 17, 75, 81, 89, 95, 106, 145-147, 149, 156, 178
자연자원의 보존 259, 277 Conservation of natural resources 189, 202-203
자연적 및 법적무능력 142, 147 Natural and legal incapacities 97, 101-102
자유 198-199 Liberty 143-144
  —— 법과의 타협 204 —— reconciliation with law 147
재산권 Property
  —— 의 처분에 대한 제한 257, 273
    —— limitations on disposition of 187, 199-200
  —— 의 사용에 대한 제한 255, 270
    —— limitations on use of 185-186, 197-198
  —— 에 대한 청교도 사상 79
    —— Puritan ideas in law of 52-53
재판관과 입법자와의 관계 243-249
  Judge, relation of to legislator 176-180
재판관의 소환 96, 263 Recall of judges 62-63, 192
재판소, 수정헌법 제14조로부터의 일탈 154-155
  Judiciary, exemption from Fourteenth Amendment 107-108
재판상의 경험주의 250, 254 Judicial empiricism 181-182, 184-185

재판소와 국왕과의 항쟁 22, 43, 54, 99, 105, 114, 121, 131, 176, 181
Courts and crown, contest between 14, 27, 35, 65, 69, 76, 81, 89, 125, 128
재판소의 엄격성 191-192 Court, Dignity of 137-138
재판조직 183 Organization of justice 130
전통적요소 239-242 Traditional elements 173-175
절대적이론 155 Absolute theories 108
점유와 사용(토지의) 35-36 Use and occupation 23
유통증권법 83 Negotiable Instruments Law 54
정치적비중의 중심 97 Center of gravity, political 63
정치적사관 16, 52 Political interpretation 10, 34
정치학에서의 계약이론 41
Contract theory of politics / Politics, contract theory of 26
정부후견주의 159, 182 Maternalism, governmental 111, 130
제14수정 147, 154 Fourteenth Amendment 102, 107
제수일법학자 58, 83, 129 Jesuit jurists 38, 54, 88
제임스, 264, 272 James, William 193, 199
제임스1세 62-63, 92, 111, 123 James I 40-41, 60, 74, 83
조국의 어버이 103 *Parens patriae* 68
조성과실 10-11, 72 Contributory negligence 7, 47-48
조합 34 Partnership 22
종교개혁(신교) 57-58, 83, 129, 205
Protestantism / Reformation 37, 38, 54, 87, 147
종교적권력과 세속적권력 106 Spiritual and temporal power 70
종교적사관 52 Religious interpretation 34

종교법 76 Ecclesiastical law 50
조지아 141 Georgia 97
주교 79 Bishop, Joel Prentiss 52
주권 112 Sovereignty 75
　── 비잔틴적 이론 238 ── Byzantine theory of 172
　── 프랑스이론 120 ── French theorys of 80
　── 주권의 제한 111, 130 ── doctrine of limitations on 74, 88
중산계급 57 Middle class 37, 38
지방법 83 Local law 54-55
지배권과 소유권 116 *Imperium* and *Dominium* 77
지표수 255 Surface water 185
집권자에 대한 청교도의 질시 87 Magistrate, Putitan jealousy of 56-57

〈차〉

참회제도 75 Penitential system 50
채권자의 권리에 대한 제한 258, 274
　Creditor, limitations on power to collect 187-188, 200-201
처분권 257 *Jus disponendi* 187
처분권능 286 *Jus abutendi* 209
철학 Philosophy
　── 의 법에 대한 영향 203 ── influence on law 146
　── 의 법학에 대한 관계 205-206 ── relation to jurisprudence 148
철학적법학자 209 Philosophical jurist 155
청교도의 영향 Puritan influence on
　── 행정에 대한 85-86 ── administration 56-57

―― 형법에 대한 74-78 —— on criminal law 49-52
―― 지방법에 대한 83 —— on local law 54-55
―― 재산법에 대한 79 —— on property 52-53
―― 사회입법에 대한 74, 181 —— on social legislation 129
―― 불법행위에 대한 73 —— on torts 48-49
―― 학문적 법에 대한 168 —— on scientific law 118
―― 입법에 대한 69-71 —— on legislation 45-47
―― 형평법에 대한 80 —— on Equity 53-54
―― 헌법에 대한 74 —— on constitutional law 48-49
청교주의 54-59, 64-69 Puritanism 35-38, 42-45
청교도혁명 67 Puritan Revolution 44
청원재판소 109 Court of Requests 72
초트 200 Choate, Joseph H. 144
추상적법이성 287 Legal reason, abstract 210
취득물의 보장 199, 285 Security of acquisitions 144, 209
침투수 255 Percolating water 185

⟨카⟩

카터 73, 213 Carter, James C. 48, 154
칸트 204-206, 210-211, 223-224 Kant 146-148, 152-153, 162
캘리포니아 2, 161 California 1, 112
캠벨 50 Campbell, Lord 32
켄터키 166 Kentucky 117
켄트 162 Kent, James 113
퀘벡 2 Quebec 2

코올러 122 Kohler, Josef 82
크로터스 119 Crothers, Dr. Samuel McChord 80
커먼로 Common law
  —— 강인함 1, 7 —— vitality of 1, 5
  —— 개인주의 20, 21, 22, 31, 145
    —— individualism of 13, 14, 15, 20, 100
  —— 궁극성관념 139-142 —— idea of finality of 95-98
  —— 권력기관에 대한 태도 98
    —— attitude toward ruling organ of state 64
  —— 다른 체계와의 경쟁 2 —— competition with other systems 2
  —— 성장기 64 —— periods of growth 41
  —— 입법에 대한 태도 69-70
    —— attitude toward legistration 45
  —— 행정에 대한 태도 181
    —— attitude toward administraion 128-129
  —— 형성의 요소 21, 22 —— factors in shaping 14, 15
커먼로권리의 선언이론 151-152
  Declaratory theory of common law rights 105
커먼로제도의 전제 174
  Presuppositions of common-law polity 123-124
코크 26, 28, 51, 63, 64, 71, 92-95, 112, 119, 123, 139, 145, 265
  Coke, Sir Edward 17, 18, 33, 40, 41, 42, 46, 60-62, 74-75, 80, 83,
                    95, 100, 194
콩트 223 Comte, Auguste 161
쿠퍼 174 Cooper, J. Fennimore 123
쿠싱 213 Cushing, Luther S. 154

〈타〉

타키투스 31, 42   Tacitus 19, 27
텍사스 2, 180   Texas 1, 127
톰 소어 229-230   Tom Sawyer 166-167
트레베트 대 위든 사건 95   *Trevett v. Weeden* 62
트레인 190   Train, Arthur 136
특권(국왕대권) 97   (Royal) Prerogative 63

〈파〉

파리의 관습 2   Paris, custum of 1
파피아누스 50   Papinian 33
판례법 64, 153, 170, 244, 254, 255   Case law 42, 107, 120, 176, 184, 185
평등성 189-190, 197-198   Equality 135-136, 142-143
펜실바니아 166   Pennsylvania 117
포메로이 82   Pomeroy, John Norton 54
포르토리코 3   Porto Rico 2
포테스큐 103   Fortescue, Sir John 67
프라이어 어브 캐슬-애이커스 사건 106-107   *Prior of Castle-Acre's case* 70
프랑스민법전 201, 249   French civil code 145, 180
프랑스의 공법학자 208   French publicists 150
프랑스혁명 204   French Revolution 147
프랑스법   French law
　── 아메리카에서의 9   ── in America 6
　── 혁명 이후의 수용경향 166

―― tendency to receive, after Revolution 116
프로히비션 델 로이 사건 93 *Case of Prohibitions del Roy* 61
프리드리히대왕의 법전 201, 246-248
　Frederick, the Great, code of 145, 178-180
플라톤 127 Plato 86
플레처 대 펙 사건 141 *Fletcher v. Peck* 97
피고변호인 180 Defendant's lawyer 128
피고인심문 150-151 Interrogation of accused 104-105
피동적복종 116 Passive obedience 77-78
필드 74 Field, Stephen J. 49
필리핀 3 Philippines 2

〈하〉

하버드법과대학 213 Harvard law school 154
학설휘찬, 유스티니아누스황제의 28 Digest of Justinian 17
행정과 법 85 Administration and law 56
　―― 에 대한 커먼로의 태도 181
　　―― common law attitude toward 128-129
　―― 에 대한 제한 191 ―― limitations on 136-137
　―― 에 대한 청교도의 영향 84, 85-88 ―― Puritan influence 55, 56-58
행정법에 대한 개척자의 영향, 191
　Administrative law, pioneer influence on 136-137
행정부재판 11, 167 Executive justice 7, 118
행정재판소, 110, 120 Administrative tribunals 73
행정적해석, 법의 248 Executive interpretation of law 179-180

허크 핀 229 Hockleberry Finn 166
헌법에 대한 청교주의의 영향 74
   Constitutional law, Putitan influence in 48-49
헤겔 49 Hegel 32
헨리 2세 62 Henry II 40
헨리 4세 104 Henry IV 68
헨리 6세 105 Henry VI 69
헨리 7세 106, 112 Henry VII 70, 74
형벌의 개별화 75-77 Punishment, individualization of 49-51
  —— 에서의 응보이론 75-78—— retributive theory of 49, 52
형법에서의 청교도적 이념 74-77 Criminal law, Puritan ideas in 49-51
형사상소재판소(영국) 78 Court of Criminal Appeal (English) 51
형사소송절차에서의 자연권 148-151
   Criminal procedure, natural rights in 103-105
형이상학적법학자 209-211 Metaphysical jurist 151, 152
형평법 28, 39, 254, 256 Equity 17, 25, 184, 186
  —— 과 자연법 단계 108, 195-196 —— and natural law, stage of 71, 141-142
  —— 의 후퇴 82 —— decadance of 54
  —— 청교도의 영향 80-82 —— Puritan influence on 53-54
호이슬러 99 Heusler, Andeas 65
황실재판소 75, 77, 109, 172 Star Chamber 50, 51, 72, 122
훼프딩 264 Höffding, Harold 193
휴전/평화 281-282 Truce or peace 206-207
히포다무스 283 Hippodamus 207